Aspekte des Grotesken im Kurzgeschichtenwerk von Ernest Hemingway

von

Martina Pfeiffer

Tectum Verlag
Marburg 2005

Pfeiffer, Martina:
Aspekte des Grotesken im Kurzgeschichtenwerk von Ernest Hemingway
/ von Martina Pfeiffer
- Marburg : Tectum Verlag, 2005
Zugl.: Berlin, Univ. Diss. 2004
ISBN 978-3-8288-8797-8

© Tectum Verlag

Tectum Verlag
Marburg 2005

Inhaltsverzeichnis

I.	Einleitung	9
II.	Theoretische Überlegungen zur Dekompositionsfunktion des Grotesken	21
II.1.	Die Auflösung der hierarchischen Struktur durch den Mechanismus der Verkehrung: der Modus des **Inversen**	24
II.2.	Die Auflösung der harmonischen Struktur durch den Mechanismus der Verformung: der Modus des **Monströsen**	27
II.3.	Die Auflösung der kategorialen Struktur durch den Mechanismus der Vermischung: der Modus des **Chimärischen**	29
III.	"The Battler": ein Paradigma für Hemingways narrative Konzeption des Grotesken	31
IV.	**Manifestationen des Inversen**	47
IV.1.	Die Inversion des Fortschritts und der Rationalität	49
	1. "On the Quai at Smyrna": das Pandämonium von *In Our Time*	49
	2. "Indian Camp": die Expedition der Wissenschaft in die Arena des Grotesken	53
IV.2.	Die Inversion der sozialen Rangordnung	60
	1. "The Doctor and the Doctor's Wife": Hemingways Kontrafaktur zu "Indian Camp"	60
	2. Der Narr als Inversionsartist in "Out of Season"	68

IV.3. Die Inversion der religiösen Heilsinstanz ... 77

    1. Christus als Boxer in "Today is Friday" ... 77

    2. Der Boxchampion als Christusfigur in "The Light of the World" ... 81

V. Manifestationen des Monströsen: die groteske Physis als Subversion des konventionell Ästhetischen ... 88

V.1. Die *De-monstration* des Monströsen: "An Alpine Idyll" ... 90

V.2. Der aufgeschlitzte Körper ... 98

    1. "Indian Camp" ... 98

    2. "The Capital of the World" ... 101

    3. "God Rest You Merry, Gentlemen" ... 105

V.3. Der zerschossene Körper: "A Natural History of the Dead" und "Fathers and Sons" ... 110

V.4. Der faulende Körper: "The Snows of Kilimanjaro" ... 114

V.5. Monstrosität als Entgleisung des Autors: "A Man of the World" ... 119

VI. Manifestationen des Chimärischen ... 126

VI.1. Inkarnationen des *mort vivant* ... 128

    1. William Campbell in "A Pursuit Race" ... 128

    2. Ole Andreson in "The Killers" ... 133

    3. Schatz in "A Day's Wait" ... 139

	4.	George in "Cat in the Rain"	144
VI.2.		*The swamp* als chimärischer Raum in "Big Two-Hearted River"	147

VII. Das Groteske und seine Affinität zu benachbarten Kategorien 155

VII.1. Das Groteske und die Satire: "A Natural History of the Dead" 157

VII.2. Das Groteske und die Parodie: "The Light of the World" 167

VII.3. Das Groteske und das Tragikomische: "The Undefeated" 174

VII.4. Das Groteske und das Absurde: "The Killers" und
"A Clean, Well-Lighted Place" 182

VIII. Ausblick auf das Romanwerk 199

IX. Schlußwort 210

X. Literaturnachweis 217

I. Einleitung

Das Unterfangen, im Oeuvre Ernest Hemingways nach Aspekten des Grotesken zu fahnden, mag zunächst überraschen. Dieses Kompositionsprinzip, dem gerade in der amerikanischen Literatur Autoren wie Poe, Hawthorne, Melville, Nathanael West oder Joseph Heller offenkundig verpflichtet sind, scheint der Verfasser von *In Our Time, Men Without Women* und *Winner Take Nothing* auf den ersten Blick eher zu meiden. Der formalisierte Regelkanon des Hemingwayschen *code* wirkt – so ließe sich argumentieren – der Darstellung eines regelwidrigen Phänomens wie dem Grotesken tendenziell entgegen. Die skeptische Reserve, ob sich die konzise, schmucklose und wohlziselierte Prosa dieses Autors als Ausdruck eines strengen Formwillens überhaupt eignet, das Groteske adäquat zu behandeln, ist von daher nicht ohne weiteres zu verwerfen. Die "enorme" Fabulierlust und überbordende Stilistik, die in Rabelais' *Gargantua et Pantagruel* (1532-1564) das Groteske anschaulich macht, bildet unter diesem Blickwinkel geradewegs den Gegenpol zu der durch Lakonik und *understatement* gekennzeichneten Erzählkunst Hemingways.

Die 1996 erschienene Studie *American Fiction and the Metaphysics of the Grotesque* von Dieter Meindl blendet Hemingways Werk aus der literarkritischen Untersuchung fast gänzlich aus. Lediglich in einer Fußnote zu der Erzählung "Cat in the Rain" billigt der Verfasser dem in der *story* vorgestellten "American husband" groteske Züge zu. Ansonsten spricht er in dem mit "The Modernist Grotesque" überschriebenen Kapitel von "Hemingway's recalcitrance with regard to the grotesque."[1]

---

[1] Dieter Meindl, *American Fiction and the Metaphysics of the Grotesque* (Columbia and London, 1996), p. 134.

Im Gegensatz zu dem von Meindl unterstellten Vermeidungsgestus seitens des Autors lassen sich andere Kritikerstimmen anführen, die Hemingwaysche Prosatexte explizit mit dem Terminus *grotesque* belegen bzw. im Einzugsbereich dieses Wirkungsprinzips verorten. Louis Leiter verweist bezüglich der in "On the Quai at Smyrna" dargestellten Szenerie auf "the horror and grotesque".[2] Hovey stuft "An Alpine Idyll" als "grotesquerie"[3] ein; Waldhorn wertet die Erzählung als "a grotesque tale".[4] Smith konstatiert in "The Battler" "a surreal, almost terrifying absurdity".[5] Diesem Urteil schließt sich Matthew Stewart an. In seinem 2001 publizierten Band über Hemingways *In Our Time* stellt er den Ex-Boxchampion von "The Battler" in die Nähe des alternden Toreros Belmonte *(The Sun Also Rises)* und notiert: "*In Our Time* includes, in the story "The Battler", an even more grotesque version of the broken-down star in Ad Francis [...]."[6] Auch der Selbstmord des Indianers in "Indian Camp" weist für diesen Kritiker groteske Züge auf.[7] "The Killers" ist mit Kafkas *Der Prozeß* und Pinters *The Birthday Party* in Verbindung gebracht worden.[8] Für Grebstein streift der Erzählausgang von "The Capital of the World" "the blackest of dark comedy".[9] Ann Putnam benennt "A Pursuit Race" als "a true horror story, a story of 'nada' whose sense of darkness blends humour and terror in a Gothic tradition worthy of Poe".[10] In *The Gruesome Doorway: An Analysis of the American Grotesque* (1987) plaziert Paula Uruburu Hemingway in die Riege der Autoren, deren

---

[2] In: Michael Reynolds, ed. *Critical Essays on Ernest Hemingway's "In Our Time"* (Boston, 1983), p. 139.
[3] Richard Hovey, *Hemingway: The Inward Terrain* (Seattle, 1968), p. 9.
[4] Arthur Waldhorn, *A Reader's Guide to Ernest Hemingway* (New York, 1972), p. 37.
[5] Paul Smith, *A Reader's Guide to the Short Stories of Ernest Hemingway* (Boston, 1989), p. 119.
[6] Matthew Stewart, *Modernism and Tradition in Ernest Hemingway's "In Our Time"* (Rochester, 2001), p. xv.
[7] *Ibid.*, p. 38.
[8] Paul Smith, *A Reader's Guide to the Short Stories of Ernest Hemingway*, p. 142, 151.
[9] Sheldon Norman Grebstein, *Hemingway's Craft* (Carbondale and Edwardsville, 1973), p. 103.
[10] "Waiting for the End in Hemingway's 'A Pursuit Race'", in: Susan Beegel, ed. *Hemingway's Neglected Short Fiction: New Perspectives* (Tuscaloosa and London, 1992), p. 192.

fiktionale Entwürfe Einschläge des Grotesken beinhalten und nachweislich Elemente dieser Tradition verarbeiten.[11] Eine systematische Untersuchung zum Grotesken in Hemingways Erzählwerk liegt gleichwohl bislang nicht vor.

Die Anregung, dem Phänomen des Grotesken gerade bei Ernest Hemingway nachzugehen, verdankt sich neben den in der Kritik versprengten Verlautbarungen über groteske "Belegstellen" insbesondere einem Anliegen, wie es Susan Beegel, die Herausgeberin des *Hemingway Review*, namhaft gemacht hat. In dem von ihr editierten Band, *Hemingway's Neglected Short Fiction: New Perspectives* (1992), hebt Beegel auf ein Desiderat in der Forschung ab, das auch eine Dekade später kaum an Aktualität eingebüßt hat. Im Anschluß an eine das Groteske pointierende Textstelle aus *Death in the Afternoon* lanciert diese Kritikerin ihren Appell an die Literaturwissenschaft:

> In *Death in the Afternoon* Hemingway wrote, '[the whore] wouldn't have anything to do with the dwarf, he was full size except that his legs were only six inches long, and he said 'I'm a man like any man,' and the whore said 'No, you're not and that's the trouble.' Like the dwarf, the neglected short stories [...] are full size except that they are told in fewer words. Truncated, grotesque, freakish, even sexually abnormal, these are not stories like any stories, and that's the trouble. Yet their trouble is also their unique interest. Perhaps it is time criticism abandoned a squeamish insistence on physical and moral conformity in literature and embraced Hemingway's dwarves.[12]

Mit der vorliegenden Dissertation verbindet sich das Bestreben, dem von Beegel aufgewiesenen Forschungsdefizit zu begegnen, indem mit dem Kurzprosawerk insbesondere die "unterdimensionierten" Erzähltexte den Mittelpunkt des Interesses bilden. Vernachlässigte Stücke, etwa das

---

[11] Paula Uruburu, *The Gruesome Doorway: An Analysis of the American Grotesque* (New York: Peter Lang, 1987), p. 4.
[12] Susan Beegel, *Hemingway's Neglected Short Fiction*, p. 15.

geschmacklich-ästhetisch unkonventionelle "On the Quai at Smyrna" oder Hemingways schräges Karfreitagsdrama "Today is Friday" finden ebenso Berücksichtigung wie das absonderliche Gebirgsidyll in "An Alpine Idyll" oder die skurrile Liaison eines Quartiermachers mit seinem Bettlaken in "A Pursuit Race". In die Kategorie der selten annotierten Prosastücke fällt darüber hinaus die Weihnachtserzählung "God Rest You Merry, Gentlemen", die das gängige, an diese Gattung gebundene Schema andächtiger Erbauung auf verstörende Weise unterläuft. Diese und auch weitere wenig rezipierte Texte grotesken Einschlags, die in der Dissertation zur Analyse anstehen, lassen eine Neubewertung bzw. eine differenzierte Beurteilung dieses Schriftstellers zu, der in der Kritik gemeinhin mit Verweis auf seine geschliffene Stilistik und dem monolithischen Verhaltenskodex diverser Protagonisten zielsicher ins klassizistische Lager einsortiert wird. Darüber hinaus lassen auch die einer breiteren Öffentlichkeit bekannten Stücke des Hemingwaykanons wie etwa "Indian Camp", "The Doctor and the Doctor's Wife" oder "The Snows of Kilimanjaro" Aufschlüsse über Form und Funktion grotesker Motivik erwarten. Auch solchermaßen etablierte *stories* ermöglichen eine dem grotesken Blickwinkel anverwandte Lesart und rechtfertigen damit ein analytisches Vorgehen, das oftmals zugunsten anderer Aspekte wie Initiationsproblematik, individuelle Bewährung oder *code*-spezifische Verhaltensmaximen unterblieb oder vernachlässigt wurde.

Insbesondere dort, wo der Verfasser die Orientierungslosigkeit, Entfremdung und Instabilität des Individuums zur Sprache bringt, können sich groteske Phänomene wie Distorsion, Defiguration oder Deformation nachhaltig ausprägen. Diese sind in den *short stories* prägnanter und wirkungsmächtiger gestaltet als in den Beiträgen des Autors zur epischen Langform. Anders als die bei Beegel mit den Epitheta "grotesque", "freakish" oder "abnormal" belegten Stücke aus dem Kurzprosawerk verrät Hemingways Romanwerk ab den dreißiger Jahren die Tendenz zur Darstellung des zunehmend autonomen Individuums – weg von den Ungereimtheiten des Grotesken sowie der damit einhergehenden Desorientierung des Subjekts, hin zur Geradlinigkeit eines selbstbestimmten "Heldentypus" und seiner sentenzhaften Stilisierung in der mittleren und späten Schaffensphase. Diese insbesondere nach der Publikation des Stierkampfbuches *Death in the Afternoon* (1932) einsetzende Akzentverlagerung in der Darstellung der Romanhelden macht die *short stories* zum primären Untersuchungsgegenstand, wiewohl die Hemingwaysche Langepik in ihrer grotesKeflüchtigen Tendenz abschließend in Form eines Ausblicks in die Betrachtung eingebunden wird.

Die Tatsache, daß die Präsenz und auch der Umfang grotesker Motivik in Hemingways Oeuvre durchaus unterschiedlich bewertet werden, mag durch den mangelnden Konsens der Experten darüber bedingt sein, was als grotesk zu gelten hat. Ein kurzer Überblick über die Forschung zum Groteskebegriff[13] macht die wesentlichen Unterschiede und Positionen deutlich. Groteskeforschung war in ihren Anfängen eine deutsche Domäne.[14] Die Ausweitung des ursprünglich auf die bildende Kunst beschränkten Terminus auf die Literatur nahm als erster wohl Montaigne in seinen *Essais* (1580) vor. In Frankreich lieferte des weiteren Victor Hugos "Préface de Cromwell"

---

[13] Das Wort "grotesk" geht auf das italienische "la grottesca" ("Höhle") zurück. Der Begriff bezeichnete unterirdische antike Wandverzierungen, die gegen Ende des 15. Jahrhunderts bei der Ausgrabung u.a. der Domus Aurea Neros in Rom freigelegt wurden. Der Signifikant des Grotesken bezog sich ursprünglich auf Wandbilder mit pflanzlichen, tierischen und menschlichen Elementen in bizarrer ornamentaler Vermischung. Vitruv, ein Zeitgenosse des Augustus, verurteilte in seiner "de architectura" diese visuellen Darstellungen als "Monstren", als Modeerscheinungen, die im Gegensatz zur "wahren", mimetischen Kunst lediglich von ephemerer Bedeutung seien. Im 16. Jahrhundert kam die Bezeichnung grotesker Kunst als "sogni dei pittori" (Malerträume) auf.
[14] Insbes. Justus Möser, *Harlekin oder die Verteidigung des Grotesk-Komischen* (1777) sowie Karl Friedrich Flögel, *Geschichte des Grotesk-Komischen* (1788).

(1827) eine weitbeachtete Definition des Grotesken. In England erfuhr dieses Phänomen in John Ruskins einflußreichem Beitrag "Grotesque Renaissance" (erschienen in *Stones of Venice,* 1853) eine erste systematische Behandlung. Die hier aufgezeigte Fusionierung disparater Elemente – "one ludicrous, the other fearful" – ist auch in der Folge immer wieder aufgegriffen worden. Zwei Arbeiten erwiesen sich in ihrer unterschiedlichen Akzentsetzung für die Forschung in besonderem Maße als richtungsweisend: Wolfgang Kaysers *Das Groteske: Seine Gestalt in Malerei und Dichtung* (1957) und Michail Bachtins *Rabelais und seine Welt: Volkskultur als Gegenkultur* (1965).

Kayser betont in seiner Monographie das Dämonische, das Unheimlich-Abgründige als prägende Momente des Grotesken. Er rückt es in die Nähe des Absurden und legt Nachdruck auf seine "Nächtlichkeit", auf seine Nähe zur Unterwelt. Kaysers Argumentation läßt sich für die Interpretation Hemingwayscher *stories* nutzbar machen. So etwa für "On the Quai at Smyrna", das pandämonische "program piece" von *In Our Time*, für das Erzählstück "Indian Camp", welches dank seines grotesken Inventars als metaphorische Unterweltsreise gelesen werden kann, und nicht zuletzt für jene ebenso unvorhersehbaren wie undurchschaubaren Konfrontationen, welche Nick Adams in "The Killers" nachhaltig zusetzen, weil sie sich gegen jedwede Herstellung eines sinnbezogenen Kausalnexus sträuben. Romantik und Moderne haben nach Kayser eine besondere Affinität zum Grotesken, da in diesen Epochen das Unterbewußtsein und die dem Traum eigenen Gesetze gegen eine der Ratio huldigende Wissenschaftsgläubigkeit ins Spiel gebracht wurden.

Drei Einschränkungen sind bei der hier vorgetragenen Bestimmung des Grotesken freilich zu berücksichtigen. Zunächst fällt auf, daß Kaysers Theorie weniger auf das Groteske im allgemeinen abzielt als vielmehr auf seine spezifisch moderne Ausprägung. Insbesondere in der als "entfremdet" empfundenen Welt der Moderne veranschaulicht das Groteske die Auflösung sinnverbürgender Orientierungsmuster. Des weiteren nimmt Kayser keine Differenzierung zwischen Monströsem und Chimärischem vor. Beide Kategorien sind für ihn synonym. Er versteht das "Monströse" wie an anderer Stelle auch das "Chimärische" als Vermischung heterogener Bereiche. Solche Erscheinungsformen rufen auf der Skala der Emotionen Beunruhigung, Verstörung und Grauen hervor. Das Grundgefühl angesichts des Grotesken artikuliert sich nach Kayser als "ratlose Beklommenheit". Insofern befaßt sich dieser Kritiker vorrangig mit der destruktiven Komponente des von ihm untersuchten Phänomens. Das Lachen über das Groteske ist aus Kaysers Sicht zwar nicht ausgeschlossen, aber es ist als unbehagliches Lachen markiert.

Anders bei Bachtin, der das Lachen über das Groteske als heiter und befreiend wertet. Im Gegensatz zu Kayser knüpft der russische Kritiker an die Volkskultur in Mittelalter und Renaissance an. Aus dieser Perspektive zeigt sich gerade im Karneval das Lebensbejahende und zugleich Subversive des grotesken Humors. Dieser betreibt durch die "Logik der Umkehrung", durch Parodie und Travestie die Zerstörung hierarchischer Strukturen und relativiert bzw. destruiert bestehende Normen und Konventionen – ein Ansatz, der u.a. für eine Hemingway-*story* wie "Out of Season" einen innovativen Textangang ermöglicht. Anhand dieser Erzählung, die meines Erachtens als *picaresque tale* gelesen und aus der Tradition der Schelmenliteratur heraus neuinterpretiert werden kann, ist die Nachbarschaft zwischen Pikareskem und Groteskem näher zu beleuchten.

Im Zusammenhang mit dem Karneval geht Bachtin auf die "groteske" Körperlichkeit ein. Im Gegensatz zu dem von Symmetrie und Geschlossenheit geprägten klassischen Körperbild verlegt sich die groteske Körperkonzeption, die in der Dissertation für Erzählungen wie "The Capital of the World" reklamiert wird, auf Körperinneres, Öffnungen, Höhlungen und Erhebungen. Sie thematisiert damit auch gemeinhin tabuierte Regionen der Physis. Entsprechend rücken körperliche Vorgänge und offenes Fleisch, Essen und Trinken, Ausscheidung und Sexualität in der Bachtinschen Groteskekonzeption in den Vordergrund. Dem Grotesken eignet von dieser Warte aus eine die gängige Moral unterhöhlende Dimension.

Festzuhalten bleibt, daß Kayser und Bachtin in ihren unterschiedlichen Herangehensweisen jeweils nur einen Teilaspekt des Grotesken beleuchten. Wenn Kayser dieses Phänomen allein auf die dunkle und sinistre Seite hin verengt, entgehen ihm dessen lebensaffirmierende Aspekte, die wiederum Bachtin einseitig betont.[15]

Die derzeit detaillierteste Darstellung des Grotesken liegt in Peter Fuß' *Das Groteske: Ein Medium des kulturellen Wandels* (2001) vor. Fuß zufolge ist das Groteske die unerläßliche Form eines archetypischen Bestandteils jeder kulturellen Formation und ihrer Veränderung. Eine Kultur formiert sich durch die "Marginalisierung des selbstkonstruierten Fremden", also durch die Ausgrenzung all dessen, was der verbürgten Geschmacks-, Sprach-, Verhaltens- und Erkenntnisordnung (den symbolischen Ordnungsstrukturen) mit den dichotomischen Rastern schön-häßlich, verständlich-unverständlich, gut-böse und wahr-falsch zuwiderläuft. Erst wenn das Abnorme durch die Mar-

---

[15] Bernard McElroy hat auf diesen Mangel in den Konzeptionen beider Kritiker aufmerksam gemacht: "Both Kayser und Bakhtin commit the same essential error: mistaking the part for the whole. Any broad discussion of the grotesque in art is, of necessity, headed for areas that include both the serious and the comic." Siehe *Fiction of the Modern Grotesque* (London, 1989), p. 15.

ginalisierung konstruiert ist, wird die Norm kenntlich. Beim Wiedereintritt in die Kultur, der "Rezentrierung" des Ausgegrenzten beispielsweise in der Kunst, erscheint das Marginalisierte als grotesk. Die bei Fuß mit dem Terminus "Liquidation" belegte Aufweichung fixer Grenzziehungen zwischen etablierter Norm und ausgeschlossenem "Anderen" läßt sich paradigmatisch am Motiv der Schneeschmelze in "An Alpine Idyll" veranschaulichen, da die Verflüssigung des Erstarrten den Talmarsch des alpinen Paria mit seiner monströsen Fracht einleitet und damit die normgebenden Instanzen in Frage stellt. Das Groteske forciert auf diesem Wege die Verflüssigung und Anamorphose (Umgestaltung) der symbolischen Ordnungsstrukturen. Es ersetzt die in der Kulturordnung wirksamen Antagonismen durch Ambiguität und hebt somit kulturelle Codes zugunsten einer Vervieldeutigung des Wirklichen auf. Durch die Produktion von Unentscheidbarkeit und Unbestimmtheit setzt es kreative Kompetenz frei und ermöglicht solcherart Innovation.

Ein Verdienst von Fuß' umfangreicher Studie ist der Nachweis des Facettenreichtums, der die moderne Begriffsverwendung des Grotesken kennzeichnet. Das Groteske in seiner hybriden "Gestalt der Ungestalt" sperrt sich offensichtlich gegen eine schematisierende Eingrenzung. Als paradoxe Kategorie unterläuft es poetologische Klassifizierungsbedürfnisse, da in diesem ästhetischen Wirkungsprinzip Gattungen tendenziell verschmelzen. In der anglo-amerikanischen Forschung bezeichnet Geoffrey G. Harpham das Groteske folgerichtig als "genre mixte" ("Introduction", *On the Grotesque: Strategies of Contradiction in Art and Literature,* 1982). Eine ähnliche Position vertritt Michael J. Meyer in dem von ihm 1995 eingeleiteten Band *Literature and the Grotesque*:

> [T]he grotesque tends to encourage contradictory interpretations and confused categories and ultimately becomes defined as an art form that

recognizes its own self-contradiction and cultivates it as a literary principle."*16*

Auf der Rezeptionsseite changiert das Groteske ebenfalls zwischen widersprüchlichen Impulsen. Meyer spricht von "a genre that lures even as it repels, that induces fascination as well as dread, that satirizes, heightens and exposes as it assesses how readers' sensibilities, ideals and security can be assaulted by the written word."[17]

Auch für Leonard Cassuto entzieht sich das Groteske in seiner impliziten Verweigerung des Endgültigen und Zweifelsfreien einer einsträngigen Fixierung. In der 1996 erschienenen Studie über *The Racial Grotesque in American Literature and Culture* erklärt der Verfasser:

> [T]he grotesque is hard to apprehend because it doesn't fit neatly into a category. This makes it a threat to the entire system [...] The grotesque is felt in the form of anomalies that bridge categories and resist integration. It consequently questions the basis on which knowledge rests."[18]

Die theoretischen Überlegungen zur Dekompositionsfunktion des Grotesken machen sich an drei insbesondere in der jüngsten Forschung[19] unterschiedenen Erscheinungsformen fest: dem Inversen, dem Monströsen und dem Chimärischen (vgl. Kapitel II). Bei Hemingway kann eine einzelne Erzählung durchaus alle drei Modi des Grotesken auf sich vereinen. "The Battler" exemplifiziert geradezu paradigmatisch die Trias grotesker Manifestationsformen und bietet sich von daher als Einstieg in die Thematik an (vgl. Kapitel III). Andererseits können Texte auch nur einen Modus oder zwei

---

[16] Siehe "Introduction," *Literature and the Grotesque* (Amsterdam and Atlanta, 1995), ohne Paginierung.
[17] *Ibid.*
[18] *The Inhuman Race: The Racial Grotesque in American Literature and Culture* (New York, 1996), pp. 8, 11.
[19] Vgl. Peter Fuß, *Das Groteske: Ein Medium des kulturellen Wandels* (Köln, 2001), p. 235-368.

Modi in Kombination aufweisen. Die in der Gliederung der Dissertation vorgenommene Zuordnung unter diese Aspekte dient folglich als Strukturgerüst, ohne ausschließlich sein zu wollen.

Der Modus des Inversen resultiert aus dem Mechanismus der Verkehrung; die Verkehrung befördert die Auflösung der hierarchischen Ordnung. Dies soll an Hemingwaytexten deutlich werden, welche die Inversion von Fortschritt und Rationalität, die Inversion der sozialen Rangordnung bzw. die Verkehrung der religiösen Heilsinstanz veranschaulichen (vgl. Kapitel IV). Der Modus des Monströsen ist bedingt durch den Mechanismus der Verformung. Sowohl das "Enorme" als auch das Deforme und Defizitäre haben teil an dieser Kategorie. Die Verformung bewirkt die Auflösung der harmonischen Ordnung ("harmonisch" im Sinne des klassisch Ebenmäßigen und Ausgewogenen). Merkmale grotesker Physis, welche die Anschauung des konventionell Ästhetischen subvertieren, bilden den Mittelpunkt des mit "Manifestationen des Monströsen" überschriebenen Kapitels V. Der Modus des Chimärischen konstituiert sich durch den Mechanismus der Vermischung; die Vermischung hat die Auflösung der kategorialen Struktur zur Konsequenz. Die Kategorisierung legt Raster fest, die als Grenzen wirken und somit die Vermischung des Unterschiedenen verhindern. Zu solch ordnungsstabilisierenden Mechanismen verhält sich das Grotesk-Chimärische in grundsätzlicher Opposition, wie dies insbesondere an Hemingways evokativen Darstellungen des *mort vivant* bzw. am chimärischen Raumentwurf des "swamp" in "Big Two-Hearted River" anschaulich wird (vgl. Kapitel VI).

Die subversive Qualität des Grotesken, sein epistemologischer Irritations- und Reizwert, dementiert die kategoriale Ordnung. Kennzeichnend ist gerade seine Unreinheit, sein Mischcharakter. Unterscheiden, Kategorisieren und Entmischen markieren eine klassisch-apollinische Tendenz, die vom Grotesken kontaminiert und aufgebrochen wird. Die unscharfe Begriffsdefinition in der neueren Forschung berücksichtigt dieses Charakteristikum, indem der Signifikant des Grotesken dieselbe Entgrenzung und Vermischung erfährt, die seine Signifikate prägen. Von daher soll in der geplanten Untersuchung fließenden Übergängen zu verwandten literarischen Gattungen und Kategorien Rechnung getragen und dem polyvalenten Bedeutungsspektrum dieses proteischen Phänomens entsprochen werden. Dies u.a. in Richtung auf die Satire, vertreten durch "A Natural History of the Dead" – ein Text, der durch die Evokation des makabren Analyseobjekts der Kriegstoten mit der Heilsseligkeit von Naturkundlern des 18. und 19. Jahrhunderts abrechnet. Die Parodie findet sich repräsentiert durch die Erzählung "The Light of the World", welche in den metaphorischen Stationen von Hölle-Fegefeuer-Paradies die triadische Tektonik von Dantes *Divina Commedia* repliziert. Der formalchimärische Aspekt des Tragikomischen sei an "The Undefeated" nachgezeichnet, der Stellenwert des Absurden im Spektrum grotesker Darbietungsformen sei anhand von "The Killers" und "A Clean, Well-Lighted Place" aufgewiesen (vgl. Kapitel VII).

II. Theoretische Überlegungen zur Dekompositionsfunktion des Grotesken

Das Groteske gilt in der ästhetischen Reflexion als unumgängliche, wenn auch problematische Kategorie. Dieser prekäre Aspekt veranschaulicht sich eindringlich im Gestus der Widerspenstigkeit, den dieses Medium gegenüber der klassischen Ästhetik an den Tag legt. Frances Connelly schreibt:

> The grotesque describes a category of images that fits uneasily within the field of Western aesthetics and art history. The relative neglect of these images may be attributed in part to the classical foundations of these disciplines, because the grotesque presents the inverse of beauty and rationality [...].[W]eighing against the grotesque is its extreme variability, its extravagance and hyperbole, and its resistance to rules or fixed categories.[1]

Das Groteske ist, wie Elisheva Rosen vermerkt, "ein von der neoklassischen Tradition nicht zu assimilierender Begriff, der von jeher mit dem Bann belegt wird, weil er ihre traditionellen Glaubenssätze wie Ordnung, Hierarchie, Sinn in Frage zu stellen scheint."[2]

Gefährdet das Groteske in seinem subversiven Potential einerseits die Rahmenbedingungen der klassischen Ästhetik, so bleibt seine Beschreibung andererseits – und paradoxerweise – den Ordnungsprinzipien klassischer Dichotomiebildung verhaftet. Die Dichotomisierung beruht auf dem apollinischen Prinzip der Gabelung in Begriffspaare. Sie wirkt strukturstabilisierend und damit orientierend, indem sie jedem Element ein Gegenteil zuweist. Die bipolar organisierten Relationen definieren sich unter wechselseitigem Ausschluß, denn nur jenem Gegenstand, der eindeutig festlegbar ist,

---

[1] Frances Connelly, "Grotesque", *Encyclopedia of Aesthetics, Vol. 2*, ed. Michael Kelly (New York, 1998), p. 338.
[2] Elisheva Rosen, "Grotesk", *Ästhetische Grundbegriffe: Historisches Wörterbuch, Bd. 2*, hrsg. von Karlheinz Barck (Stuttgart/Weimar, 2001), p. 899.

läßt sich eine Identität zubilligen. So wird Sein identitätslogisch als Bestimmt-Sein definiert. Dieses dichotomische Prinzip liegt der Sprache und der Erkenntnis zugrunde und bedingt infolgedessen das der Analyse des Grotesken inhärente Paradoxon. Die auf die klassische Ordnung zielende Dekompositionsfunktion dieses Mediums, das gerade die Liquidierung dichotomischer Strukturen anpeilt, läßt sich behelfsmäßig nur mit den Mitteln der klassischen Ordnung und ihrer Gegensatzpaare beschreiben.

Als Liquidationsinstanz stellt der Gegenstand des Grotesken die Vollständigkeit der Taxonomie in Frage. Dies deshalb, weil die in ihm kollidierenden Diskurse die normative Kraft der geltenden Regeln und verbrieften Werte einer Kulturordnung lockern. Zum Wesen des Grotesken gehört daher sein Ungehorsam gegenüber den Gesetzen der Identitätslogik, wiewohl seine Begriffsdefinition als ästhetische "Kategorie" selber der dichotomischen Erkenntnisordnung angehört. Hartnäckig stellt es das Prinzip der definitorischen und denotativen Identifizierung in Frage. Dem Entweder-Oder der klassischen Logik setzt das Groteske seine dreiwertige Logik entgegen.[3] Während die Werte der binären Logik definite Schlußfolgerungen aus Prämissen ziehen, hält der dritte Wert das Ergebnis in der Schwebe. Er ist umreißbar als die Pluralität sich überlagernder Perspektiven, als Unentscheidbarkeitszone, in der Grenzfixierungen verschwimmen.

Die Instabilität des Widersprüchlichen ist ein persistentes Element der ästhetischen Groteske-Konzeption. Das Schwanken zwischen den sich ausschließenden Polen bleibt dauerhaft aufrechterhalten, denn der "dritte Wert" kristallisiert nie zu einem festen Wert aus. Die Spannung oppositiver Konstellationen erlaubt es nicht, eine verbindliche Position zu beziehen. Von daher dynamisiert das Groteske. Alles andere als konfuses Machwerk oder belangloser Zierrat, steht hinter dem als grotesk eingestuften Kunstwerk die bewußte Strategie eines Autors, welcher der grotesken Gestaltungsweise komisch-relativierende und kognitiv-stimulierende Funktion zuerkennt. Gerade weil das Groteske aus dem Gleis des Konventionellen ausschert, birgt es Erneuerungspotential in der Kunst.

Ob dieser Vitalität und Vielschichtigkeit scheint denn auch eine in sich ruhende Definition des Grotesken problematisch. Dem proteushaft-vielgestaltigen Charakter dieses Phänomens hat daher Dorothea Scholl in einer reihenden und gleichsam "monströs" ausufernden Umschreibung zu entsprechen versucht, wenn sie feststellt: "Das Groteske ist das diachron und synchron Konstante kreativer, transgressiver, integrativer, kombinatorischer, deformierender und transformierender ironischer Verfahren."[4]

Unter dem Aspekt ästhetischer Innovation macht das ihm innewohnende Dekompositionspotential das Groteske zu einem gleichsam notwendigen Komplement des Klassischen.[5] Nur das Zusammenspiel der klassischen Stabilisation und der grotesken Liquidation ermöglicht Erneuerung im künstlerischen Schaffen. "Klassisch" ist die konservierende Tendenz zur Stabilisierung und Perfektionierung einer kanonisierten Ordnung. Klassik rekurriert auf Kanonisierungsprozeduren im Sinne des Mustergültigen und Richtungsweisenden, wie dies in den überzeitlichen Idealen von Ordnung, Maß, Kontinuität, Symmetrie und einer Präferenz für das konventionell "Sinnvolle", weil rational Nachvollziehbare zum Ausdruck kommt. Kon-

---

[3] Vgl. hierzu Peter Fuß, *Das Groteske* (Köln, 2001), p. 366.
[4] Dorothea Scholl, "Zur Genealogie, Phänomenologie und Theorie des Grotesken", *Interlitteraria*, 2 (1997), p. 36.
[5] Siehe Peter Fuß, *Das Groteske*, p. 15

zision und Klarheit sind ebenso Forderungen der klassischen Doktrin wie ein hohes Maß an Ausgewogenheit und Objektivität, Geschlossenheit und Regelhaftigkeit.[6]

Die Tendenz zur Offenheit, zum Regelverstoß und damit die Destabilisierung bestehender Normen und Maßstäbe hingegen eignet dem Grotesken. Die Nähe zum Häßlichen, zum gesellschaftlich wie moralisch Stigmatisierten und Marginalisierten zeichnet es aus. In der Transgression ethischer und ästhetischer Normen und Formen gerät die Ordo der religiös, soziokulturell und tradiert-geschichtlichen Sicherheiten ins Wanken. Ein Gespür für das "Bodenlose" stellt sich ein – eben jenes Mißtrauen, daß immer dann luxuriert, wenn dogmatische Verbindlichkeiten unter dem gescheckten Rock des Grotesken zergehen.

II.1. Die Auflösung der hierarchischen Struktur durch den Mechanismus der Verkehrung: der Modus des Inversen

Das Groteske hat *per se* mit der Zersetzung verbürgter Strukturmuster zu tun. Starre Ordnungsgefüge, die zugleich vermeintlich sichere Orientierungen einschließen, bilden für dieses Stilprinzip einen bevorzugten Referenzraum. Als oppositives Modell zur etablierten Ordnung eröffnet es die Ahnung anderer Wertpositionen, die in der Antihierarchie, im Infragestellen der Autoritäten, in der Anarchie und Verspottung von Dogmen Geltung erlangen.[7]

---

[6] Vgl. Wilhelm Voßkamp, "Klassisch, Klassik, Klassizismus", *Ästhetische Grundbegriffe: Historisches Wörterbuch, Bd. 3*, p. 289 – 305.
[7] Vgl. hierzu Michael Kuper, der in seiner Untersuchung inversiver Strukturmuster das Provokationspotential der "echten" Inversion, in der zwei Pole in Opposition zueinander stehen, von Adynata bzw. Impossibilia abgrenzt, die nur eine weitläufige Verwandtschaft mit der verkehrten Welt aufweisen. Ein Adynaton bezeichnet lediglich eingliedrige Unmöglichkeiten ("der geflügelte Löwe", "der Esel mit der Lyra") oder stellt skurrile Beziehungen zwischen einander ausschließenden Dingen dar ("Meereskrebse nisten in Bäumen"). Hemingways Kindererzählung"The Good Lion", in der ein aus der Art geschlagener, freundlicher Löwe des

Michail Bachtin hat diesen vitalen Gegenentwurf des Inversen anhand des Karnevals dargestellt. In diesem Fest demonstrativer Grenzüberschreitung vertauschen die kanevalesken Rituale respektlos wertvertikale Polaritäten wie oben und unten, Herr und Sklave, heilig und profan durch Parodie und Travestie. Die Welt wird auf den Kopf gestellt, so etwa in der Umkehrung bestehender Herrschaftsverhältnisse, welche der Inversionsritus der temporären Absetzung des Königs und der Krönung des Narren zeichenhaft inszeniert. Als provokanter Ausnahmezustand verhilft die karnevaleske Umstülpung zur Loslösung vom herrschenden Weltbild; die Symbolfigur des Narren setzt sich – als vielleicht markantester Bewohner der verkehrten Welt – hohnlachend über strukturstarre Ordnungswelten und versteinerte Institutionen hinweg. Ziel des inversiven Reigens ist die Freisetzung utopischen Potentials, das unter den Petrifikaten eines offiziell sanktionierten Wertekatalogs verschüttet liegt.

Die Inversion bleibt dabei der dichotomischen Struktur sich ausschließender Gegensatzpaare verhaftet und bewegt sich folglich auf den Spuren, die diese ihr vorzeichnet. Die Pole binärer Opposition werden im Prozeß der Inversion lediglich vertauscht. Nach Abschluß der Inversionsoperation haben sie einen Platzwechsel vorgenommen, aber die Opposition selbst ist unangetastet. Durch die Erhöhung des Niedrigen und Erniedrigung des Hohen wird der Hierarchiegedanke im Verkehrungskontext bewahrt, selbst wenn sich die soziokulturelle Wertung von "oben" und "unten" verschiebt.

Fliegens mächtig ist und venezianische Pasta saftigem Frischfleisch vorzieht, ist unter dem Aspekt des Adynatons zu veranschlagen. Kuper bemerkt: "Während die fiktiven Adynata in Grunde nur reine Phantasiegebilde beziehungsweise Wunsch- oder Schreckenswelten darstellen und damit dem Lügenmärchen recht nahestehen, spiegelt die Inversion in den verkehrte Welt-Sinnbildern faktische Relationen, Zusammenhänge und Situationen aus der Ordnungswelt gegenbildlich beziehungsweise unter umgekehrten Vorzeichen wider. Was hier oben, heilig, stark, bedeutsam und erhaben ist, erweist sich dort als untere Kategorie, desakralisiert, schwach und entmystifiziert und nimmt nun einen niedrigen Stellenwert in der Sozial- oder Werthierarchie ein." Siehe *Zur Semiotik der Inversion* (Berlin, 1993), p. 12.

Die Strategie der Verkehrung lenkt den Blick auf die generelle Brüchigkeit kultureller Ordnungsstrukturen wie Verhaltens-, Sprach- und Erkenntnisordnung wie auch der religiösen Kosmologie. Den temporären Aspekt solcher Verdrehungen hat Michael Kuper wie folgt gekennzeichnet:

> Kommt der Inversionscode ins gesellschaftliche Spiel zwischenzeitlich beschränkter Umbrüche, verlieren die Alltagscodes vorübergehend ihre Gültigkeit und werden kurzfristig von ihrer Verbindlichkeit suspendiert, bevor man wieder zu ihnen zurückkehrt. Momentane Instabilität heraufbeschwörende Übergangs-, Desakralisierungs- und Inversionsriten bieten sozusagen die chronotopische und handlungspraktische Grundlage für die zeitlich begrenzte Inszenierung von liminalem Codewandel zwischen den Polen Tradition und Innovation.[8]

In der liminalen Phase (*limen*: "Schwelle") der Übergangsriten vollzieht sich die Verfremdung der alltäglichen Erfahrungsmodi und der Alltagsordnung, deren Grenzziehungen kurzfristig aufgeweicht und deren Hierarchien umgekehrt werden. Im Extremfall freilich werden die Pole binärer Opposition frei konvertibel, und die Hierarchie erweist sich durch den konsequenten und wiederholten Mechanismus der (komplexen) Verkehrung als durchgängig liquide. Die umgestülpte Hierarchie als Spielform der Anamorphose (d.h. Umgestaltung) löscht den Status der Unhinterfragbarkeit, auf dem die Autorität des Normativen beruht. Die von der Konvention präformierte Perspektive erweist sich als relativ. Welches Wertmodell ist letztlich das verkehrte? Ist die "verkehrte Welt" womöglich die richtige?

---

[8] *Ibid.*, p. 30.

II.2. Die Auflösung der harmonischen Struktur durch den Mechanismus der Verformung: der Modus des Monströsen

Während die Verkehrung die Strukturelemente und Relationen ihres Objekts intakt läßt, verändert die Verformung deren Dimension. Zudem erfahren auch die immanenten Proportionen zwischen den Elementen des Objekts eine manipulative Umgestaltung. Die damit verbundene groteske Wirkung beruht auf der textimmanent oder im Rezeptionsakt vollzogenen Kollision des Deformen, Enormen und Abnormen mit der Norm.

Wie das Inverse ist das Monströse nicht an sich, sondern erst im Aufeinanderprallen mit der Norm grotesk. In seiner *Ästhetik des Horrors* (1994) spricht Hans Richard Brittnacher vom "körperlichen Extremismus des Monstrums" und vermerkt: "Eine Gemeinsamkeit der vielen als 'monströs' apostrophierten Wesen besteht in ihrer exzessiven Abweichung von der Norm physischer Integrität".[9] Freilich kann auch die Norm bzw. ihre Repräsentanten in ironischer Brechung erscheinen. Diese Konstellation liegt etwa in Stephen Cranes *The Monster* (1899) vor. In der Erzählung des von Hemingway geschätzten Crane verwischt sich die Grenze zwischen dem "Normalen" (den Einwohnern einer amerikanischen Kleinstadt) und dem "Monströsen" (dem Schwarzen Henry Johnson, dessen Gesicht bei der Rettung eines Jungen aus einer Feuersbrunst grauenhaft verunstaltet wurde). Über das Groteske geraten Wertimplikate in Fluß. Wer ist das eigentliche Monstrum: der grausam Entstellte oder die Gesellschaft, die ihn erbarmungslos ächtet?

---

[9] Hans Richard Brittnacher, *Ästhetik des Horrors* (Frankfurt am Main, 1994), p. 183.

Der *Duden* nennt unter "Monstrum": 1. Ungeheuer, Scheusal; 2. Etwas von großem, als zu gewaltig empfundenem Ausmaß; 3. Mißgeburt. Unter dem Aspekt der Verformung rückt naturgemäß der Körper ins Zentrum der modifizierenden Darstellung. Doch auch die ins Psychische verlagerte Deformierung, wie sie sich beispielsweise im Wahnsinn niederschlägt, läßt sich unter die Kategorie des Monströsen subsumieren.

Dem Enormen und Deformen als den Ausprägungen des Monströsen entsprechen zwei unterschiedliche Mechanismen der Verzerrung: zum einen die einfache Vergrößerung eines Objekts bzw. als inverses Pendant die einfache Verkleinerung. Zum anderen erfüllt auch die komplexe Verzerrung oder Verformung das Kriterium des Monströsen. Während Vergrößerung und Verkleinerung mit dem Verhältnis des modifizierten Gegenstands zur Umgebung zusammenhängen, betrifft die Verformung die immanenten Proportionen ihres Objekts. Die Deformierung steht in Widerspruch zur klassischen Anschauung des Ästhetischen, da in der irritierenden Dissonanz des Monströsen die Ausgewogenheit der Komponenten innerhalb eines harmonischen Ganzen aufgebrochen wird. Die Strategien des Vergrößerns oder Verkleinerns, des Verzerrens oder Verformens sind auf die Schaffung von Disproportionalität angelegt. Die systemstabilisierende und vertraueneinflößende Funktion, die der Symmetrie eignet, entfällt. Statische Symmetrie weicht der Anschauung dynamischer Asymmetrie.

II.3. Die Auflösung der kategorialen Struktur durch den Mechanismus der Vermischung: der Modus des Chimärischen

Die Vermischung unterscheidet sich von der Verformung, indem sie auf zwei oder mehrere Objekte zugleich gerichtet ist. Das Monströse betreibt die quantitative Dekomposition des Maßes, indem es dieses über- oder unterschreitet. Das Chimärische erzeugt die qualitative Dekomposition der Kategorien, indem es Unvergleichliches mischt und Inkompatibles zusammenspannt.

Eben diese Amalgamierungskraft, die das Chimärische Koalitionen mit dem scheinbar Unverträglichen eingehen läßt, erhellt bereits aus seiner etymologischen Bestimmung. Ursprünglich bezeichnet die "Chimaira" der griechischen Mythologie eine feuerspeiende Ziege mit Löwenkopf und Schlangenschwanz. Diese zwischen Haustier, Raubtier und Reptil changierende Kreatur läßt sich keiner Klassifikation der etablierten Erkenntnisordnung eindeutig zuordnen. Demzufolge fällt die Chimäre aus dem Rahmen des kategorialen Rasters; ihre hybridisierenden Ausdrucksformen übersteigen die Grenzen der Begriffskategorien. Die Kombination des gattungsmäßig Unterschiedenen, die unkonventionelle Verschmelzung des Heterogenen produziert Signifikanten, denen kein Signifikat präzise entspricht.

Diese Eigenart des Chimärischen hat Leonard Cassuto am Beispiel des naturalistischen "Tier-Menschen" veranschaulicht. Das Groteske bricht nach Cassuto mit dem menschlichen Selbstverständnis und den Basiskategorien der Erkenntnis, welche festlegen, was die Spezies "Mensch" ausmacht. Es kreiert den prekären Zustand des gleichzeitigen "Sowohl-als-auch" und "Weder-noch", in dem sich herkömmliche Erkenntnisinhalte zu einem neuartigen Grenzzustand transformieren. Cassuto schreibt:

> The grotesque may therefore be seen as a breach of fundamental categories surrounding the definition of what is human. Neither one thing nor another, the grotesque is instead a distortion, conflation, or truncation that is simultaneously both and neither – and it thus questions the image of the human ... [T]his socially created brute is not simply an animal. It is a human-become-animal, a conflation of two categories and a liminal creation midway between them. In other words, the naturalist brute is a grotesque.[10]

Wie das Vexierbild den Blick, so versetzen chimärische Gefüge das sprachgeleitete Denken in Unruhe. Was festumrissene Gattungsgrenzen aufweicht, vermag vertraute Identitäten und mit kultureller Autorität ausgestattete Normen radikal in Frage zu stellen. Die kategoriale Mésalliance der Chimäre subvertiert den Glauben an die Möglichkeit der Messung mittels eines einzigen Maßstabs, da dieser nicht für alle Elemente des Objekts gleichermaßen Geltung haben kann. Diese Unintegrierbarkeit in parat liegende Deutungssysteme macht das Chimärische andererseits gerade zur Quelle der Entstehung neuer, elastischer Erkenntnismuster. Das Chimärische entdogmatisiert, denn es öffnet den Blick auf bislang nicht realisierte, "unerlaubte" Deutungsweisen. Die intrinsische Unbestimmtheit des chimärischen Phänomens entbindet mithin Kreativität.

---

[10] Leonard Cassuto, "Jack London's Class-Based Grotesque", in: *Literature and the Grotesque*, ed. Michael J. Meyer (Amsterdam and Atlanta, 1995), p. 115.

III. "The Battler": ein Paradigma für Hemingways narrative Konzeption des Grotesken

In der 1924/25 als *initiation story* konzipierten Kurzgeschichte ist Nick Adams auf den Gleisen Michigans ohne klar definiertes Ziel als "hobo" unterwegs. Der Bremser des Zuges entdeckt ihn, nutzt seine Arglosigkeit aus und prügelt den Halbwüchsigen brutal vom Waggon herunter. Nick landet mit schmerzhaften Blessuren und einem blauen Auge neben den Schienen. Auf einer nahegelegenen Waldlichtung begegnet er dem Ex-Boxchampion Ad Francis, der ins Lagerfeuer starrt und sich Nick gegenüber als verrückt bezeichnet. Im Verlauf einer von Ads schwarzem Kumpanen Bugs zubereiteten Mahlzeit schlägt das anfänglich friedliche Verhalten des Preisboxers in offene Feindseligkeit um. Als er Nick Gewalt androht, setzt ihn ein von Bugs hinterrücks verabreichter Keulenhieb außer Gefecht. Nach dem Grund für Ads Wahnsinn befragt, enthüllt dessen farbiger Begleiter absonderliche Details aus der Vergangenheit des Faustkämpfers und empfiehlt Nick anschließend die Weiterreise. Verstört macht sich der jugendliche Protagonist auf den Rückweg zum Bahndamm.

Physisch-monströse Deformierung und psychische Derangiertheit, die Inversion traditioneller Topoi wie auch das chimärische Oszillieren einer Gestalt zwischen zwei oder mehreren Kategorien lassen in dieser Kurzgeschichte paradigmatisch Hemingways narrative Konzeption des Grotesken hervortreten. Als Transpositionsfeld der grotesken Struktur dient die *story* implizit dazu, die Aufweichung des nach konventionellen Maßstäben "Normkonformen" zu illustrieren und damit die in geordneten "Gleisen" gelenkten Wahrnehmungsmuster aufzubrechen. Anders als die "regulative Idee" der Klassik in ihrem Anliegen, Orientierungsbedürfnisse zu stillen, vermitteln groteske Elemente und Konstellationen in Hemingways

Prosastück die Skepsis des Autors gegenüber eingängigen Resultaten und einsträngigen Wahrheiten. Dem Phänomen des Grotesken entspricht es vielmehr, eingefahrene Kategorien durch Grenzübertretungen aufzuheben, was sich psychologisch als Ambivalenz, logisch als Paradoxie und begrifflich als Polyvalenz artikuliert.

Bereits über die atmosphärische Einstimmung bereitet der Autor die Liquidation vermeintlich berechenbarer Normen und verbriefter Orientierungen vor. Die im Erzählauftakt von "The Battler" gestaltete Atmosphäre steht in einem spürbaren inneren Zusammenhang zu dem Nick erwartenden Geschehen. Dieses entfaltet sich in einer kalten, abweisenden Umgebung, die Nick aus dem Kontinuum der Normalität herauslöst: "It was dark and he was a long way off from anywhere" (129). Der sich weithin erstreckende, von Nebelschwaden umgebene Sumpf jenseits des Bahndamms wirkt gespenstisch ("ghostly in the rising mist," 130). In der Abgeschiedenheit der nächtlichen Szenerie ist Nick völlig auf sich gestellt. Er meidet das sumpfige Gelände zu beiden Seiten des Dammes, denn allein der Schienenstrang mit seinem befestigten Schotterbett sorgt nach Nicks Dafürhalten für "solid walking" (130).

Auf den "rails", die einem verortbaren Ziel zustreben, bewegt sich Nick auf dem Boden des vermeintlich Gesicherten und Richtungsweisenden. Doch selbst die solide wirkende Gleiskonstruktion bietet nicht zwangsläufig eine Garantie gegen den Einbruch des Unwägbaren. Als der Bahndamm in eine Brücke übergeht, nimmt Nick zwischen den Schwellen unvermittelt die symbolisch verweisende "Schwärze"[1] des Wassers wahr: "Down below the

---

[1] Die symbolische Farbe "schwarz" zieht sich leitmotivisch durch die gesamte *story*. Sie zeigt sich in Nicks "black eye" (129), in der Figur des "negro" (133) bzw. "nigger" (133) wie auch im "blackjack" (135) und dessen schwarzem Lederbezug ("worn black leather", 136).

water showed black between the ties" (130). Auf der Brücke klingen Nicks Schritte "hohl", eine Strebe löst sich: "Nick kicked a loose spike and it dropped into the water" (130). Die Epitheta "hollow" (130) und "loose" (130) unterminieren auf der Wortebene den Assoziationsbereich des Tragfähigen, Substantiellen und stehen somit im Gegensatz zu "solid". Sie befördern den Eindruck eines risikobefrachteten Unternehmens, dessen Gefahren sich Nick zum Zeitpunkt seiner Erkundungsreise nur unvollkommen gewärtig ist.

Im Gegensatz zum Protagonisten mag dem Rezipienten durchaus die erkenntniskritische Relevanz des Geschilderten aufgehen, das den "freien Fall" des losen Spiekers unaufdringlich mit dem Anliegen des Grotesken verknüpft. Die punktuelle Instabilität des Gleisstücks gewinnt damit eine die realistische Erzählebene übersteigende Bedeutung. Die latente Präsenz des Brüchigen inmitten des Wohlfundierten weist auf die Grund- und Bodenlosigkeit unter den Füßen. Wo immer Wirklichkeit Risse bekommt und sich als scheinsolide offenbart, kann sich Groteskes ansiedeln.

Die stimmungsmäßig aufbereitete Realität plausibiliert Nicks Begegnung mit dem Grotesken, das sich in den Komplementärfiguren des weißen Ad Francis und seinem schwarzen Co-Vagabunden Bugs personalisiert. Die Ex-Sträflinge, die sich nunmehr ohne festen Wohnsitz als Tramps durchs Leben schlagen, haben beide die grotesketypische soziale Randposition inne. Hinzu tritt in der Figur von Bugs, der in Teilen der Hemingwaykritik der Homosexualität verdächtigt wird,[2] die nach konventionellen Maßstäben moralische

---

[2] Dies u.a. aufgrund der Aussage des Negers zu Ads physischer "Attraktivität" jenseits des zerbeulten Äußeren: "He wouldn't be bad-looking without his face all busted" (137). Zudem evoziere Bugs' Name das Schimpfwort *bugger* in der Bedeutung "sodomite". Vgl. die bei Flora und Smith resümierten Kritikermeinungen. Joseph Flora, *Hemingway's Nick Adams* (Baton Rouge, 1982), p. 92; Paul Smith, *A Reader's Guide to the Short Stories of Ernest Hemingway* (Boston, 1989), p. 119.

Randständigkeit dieser Partnerschaft. Entsprechend verlegt der Autor Nicks Zusammentreffen mit diesem Außenseiterduo in die synchrone Fremde der nebelverhangenen Sumpflandschaft: Das allein schon physisch auffällige Landstreicherdoppel des kleingewachsenen weißen Preisboxers und seines hochaufgeschossenen schwarzen Gefährten begegnet Nick außerhalb des gesellschaftlichen Bereiches im sozialen Niemandsland des nächtlichen Waldes.

Markant vereint Ad Francis auf sich Züge des Monströsen, die dem durch sein "black eye" (129) gleichsam "einäugigen" Nick im Schein des flackernden Lagerfeuers erst *peu à peu* aufgehen. Eine eingefallene Nase, Augen wie Schlitze, verquollene Lippen – die am Feuer kauernde Mißgestalt mit ihrer kittfarbenen "Fratze" wirkt wie ein Vertreter aus dem Schattenreich:

> In the firelight Nick saw that his face was misshapen. His nose was sunken, his eyes were slits, he had queer-shaped lips. Nick did not perceive all this at once; he only saw the man's face was queerly formed and mutilated. It was like putty in color. Dead-looking in the firelight (131).

Nachdem der Ex-Boxer seine Mütze abgenommen hat, offenbart sich Nick das durch die Kopfbedeckung bislang Kaschierte. Der Eindruck des Physisch-Monströsen radikalisiert sich in Form des nunmehr zum Vorschein kommenden defizitären Ohrenpaares. Die Konstruktionsprinzipien von Vergrößerung und Verkleinerung, die der Beschreibung dieser physischen Asymmetrie zugrunde liegen, sind auf die Schaffung disproportionaler Drastik ausgerichtet: "He had only one ear. It was thickened and tight against the side of his head. Where the other ear should have been there was a stump" (131).

"Wucherung" auf der einen und "Verkümmerung" auf der anderen Seite finden im Bild des aufgetriebenen Ohres und dem massiv verstümmelten Restohr ihren prägnanten Ausdruck. Die Distortion, die hier im weitgehenden Fehlen eines Körperteils auftritt, versinnlicht ein konstitutives Element in der Anti-Ästhetik des Monströs-Grotesken. Entsprechendes leistet der Kontrast: die Aufblähung eines körperlichen Merkmals, die im *cauliflower ear* des Boxers gestaltet ist. Dem klassizistischen Ideal statischer Symmetrie setzt Hemingway das groteske Ungleichgewicht dynamischer Asymmetrie entgegen.

Parallel zur physischen Exzentrik, die sich in der physiognomischen Deformierung aussagt, tritt die Relation des hier porträtierten Vagabunden zur psychischen Marginalität[3] und degenerierten Innerlichkeit:

> "Listen," the little man said. "I'm not quite right."
> "What's the matter?"
> "I'm crazy."
> He put on his cap. Nick felt like laughing (132).

Das in Nick aufkommende Lachen als Reaktion auf Ads Beteuerung, verrückt zu sein, ist dem bei Wolfgang Kayser beschriebenen Lachen angesichts des Grotesken vergleichbar. Dieses gehetzte, beklommene Lachen bezeugt eine extreme innere Anspannung. Dem Initianden ist zum Lachen, obwohl er gar nichts zu lachen hat.[4] Der in Nick verspürte psychische Impuls läßt sich terminologisch als *defensives* Lachen bestimmen.

---

[3] Nicholas Gerogiannis hat auf den analogen Bezug von zerschundener Physis und defekter Psyche im Porträt dieses Boxers hingewiesen: "The battler's head is the scarred outward form of his stunted personality." Siehe "Nick Adams on the Road: 'The Battler' as Hemingway's Man on the Hill," in: *Critical Essays on Ernest Hemingway's "In Our Time"*, ed. Michael Reynolds (Boston: 1983), p. 177.

[4] "Das groteske Objekt" – so Lee Byron Jennings – "zeigt immer eine Kombination aus furchterregenden und zum Lachen reizenden Eigenschaften [...] Es weckt gleichzeitig Reaktionen

Aufgrund von Ad Francis' physischer Monstrosität und Nicks psychischer Reaktion darauf gewinnt der Leser in zunehmendem Maße den Eindruck, daß sich Hemingways Protagonist im Rahmen seiner Initiationserfahrung auf groteskem Terrain befindet. Wenig später betritt Ads schwarzer Kompagnon die Szenerie: "'This is my pal Bugs,' Ad said. 'He's crazy, too'" (133). Die lapidare, von Ad verwendete Rhetorik hebt im Modus des Konventionellen an, um postwendend ins Groteske abzukippen. Seine verbale Präsentationsgeste stülpt tendenziell die psychopathologische Marginalität zur Norm um, gegen die Nick als "Infiltrator" dieses Männerbündnisses in seiner Normalität gleichsam als Außenseiter erscheinen muß. Diese inversiv geprägte existentielle Anschauung seitens des ramponierten Ex-Champs verdichtet sich in der an Bugs adressierten Nachricht, Nick sei in seinem Leben noch nie verrückt gewesen.[5] Dieter Meindl hat auf die Bedeutung des Wahnsinns im Kontext des Grotesken aufmerksam gemacht: "A central motif of the grotesque is mental alienation, madness. As a dreamlike or nightmare vision piercing the facade of reason, normality, and certitude, the grotesque intertwines spheres of reality habitually held apart."[6] Verrücktheit gilt innerhalb des inversionscodierten Kontextes von "The Battler" nicht mehr als Ausnahmeerscheinung, sondern als zentraler Welt- und Bewußtseinszustand, der zeichenhaft ausgedrückt, bekräftigt und verstärkt wird. Demgegenüber nimmt sich die geistige Unversehrtheit des heranwachsenden Nick Adams in der "verkehrten Welt" dieser Erzählung geradezu wunderlich aus.

---

der Furcht und der Erheiterung im Beobachter." Zitiert in: Otto F. Best, *Das Groteske in der Dichtung* (Darmstadt, 1980), p.73. Nicks antithetisch gefärbte Reaktion steht im Gegensatz zum offenen und befreienden Lachen, wie es Bachtin in der Volkskultur beobachtet und Hemingway es an anderer Stelle an der Prostituierten Alice ("The Light of the World") motivisch umsetzt.

[5] "He says he's never been crazy, Bugs"(133).

[6] Siehe Dieter Meindl, *American Fiction and the Metaphysics of the Grotesque* (Columbia and London, 1996), p. 15.

Der hier gespiegelte Mechanismus der Inversion prägt auch die sich anschließende Abendmahlzeit. Als Nick auf Geheiß des Schwarzen Brot aufschneidet, Ad nach dem Messer verlangt und Bugs vor der Aushändigung warnt, verkehrt sich die eigentlich harmlose Ausgangssituation ins Anarchische. Das Groteske ist ein Kipp-Phänomen: Das Brotmesser würde in der Hand des Paranoiden im Nu zum Kampfmesser. Ads offene, gegen den jugendlichen Eindringling gerichteten Anfeindungen bringen das Stigma der geistig-psychischen Verformung prägnant zur Anschauung. Im Crescendo der ausgestoßenen Invektiven fügt sich das solchermaßen evozierte Groteske in das ihm probate *setting* ein:

> "How *the hell* do you get that way? came out from under the cap sharply at Nick. "Who *the hell* do you think you are? [...] Who *the hell* asked you to butt in here? [...] Where *the hell* do you think you get off?" (135) [Meine Hervorhebungen]

Die "Hölle" war von jeher ein dem Grotesken kongenialer Realisationsraum. In dem vom Lagerfeuer erhellten "infernalischen" Areal stellt sich die "große kleine Kampfmaschine"[7] schattenboxend in Positur, um Nick zu verdreschen. Doch das vom Leser erwartete ungleiche Duell findet nicht statt. Die eskalierende Krise wird antiklimaktisch entschärft. Unorthodox interveniert Ads dunkler Hintermann mit einem Manöver, das auf den ersten Blick dem Formelsatz des Slapsticks entnommen zu sein scheint. Die skurrile Komik dieser Aktion birgt allerdings zugleich Unheimliches:

> The little man looked down at Nick's feet. As he looked down the Negro, who had followed behind him as he moved away from the fire, set himself and tapped him across the base of the skull. He fell forward and Bugs dropped the cloth-wrapped blackjack on the grass (135).

---

[7] "A Great Little Fighting Machine" war der Titel, den Hemingway ursprünglich für diese Geschichte vorgesehen hatte. Siehe u.a. Peter Griffin, *Less Than a Treason: Hemingway in Paris* (New York, 1990), p. 89.

Diese für Nick und auch den Leser überraschende Maßnahme verlagert das erzählerische Interesse auf eben die Gestalt, die an Ad Francis hängt wie sein schwarzer Schatten. Die von Ads Dauerbegleiter ausgehende Faszination verdankt sich maßgeblich seiner chimärischen, schillernd-hintergründigen Gestalt. Geschmeidig pendelt Ads leutseliger Gefährte zwischen den Attributen des Fürsorglichen und Zerstörerisch-Sinistren.

Einerseits spielt Bugs die Rolle des treuen schwarzen Begleiters, die intertextuell an Mark Twains Gestaltung des gutmütigen "Nigger Jim" erinnert. Ähnlich wie Jim, der sich um den jungen Huck Finn sorgt und kümmert, weckt auch Bugs anfänglich den Eindruck des um das Wohl des sozial Randständigen bemühten Freundes. Unter diesem Aspekt trägt Ads schwarzer Partner die positiven Attribute des Beschützers und des Versorgers. Er bewahrt Ad davor, bei seinen Wahnsinnsattacken sich und andere zu gefährden. Als Versorger wechselt Bugs chimärisch über die Geschlechtergrenze. Er nimmt die traditionell der Frau vorbehaltene Rolle ein, wenn er für Verpflegung sorgt, das Essen zubereitet und Ad gleichsam "bemuttert". Angemessenerweise spricht Joseph De Falco von einer "hermaphroditic figure"[8], und auch Kenneth Lynn sieht in dem Schwarzen "another of Hemingway's dark mother figures"[9] verkörpert.

Lynns Ansicht, die zugleich auf das Dunkle und Abgründige dieser chimärischen Figur verweist, suggeriert, daß der Eindruck des Edlen und Freundlichen nur einen Bruchteil dieser vielschichtigen und widersprüchlich angelegten Persönlichkeit ausmacht. Unauffällig erscheinen die polyvalenten Wesenszüge des Schwarzen auf der Ebene der Namensemblematik gespiegelt. *Bug* läßt sich in seiner obsoleten Bedeutung mit "spectre" bzw.

---

[8] Vgl. *The Hero in Hemingway's Short Stories* (Pittsburgh, 1963), p. 77.

"bogy" und "hobgoblin" assoziieren, [10] was den zwielichtigen, vielleicht sogar dämonischen Aspekt an dieser Figur durchschimmern läßt. Eine solch beunruhigende Konnotation kommt etwa dann zum Tragen, wenn "the negro" urplötzlich in der gespenstischen Atmosphäre des nächtlichen Lagerfeuers auftaucht. Ferner setzt *bug* semantisch die Assoziation des Parasitären frei, und in der Tat lebt der Farbige vom Geld, das der ihm unzertrennlich nahe Gefährte von seiner Ex-Managerin und Ehefrau bezieht (vgl. "She sends him money," 137).

Diesem ökonomischen Aspekt korrespondiert der soziologische. Die bizarre Symbiose, die der Autor in Gestalt dieses Landstreicherduos vorführt, evoziert den soziologischen Topos vom weißen Herrn und schwarzen Sklaven. Allerdings wird diese vermeintlich natürliche Rangordnung im Modus der Verkehrung dementiert, da in Hemingways Bearbeitung der Neger das Klischee des anhänglichen Dieners von innen heraus zu sprengen scheint. Nicht der dominierende Weiße, sondern der traditionell unterlegene Schwarze hat das Heft des Handelns in der Hand, wie dies im Symbol des zur Anwendung gebrachten "blackjack" offenkundig wird.

Der Einsatz des Schlaginstruments, mit dessen Hilfe Bugs den kleinen Boxer in den Zustand der Besinnungslosigkeit überführt, wirkt durch die Art der narrativen Brechung grotesk. Alles andere als ein Akt extremer Körperverletzung, sei der Knockout vielmehr Teil seiner Fürsorgepflicht und Zuneigung, wie Bugs dem jungen Nick Adams versichert. Der Niederschlag ge-

---

[9] Vgl. *Hemingway* (New York, 1987), p. 272.
[10] Siehe Walter Skeat, *A Concise Etymological Dictionary of the English Language* (New York, 1980), s.v. "bug" sowie unter dem gleichen Lemma *Webster's Encyclopedic Unabridged Dictionary of the English Language* (New York, 1989).

schehe zum Wohle des Gefährten und in temperierter Dämpfung,[11] die sich der versierten Führung des tuchumhüllten Schlaggeräts verdanke: "I know how to do it. He won't remember nothing of it. I have to do it to change him when he gets that way" (136). Im ambivalenten Wirkungsspektrum grotesker Überblendung verschwimmt die Brutalität des Keulenschlags mit der Segnung eines Therapeutikums. Die bereits abgenutzte Lederummantelung ("worn black leather", 136) läßt unter diesem Gesichtspunkt auf die Häufigkeit in der Verabreichung solch sanft-unsanfter Remeduren schließen.

Dieses inhumane, jeglicher Norm spottende Verhalten präsentiert sich in der Maske des Alltäglich-Banalen. Angesichts des zur Routine verflachten Schauspiels um den bewußtlos geschlagenen Boxchamp bestehe laut Bugs kein Grund zur Beunruhigung: "Don't you worry about him none, Mister Adams. I seen him like this plenty of times before" (136). Grotesk ist die Unentscheidbarkeit, die ein unaufhörliches Schwanken zwischen den sich überlagernden Gestaltungs- und den ihr adäquaten Betrachtungsebenen bewirkt. Die Produktion solcher Unentscheidbarkeitszonen zwischen Brisanz und Bagatelle ist die Funktion der hier praktizierten "Vermischung". Durch die Einspeisung von Ambiguität überzieht der Autor die Gestalt des farbigen Bugs mit widersprüchlichen Signaturen, so daß sie sich mittels dieser Angaben nicht mehr fest umrissen einordnen läßt. Immer wieder veranlassen aufblitzende Details aus der je anderen Bedeutungsebene, die Aufmerksamkeit neu zu fokussieren, ohne daß es gelingt, eine geschlossene Oberfläche herzustellen oder die Gegensätze in einer höheren Einheit stimmig aufzuheben. Von dieser inkonstanten Warte aus läßt sich nie ein homogenes Bild der in "The Battler" dargebotenen Realität erstellen.

---

[11] Ann Putnam nimmt auf das Paradoxon der *gentle brutality* Bezug und spricht treffend von "the peculiar mixture of love and pain in the story's sweet violence." *Retreat, Advance, and Holding*

Bugs, dessen geistige Physiognomie vom treuen Helfer bis zum abgründig anmutenden Manipulanten abschattiert ist, löst eine zwiespältige Faszination aus. Diese ambivalente Konzeption des in "The Battler" auftretenden Schwarzen, die ihn zum Prototyp des Chimärischen avancieren läßt, verdient ferner auch aus literarhistorischer Perspektive Beachtung. Darf in der klassischen amerikanischen Literatur einerseits Mark Twains Nigger Jim als Verkörperung der harmlos-freundlichen Facette des Farbigen ins Spiel gebracht werden, so steht dieser Auffassung mit Herman Melvilles rätselhaftsinistrem Babo ("Benito Cereno", 1855) eine kontrastive potentielle Inspirationsquelle gegenüber.[12] Nicht nur die auf der männlichen Dreierkonstellation gründende dramatische Struktur gibt zu dieser Vermutung Anlaß. Auch der gesamte Duktus der zwischen Schein und Wirklichkeit changierenden Darstellung von "The Battler" läßt intertextuelle Parallelen auf Melvilles Parabel zu, die auf eine literarische Verwandtschaft von Bugs und Babo schließen lassen.

Zunächst zu Melvilles "Benito Cereno": Konfrontiert mit der dunklen Seite der Welt erscheinen dem Schiffskapitän Delano – nach Wesen und Geistesart wie Nick Adams eine Verkörperung des amerikanischen Adam – in seiner "sancta simplicitas" die schwarzen Sklaven an Bord der "San Dominick" allesamt als dienstbeflissen, unterwürfig und gutmütig. Insbesondere den Neger Babo stilisiert Delano zum treuergebenen Gefährten der Titelfigur,

---

Steady: Vision and Form in the Short Stories of Ernest Hemingway (Washington, 1984), p. 71.
[12] Zu den Parallelen in bezug auf Mark Twain und Herman Melville vgl. u.a. Philip Young, *Ernest Hemingway: A Reconsideration* (University Park, 1966), p. 235f.; Glen Singer, "Huck, Ad, Jim and Bugs: A Reconsideration: *Huck Finn* and Hemingway's 'The Battler,'" *Notes on Modern American Literature*, 3 (1978), Item 9; George Monteiro, "'This is my pal Bugs': Ernest Hemingway's 'The Battler'", in: *New Critical Approaches to the Short Stories of Ernest Hemingway,* ed. Jackson Benson (Durham and London, 1990), p. 224 - 228.

sieht in ihm "less a servant than a devoted companion."[13] In seiner Naivität verkennt Delano, daß der sich nach einer Meuterei verstellende Schwarze in Wahrheit bereits die Zügel der Macht auf dem Schiff in Händen hält. In gelassener Zuversicht will auch Bugs dem unerfahrenen Nick weismachen, daß das (alarmierende) Spektakel des zur Anwendung gebrachten Totschlägers[14] im Grunde nur ein unbedenkliches Intermezzo sei. Mehr noch: Den von ihm zu Boden geschlagenen, besinnungslosen Kumpanen vor Augen, behält der Schwarze die Etikette des grotesk anmutenden Gastgebers bei, wenn er seinem perplexen Zuhörer jovial eine Tasse Kaffee anträgt und seelenruhig eine Plauderei beginnt.

In die Grauzone zwischen Bedrohlichem und Belanglosem ordnet sich das "Messer"-Motiv ein, das in seiner changierenden Ausprägung beide Erzählungen verarbeiten. Als Cereno von seinem untertänig-geschwätzigen Diener rasiert wird, vermeint selbst der gutgläubige Erzähler Anzeichen einer gewissen Unruhe zu erkennen: Der Diener macht einen hämischen Eindruck, und bisweilen scheint es, als bedrohe er seinen Herrn mit dem Rasiermesser. Am Ende der von Babo geschickt inszenierten Rasierszene fließen tatsächlich ein paar Tropfen Blut, und beim späteren Fluchtversuch Cerenos ist der Neger sogar darauf aus, diesen zu erstechen. Eine ausgewiesene Beziehung zur Klinge hat ganz offensichtlich auch Bugs. Wie er Nick Adams gegenüber beiläufig durchblicken läßt, brachte ihn eine Messerstecherei ins Gefängnis: "I was in for cuttin' a man" (137).

---

[13] Herman Melville, "Benito Cereno", in: *Great Short Works of Herman Melville*, ed. Warner Berthoff (New York, 1969), p. 245.
[14] Der von Bugs geschwungene "blackjack" mit dem aufwendig gefertigten Griffstück ist eine Rarität: "'That's a whalebone handle,' the Negro smiled. 'They don't make them any more'" (136). Neben den impliziten Verweisen auf "Benito Cereno" hat auch dieser an Nick gerichtete Hinweis auf das gleichsam nobilitierte Schlaggerät ganz offensichtlich Melvillesches Flair.

Auch das nach außen hin sanftmütige Naturell teilen sich beide farbigen Akteure. Wohlwollend registriert Delano, wie Babo in scheinbarer Dienerrolle seinen Herrn "sanft"[15] geleitet. Auch Bugs, der sich auf seinen Habitus als "gentleman" (137) einiges zugute hält, gibt sich im Umgang mit dem Vertreter der hellen Hautfarbe demonstrativ sanft und liebenswürdig. Seine "low, smooth, polite nigger voice" (138) dürfte in Kombination mit seinem zur Schau getragenen Lächeln wie in Melvilles Novelle der Verschleierung der wahren Machtverhältnisse dienen. Hier wie dort verbergen beide Charaktere ihre Kontrollfunktion hinter der Fassade devoter Dienstleistungen. Inversiv nehmen Bugs wie Babo die in der Literatur des 19. Jahrunderts traditionell dem Weißen vorbehaltene Rolle des Unterdrückers ein.

Undurchsichtig wie Bugs selbst ist auch die "story" (137) über die Hintergründe von Ads Wahnsinn, die der Neger seinem jugendlichen Zuhörer auf dessen Nachfrage offeriert. Grotesketauglich ist zum einen die inhaltliche Komponente: das angeblich inzestuöse Verhältnis zwischen dem Boxer und seiner Schwester-Gattin, das – versehen mit dem Beigeschmack des Dubios-Skandalösen – in den Gazetten für Furore sorgte. In dem von der Presse hochgespielten Skandalon des Geschwisterinzests konturiert sich implizit die Grenzziehung zwischen Erlaubtem und Verbotenem, die dem gesellschaftlich-moralischen Konsens unterworfen ist. Grotesketrächtig ist zum anderen die Art der erzählerischen Vermittlung: Durch die Manier des sprachlichen Arrangements wird die Form, hier insbesondere der Satzbau, in den Rang eines Bedeutungsträgers erhoben. Das folgende Satzlabyrinth unterstreicht in seinen verqueren Windungen den über das eingespielte Inzestmotiv vermittelten Aspekt grotesker Normdevianz:

---

[15] "[T]he servant gently conducted his master below." *Great Short Works*, p. 265.

> "Then his sister was his manager and they was always being written up in the papers all about brothers and sisters and how she loved her brother and how he loved his sister, and then they got married in New York and that made a lot of unpleasantness" (136-137).

Verbindlichkeit beansprucht der von Bugs angebotene Epilog zu Ads prekärer Geistesverfassung jedoch nicht. Kaum aufgerichtet, wischt Bugs das Erklärungsmuster um das gebrochene Inzesttabu vom Tisch: "Of course they wasn't brother and sister no more than a rabbit ...." (137). Dies freilich nur, um nach erfolgreicher Retusche erneut in die Nähe der anfänglich vertretenen Position zurückzugleiten, mit leicht verschobener Gewichtung: "She was an awful good-looking woman. Looked enough like him to be twins. He wouldn't be bad-looking without his face all busted" (137).

Die jegliche Eindeutigkeit meidenden Verlautbarungen lassen keine endgültige Position zu. Das groteske Potential in der Figur dieses schwarzen "hobo" zwingt zum ziellosen, "nomadischen" Umherirren, da im haltlosen Schwanken zwischen den aufgerichteten Polen alles Fundierte und Gewisse zergeht. Liegt in der Biographie des degenerierten Ex-Boxers tatsächlich ein Geschwisterinzest vor? Oder stützt sich die sensationsheischende Berichterstattung der Skandalpresse lediglich auf ein Gerücht, um es auszuschlachten? Wie dem auch sei: Die von Bugs ins Feld geführte zwillingshafte Ähnlichkeit des Champs und seiner Ehefrau wirkt trotz des vorangegangenen Dementis nicht ganz geheuer. Dies nicht zuletzt deshalb, weil Bugs die skandalumwitterte Zwillingshaftigkeit der späteren Eheleute ein zweites Mal antippt und damit das delikat-anstößige Thema der Endogamie abermals aufkommen läßt: "'She's a mighty fine woman,' he said. 'She looks enough like him to be his own twin'" (137).

In dem vom Autor souverän praktizierten Modus des Grotesk-Befremdlichen läuft die *story* aus. Als Ad Francis schwer atmend wieder Lebenszeichen von sich gibt, sieht sich Nick wortreich und mit den besten Wünschen aus dem Lager hinauskomplimentiert. Erneut durchschichten sich in Bugs die Rollen des servilen Parasiten und wohlmeinenden Vertrauten, der den eigenen Winkelzügen immer die Spitze abbricht und zuletzt wieder alles ins Gleis bringt: im Fall von Ad Francis in übertragenem Sinne[16], im Fall von Nick Adams buchstäblich. Mit einem "ham sandwich" abgespeist, begibt sich Nick zurück zum Bahndamm: "Nick climbed the embankment and started up the track. He found he had a ham sandwich in his hand and put it in his pocket" (138). Die zugesteckte Schinkenstulle, in der sich Fürsorgliches und Unheimliches nochmals chimärisch verdichten, erreicht den mittlerweile völlig verstummten Initianden unvermittelt und suggeriert einen Vorgeschmack auf Künftiges. Das Sandwich ist nicht allein als "wundervoller" Gaumenschmaus denotiert, wie Nick dies während der gemeinsamen Mahlzeit am Lagerfeuer nachweislich empfand.[17] Das vom Neger überreichte Schinkenbrot dürfte neben dem positiven Denotat des Bekömmlichen zugleich dessen konnotative Kehrseite in sich einschließen: "wonderful" verweist in seiner obsoleten Bedeutung auf Unheil- und Verhängnisvolles.[18] Als

---

[16] Als Ad Francis das Bewußtsein wiedererlangt und über Kopfschmerzen klagt, sorgt sich Bugs rührend um dessen Wohlbefinden. Mit heißem Kaffee wird der Boxer wieder aufgepäppelt – bis zum nächsten Keulen-K.O. In dieser inversen Welt nährt der Parasit seinen Wirt.
[17] "Nick bit into the sandwich [...] The hot fried ham and eggs tasted *wonderful*" (134). [*Meine Hervorhebung*]
[18] Vgl. Walter Skeat, *A Concise Etymological Dictionary of the English Language*, s.v. "wonder" ("a portent"). Das Menetekel des "ham sandwich" lenkt die Aufmerksamkeit auf die schon früher getroffene Prophezeihung seitens des Negers: "'He's got a lot coming to him,' the Negro said. He was unwrapping a package by the fire" (133). Die Juxtaposition der auf Nick gemünzten Prognose mit dem Auspacken des Proviants unterstützt die unheilvollen Aspekte im Symbol des "ham sandwich". In der Tat wird einiges Unheil auf Nick Adams zukommen: u.a. die Begegnung mit den Berufskillern Al und Max in "The Killers", die Kriegsverletzung in "Chapter 6" und die eigene psychische Derangiertheit in "A Way You'll Never Be". Die Verletzbarkeit von Identität und Individualität findet sich in den Texten des Autors sowohl auf physischer als auch auf psychischer Ebene gestaltet, wie insbesondere "A Way You'll Never Be" illustriert, wo Nicks Kopfverletzung

ominöses Zeichen, in dem das Kommende seine eigene Unausweichlichkeit annonciert, bildet das abschließend aus der Hand dieses Dunkelhäutigen bezogene "ham sandwich" einen ebenso diskreten wie raffinierten Fingerzeig auf Hemingways narrative Konzeption des Grotesken.

---

mit dem Krankheitsbild des "post-traumatic stress disorder" einhergeht. In aneinandergereihten Gedankensplittern und in grellen, disruptiven Assoziationsspasmen vollzieht sich die psychische Fragmentierung des Selbst. Grebstein spricht von "a confrontation with the crippled psychic self produced by the physical wound." Vgl. Ronald Smith, "Nick Adams and Post-Traumatic Stress Disorder," *War, Literature and the Arts,* 9 (1997), 39-48; Sheldon Grebstein, *Hemingway's Craft* (Carbondale and Edwardsville, 1973), p. 18.

IV. Manifestationen des Inversen

Die Analyse inverser Strukturmuster soll unter drei Hauptaspekten erfolgen, die in Hemingways Erzählprosa über den Mechanismus der Verkehrung die Relativierung der bestehenden Ordnung durch den Erweis ihrer Reversibilität bewußt machen. Die Hierarchie eingefahrener Wahrheiten, welche die Unverbrüchlichkeit des konventionell Gültigen für sich reklamieren, gerät insbesondere in der literarischen Moderne in Mißkredit, wie Thomas Strychacz dies unter Bezugnahme auf Hemingways ersten Kurzgeschichtenzyklus *In Our Time* (1925) hervorhebt:

> *In Our Time* register[s] the decay of what must once have seemed fundamental verities: religion, intimate human relationships, hierarchies of culture and class, masculine authority. New strategies of fragmentation, temporal discontinuity, and abrupt juxtaposition would be pressed into service as attempts to define and respond to a terrifyingly denatured and devitalized landscape of alienation, lostness, and emptiness.[1]

Neben den hier vermerkten Strategien der Fragmentierung, der übergangslos aneinandergefügten Narrationselemente sowie dem Merkmal harter, zeitlicher Diskontinuitäten dient in der ersten wie auch in den nachfolgenden Sammlungen *Men Without Women* (1927) und *Winner Take Nothing* (1933) der Modus der Verkehrung als Mittel, die Verbindlichkeit nunmehr überlebter Wertimplikate aufzulösen. Inversionscodierte Texte, die im Rahmen des hier analysierten Korpus den ordnungszersetzenden Kriterien des Grotesken entsprechen, forcieren über das In-Frage-Stellen dichotomisch markierter Valenzen die Reflexion über Sinn oder Nichtigkeit der Ordnungskonvention. Sie spiegeln in ihrer narrativen Struktur literal bzw. figural vermittelte Um-

---

[1] Siehe "*In Our Time*, Out of Season", in: Scott Donaldson, ed., *The Cambridge Companion to Ernest Hemingway* (Cambridge, 1996), p. 57.

kehrungen dreier wesentlicher Konzepte. Hierunter fallen a) die Inversion des Fortschritts und der Rationalität, b) die Verkehrung der sozialen Rangordnung sowie c) die Inversion der religiösen Heilsinstanz.

Mit "On the Quai at Smyrna" und "Indian Camp" stehen zwei Texte aus *In Our Time* im Vordergrund, welche die Verwendung der anamorphotischen Mechanismen komplexer Verkehrung bezeugen. Beide Stücke spiegeln die Dekomposition des viktorianischen Fortschrittsglaubens und der Souveränität der Ratio in der Konfrontation mit nächtlichen Geschehnissen unterhalb der Tabuschwelle des Rationalen. In den ebenfalls dieser Sammlung entstammenden Erzählungen "The Doctor and the Doctor's Wife" sowie "Out of Season" bedient sich Hemingway invers-grotesker Strukturen, welche die scheinbar festgefügte kulturelle und gesellschaftliche Rangordnung ins Wanken bringen und diese sogar umstülpen. Agent der grotesken Inversion ist in "The Doctor and the Doctor's Wife" mit dem Halbindianer Dick Boulton ein Grenzgänger zwischen Wildnis und Zivilisation, in "Out of Season" mit dem gesellschaftlichen "half-outsider" Peduzzi ein auf die Pikarofigur rückverweisender Akteur.

Die Kollision widersprüchlicher Stratifizierungen in der Erniedrigung des sozial wie kulturell Hohen und der Erhöhung des Niedrigen macht das Provisorische vermeintlich fixer Wertpositionen einsichtig. Der aufgekündigte Respekt gegenüber der Hierarchie, sei sie kulturell, sozial oder religiös ausgelegt, löscht den Anspruch des Autoritativen, auf dem ihre normative Kraft beruht. Um die Wendung christlicher Normen und Werte ins Profane zu veranschaulichen, sei "Today is Friday" aus der Sequenz *Men Without Women* herangezogen. Ist hier Jesus metaphorisch zum Boxer invertiert, präsentiert "The Light of the World" aus *Winner Take Nothing* gegenbildlich einen Boxchampion als Christusfigur, so daß sich vermittels der angewandten

Verkehrungsprozeduren die aus der Verweltlichung des Spirituellen erwachsene Erosion religiöser Normen suggestiv bekundet.

IV.1. Die Inversion des Fortschritts und der Rationalität

1. "On the Quai at Smyrna": das Pandämonium von *In Our Time*

Hemingways *In Our Time* (1925) spiegelt thematisch wie stilistisch eine inkohärente und fragmentierte Wirklichkeit, wie sie sich dem Autor nicht zuletzt aufgrund seiner eigenen Kriegserfahrung in extremer Ausprägung vermittelte. Der Titel des Kurzgeschichtenzyklus lenkt ironisch auf einen Vers des *Book of Common Prayer* zurück: "Give us peace, oh Lord, in our time." Von Frieden, Fortschritt und dem Segen der Zivilisation ist in der Sammlung ebensowenig zu spüren wie in ihrem *program piece* "On the Quai at Smyrna". Das kurze Erzählstück macht kenntlich, wie sehr die Gegenwart und mit ihr das menschliche Verhalten von Irrationalität, von offener wie untergründiger Gewalt durchsetzt ist. Diese widerständige, kontingente Welt zeigt sich als heilloses ethisches und logisches Chaos, das den Glauben sowohl an die moralische Verantwortung wie auch an die Vernunft des Menschen zersetzt und ordnungsstiftende Sinnmuster annulliert.

Im Winter 1926/27 verfaßt, wurde "On the Quai at Smyrna" 1930 der zweiten, bei Scribner's erschienenen Auflage von *In Our Time* vorangestellt. Als Geschehenshintergrund figuriert der Rückzug der Griechen vor der türkischen Armee. Schauplatz des Geschehens ist mit dem Hafen von Smyrna ein geographisch marginalisierter Bezugsort, in den die befremdlichen Ereignisse und Beobachtungen während der geschilderten Evakuierung auf räumlich-synchroner Ebene ausgelagert sind.

Die Atmosphäre der mitternächtlichen Szenerie negiert alles Gewohnte und Gesicherte, wobei bereits der narrative Einstieg grotesketypisch mit der Assoziation des "Fremden" anhebt: "The strange thing was, he said, how they screamed every night at midnight. I do not know why they screamed at that time. We were in the harbor and they were all on the pier and at midnight they started screaming" (87). Die anschwellende Verwendung der Lexeme "scream" und "night" intensiviert den Eindruck des Halt- und Bodenlosen inmitten eines Pandämoniums, wo die Flüchtenden in ihrer Hysterie namenlos bleiben und im grellen Lichtkegel der Suchscheinwerfer *manipulativ* ruhiggestellt werden: "that always did the trick" (87).

Die Welt des Verläßlichen macht in dieser *story,* die Matthew Stewart mit "a nightmarish surrealist painting"[2] verglichen hat, buchstäblich kehrt. Nicht schreiende Kleinkinder klammern sich an ihre Mütter, sondern schreiende Mütter pressen sich an ihre seit Tagen toten Babies, von denen sie gewaltsam getrennt werden müssen. Selbst empirisch Gesichertes scheint in der Realität des Krieges abwegig: Eine alte Frau stirbt auf einer Bahre, und die Anzeichen sprechen dafür, daß der *rigor mortis* sogleich eingetreten ist, was ein Mediziner wiederum in Abrede stellt. Statt scharfer Artillerie setzt inmitten des undurchschaubaren Tohuwabohu die türkische Seite lediglich Blindmunition ein. Ein türkischer Offizier ist darauf aus, einen Matrosen zu schikanieren und fühlt sich über die *vermeintlich* schonungslose Bestrafung des Seemanns im Höchstmaß befriedigt. "He felt topping about it" (87). Der Eindruck des Manipulativen macht sich inmitten von "the hell of a mess" (88) zunehmend geltend.

---

[2] Siehe *Modernism and Tradition in Ernest Hemingway's "In Our Time"* (Rochester, 2001), p. 36.

Beachtung verdienen neben der thematischen Umsetzung Hemingways stilistische Experimente. Nicht nur die geschilderte Welt, sondern auch die Erzählperspektive ist *out of joint* und mit ihr traditionelle Wertungen und Orientierungen. Die verwendete Sprache korrespondiert dem Thema der Verkehrung, wenn eine groteske Logik die Greuel des Krieges herunterspielt. Die vor der Hafenmole treibenden Kadaver und Leichenteile sind durch die sprachliche Umpolung der Geschmackskonvention über das Epitheton "nice" einer invertierten Beurteilung unterzogen; das Abstoßende wird diametral-gegensätzlich zum "Schönen" transformiert: "There were plenty of nice things floating around in it. That was the only time in my life I got so I dreamed about things" (88). Das Unfaßbare erscheint in den hergebrachten Kategorien nicht mehr adäquat verbalisierbar, so daß sich allein im Außerkraftsetzen des traditionellen Wertmaßstabs und über die Verkehrung ins Gegenteil die für den Sprecher alptraumhaften Geschehnisse ausdrücken lassen. Robert Gajdusek spricht in diesem Zusammenhang berechtigterweise von "linguistic strategies of avoidance and defense" als "buffers against unbearable reality."[3]

Alles Geschehen, seien es gebärende Mütter oder tote Babies, wird gleichermaßen und unterschiedslos von einer untertreibenden Wertung scheinbarer psychischer Indifferenz eingeebnet: "You didn't mind the women who were having babies as you did those with the dead ones. They had them all right. Surprising how few of them died" (88). Das stilistische Merkmal der Untertreibung des jeglichen Norm Sprengenden hebt Louis H. Leiter hervor, wenn er schreibt:

---

[3] Siehe "False Fathers, Doctors, and the Caesarean Dilemma: Metaphor as Structure in Hemingway's *In Our Time*," *North Dakota Quarterly*, 65 (1998), 56.

> Hemingway approaches these experiences through the extremest understatement. The factual, businesslike, apparently unfeeling tone, playing over the horror and grotesque, he deliberately calculates to render that kind of emotional blanking engendered in a sensitive man by actions outside of but reflecting the main fight, off somewhere in the distance.[4]

Eine verbindliche moralische Norm ist nur noch in der verkehrenden, das Ungeheuerliche unterbietenden Verharmlosung seitens einer anonymen "Sensibilität" auszumachen. Das Unsagbare wird "unangebracht"-nüchtern zu "a business" abgeschliffen, und zu der qualitativ fragwürdigen Konnotation von "nice" gesellt sich am Erzählausklang der nicht minder befremdliche Oberton des doppelt gesetzten "pleasant":

> The Greeks were nice chaps too. When they evacuated they had all their baggage animals they couldn't take off with them so they just broke their forelegs and dumped them into the shallow water. All those mules with their forelegs broken pushed over into the shallow water. It was a pleasant business. My word yes a most pleasant business (88).

Die über "yes" und den abschließenden Superlativ sardonisch gesetzte Emphase vermittelt emotional die Perversion des Geschehens. Das Hafenbassin ist als Müllhalde von Tierkadavern zweckentfremdet, wobei die an den Lasttieren verübte Grausamkeit durch deren Ertrinken im "Seichten" einen zusätzlichen sarkastischen Akzent gewinnt.

Neben inversiv geprägten Wertzuweisungen steht schließlich auch die von Hemingway verwendete Erzähltechnik im Dienst des hier vermittelten Chaos. Die geschickte Manipulation der persönlichen Fürwörter "I" und "he" macht die Identifikation der damit bezeichneten Referenten kompliziert. Offensichtlich handelt es sich um einen über seine Wortwahl (z.B. "topping")

---

[4] Siehe "Neural Projections in Hemingway's 'On the Quai at Smyrna'", in: *Critical Essays on Ernest Hemingway's "In Our Time"*, ed. Michael Reynolds (Boston, 1983), p. 139.

wie auch über sein *understatement* ausgewiesenen britischen Marineoffizier, dessen Eindrücke der ebenfalls anonyme Erzähler wiedergibt. Da Anführungszeichen nur in den Binnendialogen gesetzt sind, in den längeren narrativen Passagen aber ausgespart bleiben, ist die Zuschreibung von Teilen des Berichteten an den "narrator" oder an die Sprecherstimme des erzählenden "officer" mitunter problematisch. Die subtil gehandhabte Vexiertechnik trägt maßgeblich dazu bei, daß dem Leser angesichts des tumultuösen Geschehens an der Hafenmole von Smyrna der sichere Halt abhanden kommt. Denn ebenfalls unklar ist, auf wen sich die im dritten Satz der *story* eingeführten Pronomen "we" und "they" überhaupt beziehen. Die Auflösung des traditionellen Erzählrahmens, der Einstieg *in medias res* unter Verzicht auf orientierende Erzählpräliminarien sowie die Fragmentierung des Erzählten[5] in sezierte, gleichsam scheinwerferhaft beleuchtete "Ausschnitte" lassen die aus dem Lot geratene Welt und mit ihr den Zerfall politischer, gesellschaftlicher und insbesondere moralischer Ordnungsgefüge momenthaft aufscheinen.

2. "Indian Camp": Die Expedition der Wissenschaft in die Arena des Grotesken

Das Motiv der Unterweltsfahrt oder Jenseitsreise, das im folgenden als metaphorisches Gerüst von "Indian Camp" veranschaulicht wird, ist traditionell mit dem Strukturmerkmal der Verkehrung verbunden. Die verkehrte Welt figuriert als Kontrapunkt. Sie stellt einen inversionszentrierten Entwurf zur strukturstarren Ordnungswelt dar, deren gewöhnliche Normen nun jenseits aller konventionsgesteuerten Vorgehensweisen auf den Kopf gestellt sind.

---

[5] Jaqueline Vaught Brogan betont mit Recht, daß Hemingway seine narrative Technik den Erfordernissen des Erzählstoffes anpaßt. Der Autor setzt stilistisch die "implicit fragmentation" in

Peter Fuß spricht in diesem Zusammenhang von einer "Verkehrung der Alltagswirklichkeit".[6] Die "Hölle" wird damit zur Ressource für inversgroteske Motivik.

Die Bewohner des archetypischen Schattenreiches sind als Projektionsfiguren der verkehrten Welt angelegt. Auf der mythischen Referenzebene werden sie zu Handlungsträgern einer demonstrativ inszenierten, gegenbildlichen Entgrenzung der Ordnungswelt. Zu den Verbindlichkeiten, Sinngebungen und Grenzziehungen der Ordo treten sie in Opposition, da sie deren reibungsloses Funktionieren verhindern oder zumindest zu stören versuchen. Durch demonstrative Regelverstöße zeigen diese Unruhestifter den ungesicherten Status der Regeln vermittels deren Relativierung oder gar Suspendierung auf.

Die antike Mythologie beschreibt den Hades als von verschiedenen finsteren, schluchtartigen Orten erreichbar und von mehreren Gewässern (Acheron, Styx) umflossen, über die der Fährmann Charon die Toten geleitet. Auf dem anderen Ufer bewacht der bellende, mehrköpfige Höllenhund Kerberos den Zugang zum Reich der wesenlosen Schatten.[7] Die ebenso faszinierende wie erschreckende Qualität des Grotesken wird damit jenseits der Grenzen der eigenen Kultur situiert und synchron-räumlich ausgegrenzt. Nur in der *terra incognita* des Räumlich-Marginalen läßt sich auf Neues, weil Normwidriges stoßen. Die "vertikale" räumliche Marginalisierung, wie sie sich traditionell in der Ansiedelung des Grotesken in der unterirdischen Hölle ausdrückt, kann sich in der künstlerischen Bearbeitung ebensogut "horizontal" geltend

---

Bilder der Fragmentierung und Objektivierung von Mensch und Tier adäquat um. Siehe "Hemingway's *In Our Time* as a Cubist Anatomy," *The Hemingway Review*, 17 (1998), 38.
[6] Siehe *Das Groteske: Ein Medium des kulurellen Wandels* (Köln, 2001), p. 250. Ähnlich argumentiert Michael Kuper in *Zur Semiotik der Inversion* (Berlin, 1993), p. 10f.
[7] Zum Motiv der Unterwelt bzw. Unterweltsreise siehe Elisabeth Frenzel, *Motive der Weltliteratur* (Stuttgart, 1992), *s.v.* "Unterweltbesuch".

machen, so daß sich die binäre Opposition von "oben" und "unten" auf ein in der "Waagerechten" verortetes Dies- und Jenseits transferiert.

In "Indian Camp" haben sorgfältig ausgewählte Details wie die nächtliche Kälte auf dem nebelverhangenen See atmosphärisch einstimmende Funktion. Der lokale Übergangsbereich des Sees wird in Verbindung mit der Dunkelheit und den meteorologischen Erscheinungen von Kälte und Nebel im Rahmen der Exkursion in die inversionscodierte Zone des Grotesken zu Trägern ominöser Vorbedeutung. Diese sind darauf ausgelegt, das mythische Referenzmuster der Jenseitsreise in die *story* einzuziehen:

> The two boats started off in the dark. Nick heard the oarlocks of the other boat quite a way ahead of them in the mist [...] It was cold on the water. The Indian who was rowing them was working very hard, but the other boat moved farther ahead in the mist all the time (91).

Im Rahmen der stimmungsmäßig evozierten Jenseits-Passage lassen sich die rudernden Indianer als Verkörperung des Fährmannes Charon deuten. Der Obolos in Form der den Toten in den Mund gelegten Münze findet seine Entsprechung in den Zigarren, die Uncle George gleichsam als Fährlohn bei der Ankunft am anderen Seeufer an die Ruderer verteilt. Auch der lange Fußmarsch der Ankömmlinge durch die Finsternis des Waldes unterstützt sinntragend die Hadesmetapher. Das an den höllischen Zerberus erinnernde Hundegebell vor dem Eingang zum Indianerlager[8] trägt ebenfalls dazu bei, die nächtliche Überfahrt als *descensus ad inferos* zu suggerieren, der das Geschehen figural auf mythische Tiefen hin öffnet.

---

[8] "Then they went into the woods and followed a trail that led to the logging road and ran back into the hills [...] The young Indian stopped and blew out his lantern and they all walked on along the road. They came around a bend and a dog came out barking. Ahead were the lights of the shanties where the Indian barkpeelers lived. More dogs rushed out at them" (91f.). Zu Hemingways mythologischer Anspielung siehe u.a. Amy Lovell Strong, "Screaming through Silence: The

In Begleitung des Arztes Dr. Adams und dessen Bruder wechselt Nick aus der zivilisierten, struktur- und fortschrittsgeprägten Welt der Weißen in den dunklen, primitiven Erfahrungsbereich jenseits des Sees. Das Überschreiten der Türschwelle zur Blockhütte deutet die Einweihung in den Handlungsschauplatz des Grotesken vor. In diesem Bereich der inversionscodierten Verfremdung alltäglicher Erfahrungsmodi bedarf eine hochschwangere Indianerin ärztlicher Hilfe, da sie nicht auf "normalem" Wege gebären kann. Ihre unartikulierten Schmerzensschreie, der Tabaksqualm und der Gestank in der Hütte komplettieren den Eindruck des infernalischen Gegenweltsterrains.

Die Verkehrung des Geläufigen und glatt zu Verrechnenden gewinnt emblematischen Ausdruck in der "verkehrten" Lage des Foetus im Mutterleib. Der "falsch" gelagerte Foetus widersetzt sich seit nunmehr zwei Tagen beharrlich seiner Geburt. Die unruhestiftende Energie des Grotesk-Inversen scheint auf der Verweisungsebene anzuklingen, wenn Dr. Adams seinem Sohn die Schwierigkeit des bevorstehenden Eingriffs zu erklären versucht:

> "You see, Nick, babies are supposed to be born head first but sometimes they're not. When they're not they make a lot of trouble for everybody" (93).

Der Foetus illustriert in seiner atypischen Position den Provokationswert des Grotesken gleichsam *in nuce*. Das Baby wird den Mutterleib nicht auf herkömmlichem Wege verlassen, sondern gegensinnig per Kaiserschnitt geboren. Dieser Geburtsvorgang erfährt eine weitere inverse Brechung, da für die "Caesarian operation" in der Gegenwelt des Indianerlagers nicht die üblicherweise zum Einsatz kommenden medizinischen Hilfsmittel zur Verfügung stehen. Im Darstellungsrepertoire des hier inszenierten Verkehrte-

---

Violence of Race in 'Indian Camp' and 'The Doctor and the Doctor's Wife,'" *The Hemingway Review*, 16 (1996), 19.

Welt-Schauspiels ist ein Anästhetikum, durch dessen Verabreichung sich die "höllischen" Schmerzen der Indianerin lindern ließen, nicht zur Hand.

Als Repräsentant des Fortschritts vermittelt Dr. Adams anfänglich den Eindruck von Umsicht und Überlegenheit. Die Anweisung Wasser abzukochen, um die mitgeführten Utensilien steril zu halten, sowie die auf die Reinigung der Hände verwendete klinische Sorgfalt sind Belege für routiniertes Handeln. Andererseits wird deutlich, daß Hemingway bereits im Vorfeld der Operation die auf der ordnungsstiftenden Kraft der Ratio gründende Souveränität des Arztes ironisch unterläuft. Wenn Dr. Adams die als notwendige Begleiterscheinung des Geburtsvorganges rationalisierten Schmerzensschreie "affektiv neutral" als unwichtig hinstellt,[9] so verkennt dieser "detached man of science" (Kenneth Johnston) die emotionale Betroffenheit des indianischen Vaters[10], der sich lautlos der Wand zuwendet. Makabre Züge trägt denn auch der saloppe ärztliche Kommentar, "I must say he took it all pretty quietly" (94). Der Indianer "took it", wenngleich in inversionsinduzierter Manier, indem er sich während der kruden Prozedur des Kaiserschnitts die Kehle durchschneidet.

Die Unterwelt als untere Welt chaotischer, irrationaler und unkalkulierbarer Kräfte erscheint als Bereich jenseits routinierter Sachlichkeit, dessen Unwägbarkeiten die vermeintlich ärztliche Allmacht an ihre Grenzen führt. Das Vertrauen auf seine Überlegenheit als Mediziner feiht Dr. Adams nicht gegen den invers-unglückseligen Verlauf seiner humanitären Mission, die in einem

---

[9] "But her screams are not important. I don't hear them because they are not important" (92).
[10] Warum ist überhaupt der Indianer der Vater und nicht vielmehr Uncle George? Mit den Jahren hat sich die Debatte um diese Vaterschaft verselbständigt und in der Hemingwaykritik z.T. groteske Blüten getrieben, auf die Philip Young zwischenzeitlich mit der Bemerkung reagierte, *er sei der Vater des Kindes*. Dessen ungeachtet bleibt diese Frage weiterhin offen, wie Robert Gajduseks neuerer Aufsatz zeigt; siehe "False Fathers, Doctors, and the Caesarean Dilemma: Metaphor as Structure in Hemingway's *In Our Time*," *North Dakota Quarterly,* 65 (1998), 53-61.

Fiasko endet. Die ärztliche Situationsmächtigkeit des weißen Repräsentanten des Fortschritts und der Zivilisation fällt in der Konfrontation mit der dunklen indianischen Gegenwelt weitgehend in sich zusammen.

Anstelle des modernen Operationsbestecks treten im Verlauf des improvisierten Kaiserschnitts primitive Surrogate, deren Handhabung Dr. Adams nach der Operation zu einer publikationsträchtigen Pionierleistung uminterpretiert. Gegenläufig avanciert der Rückschritt in Form primitiven Operierens zum Signum des in einer Fachzeitschrift Dokumentationswürdigen ("That's one for the medical journal," 94). Als Skalpell dient ein Jagdmesser, als Operationsfaden eine Angelschnur aus gedrehtem Darm, als Operationsnadel, so steht zu vermuten, ein Angelhaken. Das Rasiermesser andererseits, das durchaus die chirurgische Funktion eines medizinischen Skalpells in den Händen des Geburtshelfers hätte erfüllen können, wandelt sich in der Hand des indianischen Selbstmörders zum gegensinnig genutzten Instrument.

Der Wissenschaftler und Repräsentant des Fortschritts ist bestückt mit den elementaren Utensilien des Jägers – der Indianer als Bewohner der inferioren, "rückständigen" Welt dagegen mit einer symbolischen Errungenschaft der weißen Zivilisation in Form des metaphorischen Skalpells. Im Platztausch und Rollenwechsel der stählernen Insignien des Primitiven und des Fortschrittlichen löst sich die traditionelle Hierarchisierung auf, da das vertikal korrespondierende Oppositionspaar von "oben/unten" ausgetauscht ist: Der *razor*, der Dr. Adams für die Operation der Squaw "in the lower bunk" (92) dienlich gewesen wäre, findet "in the upper bunk" (92) des "Indian husband" Verwendung, das *jackknife* dagegen in der unteren Bettkoje. Die Welt des rational Vertrauten steht Kopf, und Dr. Adams hat letztlich neben der Brüchigkeit seiner selbstsicheren Rationalität auch die Ambivalenz zivilisatorischer Triumphe anzuerkennen, wie sie in der infernalischen Arena der Blockhütte sinnfällig wird. Was für Nick als Lehrstunde in Sachen Geburt und neues Leben vorgesehen war, ist unversehens ins groteske Chaos umgeschlagen – "an awful mess" (94).

Im narrativen Ausgang steht dem dunklen, geschlossenen Innenbereich der indianischen Blockhütte der helle, offene Raum des Pastoralen diametral gegenüber. Die Nacht ist dem Morgen gewichen, und mit dem Nebel scheint auch die "nightmarish experience"[11] im Indianerlager verflogen. Die von Nick verspürte Frische des anbrechenden Tages und die sensuelle Erfahrung des warmen Wassers während der Rückfahrt über den See gewinnen lebensspendende Aspekte. Nach seiner metaphorischen Jenseitswanderung und in der Präsenz des rudernden Vaters erweckt der als Idylle konzipierte Raum in Nick das Gefühl der Unsterblichkeit: "In the early morning on the lake sitting in the stern of the boat with his father rowing, he felt quite sure that he would never die" (95).

Dieser auf den ersten Blick paradoxe Erzählschluß fügt sich konsistent in die Erfahrung der verkehrten Welt ein. Der durch den nächtlichen Unterweltsbesuch im Indianerlager ausgelöste "Sturz" aus dem Zustand naiver Unschuld in eine grausam-groteske Realität befördert den jungen Nick vorerst auf keine neue und tragfähige Bewußtseinsstufe. Statt einer erkenntnismäßigen *Progression* ist der Ausklang geprägt von Nicks (fötaler) *Regression* in den kindlichen Tagtraum einer für immer offenen Zukunft. Nicks geistiger Zugewinn trägt in seiner rückläufigen, pränatalen Tendenz (un)sinnigerweise umgekehrte Vorzeichen. Die traditionelle *initiation story*, welche die Ausfahrt, den Aufenthalt in der Fremde und die anschließende Rückkehr

---

[11] Siehe Sheldon Grebstein, *Hemingway's Craft* (Carbondale and Edwardsville, 1973), p. 17.

des jugendlichen Helden mit einem Fortschritt an Reife und Erkenntnis verbindet, ist unter Hemingways Feder zu einer verkehrten Initiationserzählung mutiert.

IV.2. Die Inversion der sozialen Rangordnung

1. "The Doctor and the Doctor's Wife": Hemingways Kontrafaktur zu "Indian Camp"

Auskünfte über das Groteske lassen sich in Hemingways *In Our Time* überall einholen und zu jeder Tageszeit. Auf das Nachtstück "Indian Camp" folgt mit "The Doctor and the Doctor's Wife" eine Erzählung, die das Groteske nicht in der externen Fremde des Indianerlagers verortet, sondern auch intern auf dem sonnigen Terrain der Zivilisation aufspürt. Die *stories* verhalten sich als "mirror image reversals of one another."[12] "Indian Camp" zeigt mit Doctor Adams, seinem Sohn Nick und Uncle George eine Dreiergruppe aus der technologisierten, kultivierten, verbalen, mentalen und rationalen Welt der Weißen auf Visite in der indianischen Welt. In der Folgegeschichte betritt mit Dick Boulton, seinem Sohn Eddy sowie Billy Tabeshaw ein männliches Trio aus der dunklen, intuitiven, physischen und instinktiven Welt des Indianerlagers den Grund der weißen Zivilisation. In "Indian Camp" benötigt die indianische Welt die Dienste des Weißen, um das Baby aus dem Leib der Squaw freizusetzen. In "The Doctor and the Doctor's Wife" bedient sich der Weiße kontrastiv der von ihm angeheuerten indianischen Arbeitskräfte, um angeschwemmte Buchenstämme aus dem Sand des Seeufers zu bergen. Die inversen Analogien lassen sich weiter vermehren. Das beim Kaiserschnitt

---

[12] Siehe Robert Gajdusek, "False Fathers, Doctors, and the Caesarean Dilemma: Metaphor as Structure in Hemingway's *In Our Time*," *North Dakota Quarterly*, 65 (1998), 55.

zum Einsatz kommende "jackknife" hat seine Parallele in den Äxten, der Säge und den Kanthaken der indianischen Arbeiter, dank derer das im Sand verborgene Holz ans Tageslicht gelangen soll. Ohne die Intervention des weißen Arztes würde das Baby im Mutterleib sterben, ohne die Aktion der Indianer das Holz im feuchten Ufersand verrotten. Ebenso wie realer und metaphorischer Geburtsprozeß wechselseitig korrespondieren, sind auch "Doc" Adams und "Dick" Boulton aufeinander bezogen. *Doc* läßt Wasser abkochen, wäscht sich die Hände und verkündet nach erfolgter Operation die Identität des Babys: "it's a boy". *Dick* läßt nach der Bergung einen der Holzstämme im Wasser des Sees abwaschen, um ihn umgehend zu identifizieren: "It belongs to White and McNally" (100).[13]

Die Ausgangssituation von "The Doctor and the Doctor's Wife" stellt sich wie folgt dar: Der Dampfer mit dem sinnschweren Namen *Magic*, dessen Mannschaft die Bergung des Holzes normalerweise übernimmt, kommt nicht. Anstelle der *Magic* treffen Boulton und sein Troß ein. Auf die Affinität des Magischen zum Grotesken macht Bernard McElroy aufmerksam, wenn er die unheimliche Qualität des Grotesken auf "the reassertion of the primitive, magical view of the world" zurückführt. McElroy weiter:

> The grotesque is linked definitely to aggression in human nature, both the impulse to commit aggression and even more, the fear of being the victim of aggression: and I do not mean merely natural aggression, but aggression by impossible, all-powerful means – which is to say aggression by magic [...] The deterministic world, empirically constructed by the rational intellect, disintegrates to be replaced by a magical one shaped by the emotions.[14]

---

[13] Zu den motivischen Korrespondenzen von "Indian Camp" und "The Doctor and the Doctor's Wife" vgl. Paul Strong, "The First Nick Adams Stories," *Studies in Short Fiction*," 28 (1991), 86.
[14] Siehe *Fiction of the Modern Grotesque* (London, 1989), p. 4.

Der Halbindianer Boulton schließt die über das Ausbleiben der *Magic* entstandene Lücke. Er verfügt über das bei McElroy angesprochene Aggressionspotential, wie er überhaupt als transkultureller Zwitter im Zwischengefüge von Zivilisation und Wildnis beheimatet ist und von daher das "Unheimliche" des Grotesken in sich verkörpert. Das streitsüchtige Halbblut ist in der Folge darauf aus, seinen weißen Auftraggeber als unrechtmäßigen Eigentümer des Holzes bloßzustellen und subvertiert damit die vermeintliche Stabilität der sozialen Hierarchie. Daß Dr. Adams den "half-breed" aus dem Indianerlager und damit aus der kulturellen Fremde herbeiruft, ist innerhalb des Handlungsschemas Beleg für einen Prozeß, den Peter Fuß auf theoretischer Grundlage als konstitutiv für die kulturelle Funktion des Grotesken veranschlagt hat:

> Die Kultur, die sich durch die Marginalisierung ihres Fremden konstituiert und stabilisiert, wird durch die Rezentrierung des Marginalisierten destablisiert und liquidiert. Das aus einer Kultur eliminierte, das von ihr Verdrängte, bleibt als Mangel ständig in ihrem Inneren präsent. Dieser Mangel, dieses Vakuum entwickelt einen Sog, der das Marginalisierte ins Zentrum der Kulturordnung zurückzieht, einen Druck, der die Kulturordnung immer wieder an ihre Grenzen und über sie hinaus treibt.[15]

In seiner unruhestiftenden Funktion verkörpert Dick Boulton "the exemplar who stands in rebellion against the authority of Nick's father."[16] Zum Vollstrecker grotesker Manipulationsmodi scheint Boulton bereits aufgrund seiner genetischen Bedingtheit prädestiniert. Der chimärisch konzipierte "Mischling" widersetzt sich jeglicher "racial categorization": "Dick was a half-breed and many of the farmers around the lake believed he was really a white man" (99f.). In seiner Beherrschung von Ojibway und Englisch

---

[15] Siehe Peter Fuß, *Das Groteske* (Köln, 2001), 60f.
[16] Siehe Joseph DeFalco, *The Hero in Hemingway's Short Stories* (Pittsburgh, 1963), p. 34.

oszilliert er sprachlich zwischen der indianischen *und* der weißen Kultur. DeFalco bezeichnet dieses Halbblut zurecht als "border zone figure".[17] Nomadisch übertritt Boulton die Grenze von Wildnis und Zivilisation, die in "The Doctor and the Doctor's Wife" durch das eingefriedete Grundstück der Adamses mit dem teils offenen, teils geschlossenen Gatter einen bildhaften Ausdruck erfährt. Provokant läßt Dick Boulton nach dem Wortgefecht das Gatter von Dr. Adams' Grundstück offen. Die Grenzziehung zwischen Zivilisation und ungebändigter Natur, die hierarchiestabilisierend die Autorität des Weißen gegen die Infiltration des Primitiven absichert, ist in dieser Geste liquidiert.

Durch die angeheuerten Arbeitskräfte aus dem Indianerlager rezentriert Dr. Adams das Marginalisierte, das sich jenseits der eigenen kulturellen Ordnung befindet und das dennoch eines ihrer Elemente ist. Sein "eigenes" Grundstück ist schließlich ehemaliges Indianergebiet. Die hier eingeleitete Rezentrierung des Marginalisierten in der Person Boultons destabilisiert die weiße Kultur, denn die hierarische Machtstruktur von Weiß und Rot wird angefochten und vorübergehend dekomponiert.

Die Dekomposition greift, weil sich Dr. Adams mit seiner Entscheidung, das von ihm als *driftwood* eingestufte Holz zu bergen, in einem definitorischen Dilemma befindet und damit in einer moralischen Grauzone agiert. Das angeschwemmte Holz ist ein semantischer "Mischling" aus den Kategorien von *timber* und *driftwood*, die ineinanderfließen und sich deshalb nicht einwandfrei trennen lassen: "[S]ooner or later the crew of the *Magic* would come along the shore in a rowboat [...] But the lumbermen might never come [...]

---

[17] *Ibid.*, p. 34.

If no one came for them they would be left to waterlog and rot on the beach" (22). Dr. Adams verstrickt sich in die Aporie des Sowohl-als-auch. Wie der Halbindianer, der nicht eindeutig einzuordnen ist, da sich in ihm die Anlagen von Weiß und Rot vermischen, entzieht sich das angespülte Holz einer einsträngigen Kategorisierung. Es ist potentiell sowohl "Nutzholz" als auch "Treibholz". Sobald Dr. Adams daher auf *driftwood* beharrt, setzt der Agent des Grotesken inversiv auf *timber*. Damit bringt er die Anschuldigung des Diebstahls unter, untergräbt die festgeschriebene moralische Überlegenheit der weißen Kultur und setzt den Arzt in Zugzwang:

> "If you think the logs are stolen, leave them alone and take your tools back to the camp," the doctor said. His face was red.
> "Don't go off at half cock, Doc," Dick said. He spat tobacco juice on the log. It slid off, thinning in the water."You know they're stolen as well as I do" (100).

Der Spott des allein schon durch die Namengebung als viril ausgewiesenen Halbbluts über die hier unterstellten maskulinen Defizite des Weißen dient der verbalen Unterjochung. Durch den Vorwurf der illegalen Inbesitznahme wird zudem die Superiorität über die *Native Americans* ausgehöhlt, wie sie im Konzept der *Manifest Destiny* verankert ist. Im weiteren Kräftemessen zwischen "Dick" und "Doc" verkehrt sich das bereits in "Indian Camp" aufgetretene Kräfteverhältnis des überlegenen Weißen und des unterlegenen Primitiven. Blieben dort die Indianer passiv und sprachlos, verliert nunmehr Dr. Adams den Nimbus des "great man", den er sich in "Indian Camp" mit der kulturellen Anmaßung eines Zäsaren[18] verliehen hatte. Dr. Adams muß

---

[18] In seinem Aufsatz "Caesareans in an Indian Camp", *The Hemingway Review*, 13,1 (Fall 1993), betont Jürgen Wolter "that the word *Caesarism* is highly ambiguous; in addition to being a technical term in surgery, it connotes authority, imperialism, assumption of power and even tyrannical dictatorship" (92). Wolter spricht vom "pompous and omniscient Caesar-doctor" (93) und kennzeichnet die Einstellung des Weißen als "Caesarian arrogance" (93) bzw. "triumphant Caesarism" (92).

auf seinem eigenen Grund und Boden zurückstecken. Die invertierte Machthierarchie drückt sich emblematisch in der wechselnden Gesichtsfarbe des gedemütigten Arztes ("His face was red", 100) aus, zumal der Halbindianer vielen Farmern als Weißer gilt.[19] Amy Lovell Strong hat diesen Umkehrprozeß signifikant herausgearbeitet und dessen moralische Konsequenzen auf den Punkt gebracht: "The roles have been reversed, but in order to represent this, Hemingway actually has his characters' faces change color – to be humiliated is to be red and to be victor is to be white."[20]

Doch nicht nur die Hautfarbe wechselt. Auch die traditionell zugewiesenen Positionen von Zivilisation und Primitivität kehren sich um, wenn Boulton den Doktor respektlos zum "Doc" trunkiert und der weiße Arzt daraufhin aus der Haut fährt:

> "All right. If you think the logs are stolen, take your stuff and get out."
> "Now, Doc –"
> "Take your stuff and get out."
> "Listen, Doc."
> "If you call me Doc once again, I'll knock your eye teeth down your throat."
> "Oh, no, you won't, Doc" (100-101).

Der irrationale Impuls kruder Primitivität unter dem Firnis zivilisatorischen Selbstverständnisses bricht sich in einem seelischen Affekt für einen kurzen Moment Bahn. Das kulturelle Kräfteverhältnis stülpt sich um, wenn Dr. Adams aus der domestizierten "Mittellage" des Zivilisierten herausgerissen und zum Schläger wird, während der Raufbold[21] in beherrschtem Kalkül die

---

[19] "Dick was a half-breed and many of the farmers around the lake believed he was really a white man" (99f.).
[20] Siehe "Screaming through Silence: The Violence of Race in 'Indian Camp' and 'The Doctor and the Doctor's Wife,'" *The Hemingway Review*, 16,1 (1996), 29.
[21] "Dick was a big man. He knew how big a man he was. He liked to get into fights" (101).

Pose zynisch kultivierter Überlegenheit einnimmt. Der in Dr. Adams mobilisierte gewalttätige Affekt scheint Beleg für die von McElroy in *Fiction of the Modern Grotesque* (1989) vertretenen These, nach der das Groteske ein von Kultur und Ratio verschüttetes, rudimentäres Potential reaktiviert. McElroy beschreibt das Groteske als

> primitive, magical, uncanny. The grotesque transforms the world from what we 'know' it to be to what we fear it might be [...] The grotesque does not address the rationalist in us or the scientist in us, but the vestigial primitive in us, the child in us, the potential psychotic in us.[22]

Die Kollision mit Boulton setzt beim weißen Arzt Verhaltensnormen außer Kraft und legt reflexhaft die von der Zivilisation verschütteten Unterseiten der Psyche frei. In dem Moment, da der Mischling die seelisch-körperliche Stabilität des Doktors angreift, enthüllt sich eine Tiefenschicht, von der im Zustand der "Normalität" nichts bekannt war.[23] Das zivilisierte Verhalten wird als Klischee enttarnt, der Anspruch kultureller Überlegenheit von Weiß gegenüber Rot ist relativiert.

Der zäsarengleiche "Doctor" aus "Indian Camp", von Boulton statusmindernd zum "Doc" verkleinert, büßt unter der Knute seiner frömmelnden Ehefrau auch im Privatbereich den Nimbus des Imperators ein. Als Kontrollinstanz zivilisatorischer Normen und "höherer" Werte herrscht Mrs. Adams im "cottage", in das der Arzt nach seiner blamablen Niederlage flüchtet. Mrs Adams schottet sich realitätsblind "behind the blinds" von der Außenwelt ab. Lediglich ihre Stimme ist vernehmbar – ein Anklang vielleicht an das Freudsche

---

[22] Siehe *Fiction of the Modern Grotesque*, p. 5.
[23] Von daher spricht einiges für Max Westbrooks Auffassung, der eine von Dr. Adams abgewehrte, untere Schicht in seiner Psyche als Quelle der aufschlußreichen verbalen Entgleisung annimmt: "Frustrated by Boulton's cool insolence, Dr. Adams breaks out, from some unacknowledged lower layer, and makes a tough-guy assertion." Siehe "Grace under Pressure," *Ernest Hemingway: The Writer in Context*, ed. James Nagel (Madison, 1984), p. 96.

"Über-Ich". Ihre kodifizierten Verhaltensnormen gießt Mrs. Adams bezeichnenderweise in die erstarrte, archaische Sprache einer Bibelweisheit: "Remember, that he who ruleth his spirit is greater than he that taketh a city" (101).

Ob seines Wortwechsels mit Boulton sieht sich Dr. Adams einer unerbittlichen Moralpredigt ausgesetzt, in deren Verlauf er bei seinem Vornamen wiederholt an- und aufgerufen wird. Untersucht man den Vornamen des Doktors auf seine archaische Bedeutung, so macht sich der Leitgedanke des Autoritätsverlusts auch in dieser Szene thematisch fest. "Henry" ist etymologisch ein Kompositum aus "house" und "ruler".[24] Die Ehe des Doktors ist ein "mismatch"[25], sein Name ein "misnomer": Alles andere als der "Herrscher" im eigenen Haus, sieht sich der Arzt von der ihn abkanzelnden Ehefrau entmündigt und auf das Maß eines verstockten Jungen heruntergestutzt. Der Potentat von "Indian Camp" ist zum Pantoffelhelden metamorphisiert, der sich am Erzählausklang der Führung seines kleinen Sohnes anvertraut, um jenseits der Zivilisation die "blackness" in ihrer possierlichen Variante ("black squirrels") einmal näher zu betrachten.

---

[24] Siehe E.G. Withycombe, *The Oxford Dictionary of English Christian Names* (Oxford, 1993), *s.v.* "Henry".
[25] Als Anhängerin der religiösen Gemeinschaft der *Christian Scientists* lehnt Mrs. Adams ärztliche Intervention ab; die Ehe mit dem Mediziner ist von daher eine Mésalliance. Sinnfällig bleiben auch die medizinischen Journale des Arztes in der von seiner Ehefrau kontrollierten häuslichen Sphäre ungelesen.

2. Der Narr als Inversionsartist in "Out of Season"

Geht ein Tourist in Begleitung eines Narren angeln, so läßt allein schon diese aparte Paarung groteskes Potential vermuten. In der Galerie all jener Figuren, die im Einzugsbereich des Grotesken beheimatet sind, nimmt der Narr eine prominente Position ein. Seine marginale Seinsweise im sozialen Spektrum sowie sein verkehrungsfreudiges Bewußtsein ermöglichen es ihm, sich gängigen monokausalen Rollenzuschreibungen und Wesensfestlegungen zu entziehen. Die Finten und Schliche des Narren sind Attacken gegen die kategorieverschanzte Ordnung und damit ein Affront gegen reglementierende, einengende Autoritäten. In seiner gesellschaftlichen Außenseiterrolle durchbricht der Narr die Normen und Barrieren der Gesellschaft durch zeichenhafte Verkehrungstaten und inversionsgesteuerte Symbolhandlungen, die für jedermann sichtbar seine Distanz zu konventionsgeprägtem Regelverhalten ausdrücken. Virtuos simuliert er Rollen, die ihm von seinem geringen Sozialstatus her nicht zustehen. Sie sind charakteristisch für sein zwischen Aufsässigkeit und Anpassung changierendes Entgrenzungsverhalten.

In "Out of Season" bedient sich der Verfasser mit Peduzzi eines komischen Helden oder besser: Anti-Helden, der ein Teil der Gesellschaft von Cortina d'Ampezzo ist und dennoch deren konventionelle Grenzziehungen auffällig durchkreuzt. Die Geschichte handelt von einem illegalen Angelausflug am Stadtrand von Cortina, den ein junges amerikanisches Touristenpaar während der gesetzlich verordneten Schonzeit unter Führung Peduzzis unternimmt. Die Angeltour gerät zum aberwitzigen Unterfangen: Der vermeintlich versierte Fremdenführer erweist sich als ineffizienter Trunkenbold, und das gesamte Vorhaben endet in einem Reinfall. DeFalco spricht von einer "mock figure"[26], Strychacz sieht den Fremdenführer als "hilariously inept to set things right" und belegt den Initiator dieser Angeltour mit dem Attribut "clownish".[27] Für diese Auffassung spricht die innerhalb des Kurzgeschichtentextes auftretende, auf Peduzzi gemünzte Wertung "old fool" (176). Stellt diese den skurrilen Touristenführer in die Narrenriege, so dürfte Peduzzi komplementär dazu in der Tradition eines Typs von Helden stehen, wie sie der pikareske Roman entworfen hat. Dessen schelmenhafter Protagonist weist gewisse Affinitäten zum Narren[28] auf, zumal auch er das Talent besitzt, vermittels Maske und Show seinen Lebensunterhalt (parasitär) zu bestreiten.

Seine Existenz in den unteren Rängen des sozialen Spektrums prädestiniert den hier vorgestellten Pikaro-Helden zu eher unattraktiven Beschäftigungen. Peduzzi verkauft Frösche und versieht lustlos eine Tätigkeit als Aushilfsgärtner. Er taugt nicht für die Arbeit, schon gar nicht, wenn diese darin besteht, den Garten eines Hotels umzugraben und mühsam Dung unterzumischen. Die mißliebige Beschäftigung kontrastiert mit der Vorliebe des chronischen Zechers für den Alkohol, den der sozial Degradierte passenderweise in der "cantina", einem Kellerlokal, konsumiert. Daß er es unter mysteriösen Andeutungen geschickt versteht, die Begleichung der Rechnung auf später zu verschieben, weist auf pikarisches Talent: "At the cantina near the bridge they trusted him for three more grappas because he was so confident and mysterious about his job for the afternoon" (173). Mit geheimnisvollem Getue und vielsagender Gestik ist es dem Vertrau-

---

[26] Siehe *The Hero in Hemingway's Short Stories* (Pittsburgh, 1963), p. 164.
[27] Siehe *The Cambridge Companion to Ernest Hemingway*, ed. Scott Donaldson (Cambridge, 1996), p. 56.

ensschwindler und Überlistungsexperten immerhin auch gelungen, seine amerikanischen Touristen für den rechtlich und moralisch dubiosen Angelausflug zu ködern.

Wenn Peduzzi mit dem "young gentleman" und dessen Frau Tiny prestigeträchtig die Hauptstraße entlangdefiliert, rückt sich der Pikaro in seiner *tour de force* durch die Gesellschaft[29] ins Zentrum öffentlicher Aufmerksamkeit. In farcenhaftem Überschwang begrüßt der Angetrunkene die Ortsansässigen: "Everyone they met walking through the main street of the town Peduzzi greeted elaborately" (174). Die groteske Komik der hier aufgeführten gestischen und verbalen Maskerade vermittelt sich nicht allein dadurch, daß "elaborately" semantisch ein "Übermaß an Arbeit" (lat. *elaborare*) konnotiert, was im Fall des arbeitsscheuen Touristenfängers unverträglicher nicht sein könnte. Auch der Adressatenkreis von Peduzzis ausladenden Begrüßungsgesten ist ironischerweise völlig unangemessen, denn ausgerechnet der Bankangestellte des Ortes sieht sich mit der jovialen Anrede des notorischen Habenichtses konfrontiert: "Buon' di, Arturo!" (174). Die Handwerker unterbrechen ihre Arbeit und *schauen auf* – ein ironischer Statuszuwachs für den alkoholisierten Müßiggänger, der in seiner Person das bürgerliche Maßhaltedekret ebenso invertiert wie das arbeitsethische Tüchtigkeitsgebot: "The *workmen* in their stone-powdered jackets *working*

---

[28] Dies hat Matthias Bauer gezeigt in seiner Studie *Der Schelmenroman* (Stuttgart, 1994). Siehe insbes. das Kapitel "Narr und Schelm", p. 16f.

[29] Christoph Ehland hat die Problematik des gespannten Verhältnisses zwischen Pikaro und Gesellschaft in seiner jüngst erschienenen Studie deutlich gemacht. Halber Außenseiter, der er ist, kann sich der pikarische Anti-Held weder der Gemeinschaft seiner Mitmenschen anschließen noch sie völlig verschmähen: "The specific complication of the picaresque dilemma arises from the fact that the mutual rejection of protagonist and society is countered by the hero's inescapable dependency on his social environment. The term 'half-outsider', as used by literary critics for the protagonist of a picaresque tale, describes appropriately this situation. It draws attention to the fact that the picaresque protagonist is an outsider who has to find a way of living within a society which rejects him as much as he rejects it." Siehe *Picaresque Perspectives – Exiled Identities* (Heidelberg, 2003), p. 62.

on the foundations of the new hotel *looked up* as they passed" [174, meine Hervorhebungen]. Alle passierten Einheimischen starren wort- und grußlos auf das seltsame Trio. Nur einer lüftet den Hut und stimmt damit in die mimische Aufstiegs- und Zugehörigkeitsposse ein, die Peduzzi vor den Augen des Touristenpärchens aufführt – der sozial ausgemusterte "town beggar" (174).

Auch im weiteren Verlauf des Fußmarsches ist der Schelm sichtlich bemüht, im Rahmen seines zu Selbstverstellung und Weltverkehrung neigenden Komödiantentums die mangelnde gesellschaftliche Akzeptanz mit rhetorischen Manövern zu kompensieren. Peduzzi fingiert eine Reputation, die gegenläufig seine soziale Einbindung glauben machen und damit etwaige Zweifel der Touristen an dem unlauteren Angelprojekt zerstreuen soll. Um soziale Integrität zu simulieren, werden sogar Kontakte zu den Ratsvertretern der Obrigkeit ins pikarische Spiel eingebracht:

> "Come on," he said, "I will carry the rods. What difference does it make if anybody sees them? No one will trouble us. No one will make any trouble for me in Cortina. I know them at the municipio [...] Everybody in this town likes me [...] What if it is forbidden to fish? Not a thing. Nothing. No trouble. Big trout, I tell you. Lots of them" (176).

Symptomatisch für die inversen Prozeduren im Sozialen ist die Verwendung des Oppositionspaares "up" und "down", das strukturbildend die Geschichte durchzieht. Die Tour zu dem auserkorenen Angelplatz, die Hemingway als dramatisches Vehikel für den Transport seiner Bedeutungsintentionen verwendet, verläuft stetig nach unten – "down the road" (173, 174), "down the hill" (176), "down the bank" (176), "down at the river" (177). In diese Abwärtsbewegung mischt sich streckenweise die widersprüchliche Konnotation des "oberen" hierarchischen Gegenpols. Peduzzis gedoppelte

Aufforderung an Tiny, zur Gruppe aufzuschließen ("come *up* here", 173), wird postwendend über die Erzählerstimme kommentiert. Der Erzähler unterläuft die aszendierende Tendenz in der Rhetorik des alten Narren, indem nicht die Richtung nach oben, sondern umgekehrt der faktische Talmarsch den Akzent erhält: "Peduzzi wanted them all three to walk *down* the street of Cortina together" (173). Durchgespielt wird die soziale Wertskala von "oben" und "unten" auch dann, als der Touristenführer vor der feinen Adresse des "Specialty of Domestic and Foreign Wines Shop" (174) haltmacht, um mit einer Zehn Lire-Note aus der Börse des "young gentleman" Marsala zu kaufen. Das treppauf gelegene Spirituosengeschäft ist impliziter Kontrapunkt zur niederen "cantina", wie auch der mit Max Beerbohm (174) assoziierte Marsala vornehm gegen den schlichten "grappa" aus der Kellerkneipe des heruntergekommenen Trinkers absticht. Das Geschäft hat widrigerweise geschlossen; die dem "young gentleman" abgeluchste Banknote läßt sich vorerst nicht in das vom Schelm anvisierte Nobelgetränk umsetzen. Der faktisch wie symbolisch zu verstehende Aufstieg zum Ort erlesener Spirituosen wechselt notwendig mit dem Abstieg, der obendrein von dem degradierenden Kommentar eines Passanten begleitet ist.[30]

Die ständige Reversibilität von Peduzzis jeweiliger Perspektive konkretisiert sich auf (fremd)sprachlicher Ebene. Die festen linguistischen Grenzen beginnen sich bei diesem Sprachgaukler aufzulösen. Verschmitzt wechselt der schelmenhafte Touristenführer aus dem Ampezzo-Dialekt ins Tiroler-

---

[30] "Peduzzi *went up* the steps to the door of the Specialty of Domestic and Foreign Wines shop. It was locked [...] Peduzzi *came down* the steps. He felt hurt" (174). Abrupte Glückswechsel und Stimmungsumschwünge sowie das ständige Oszillieren zwischen den Polen von oben und unten sind kennzeichnend für Peduzzi. Als das amerikanische Touristenpaar schließlich im "Concordia" Marsala besorgt, ist das stetige Auf und Ab dieses Pikaro in der Horizontalen gestaltet: "Peduzzi was walking up and down at the other end of the wind [...]" (175). Daß der Marsala aus den drei separaten Gläsern von der amüsierten Kellnerin auf Geheiß des "young gentleman" in *einer*

Deutsch und *vice versa*.[31] Inversiv jongliert er mit "Signora", "Signorina", bzw. mit "Frau" und "Fräulein", mit "Lire" und "Geld", mit "piombo" und "lead". Das Narrenwort entsteht just im Schnittpunkt der Sprachen, denn Vielsprachigkeit entdogmatisiert. In Peduzzis Sprachgebaren wird die Gegensätzlichkeit der Gegensätze irrelevant. Die auf Deutsch phrasierte Anfrage des amerikanischen Touristen "Was wollen Sie?" provoziert das antithetische "Nothing", "Anything" (174). Binäre Oppositionen erfahren eine Karnevalisierung, die sie in ihrer Bedeutung als ambivalente, austauschbare Größen erscheinen läßt, da die spielerische Inversion die vermeintliche Identität der nunmehr neutralisierten Gegensätze einebnet. Elastisch paßt sich Peduzzi den jeweiligen Erfordernissen an, wenn nach Tinys Weggang das Trio zum Tandem schrumpft und nunmehr Handlungsbedarf besteht. War ursprünglich der Angelplatz weiter flußabwärts angepeilt, so gilt nun paradoxerweise der aktuelle Standort bei einem "dump heap" (176) als nicht minder attraktiv:

"But you said it was half an hour further."
"Oh, yes. It is good half an hour down. It is good here, too."
"Really?"
"Of course. It is good here and there, too" (177).

Flasche zusammengemischt wird, geschieht mit Sicherheit auch im Sinne Peduzzis, der als Verkehrungsspezialist zungenfertig die Auflösung hierarchischer Polaritäten betreibt.
[31] "Peduzzi talked rapidly with much winking and knowingness [...] Part of the time he talked in d'Ampezzo dialect and sometimes in Tyroler dialect" (176). Ein sprachliches Mißverständnis, das Tiny unterläuft, beruht ebenfalls auf der Mischung der Idiome. Peduzzi sagt "Tochter", Tiny versteht "Doktor". Im Mißverstehen ist das Lautmaterial auf dem Wege vom Sender zum Empfänger einer Anamorphose unterzogen worden. In der Hemingwaykritik ist diese kommunikative Entgleisung als Freudscher Lapsus gedeutet worden, wie etwa bei Kenneth Johnston in *The Tip of the Iceberg* (Greenwood, 1987), p. 30f. Johnston korreliert in seiner These den Verstoß gegen das Forellenschutzgesetz mit einer potentiellen Schwangerschaft der Amerikanerin bzw. dem Wunsch ihres Mannes nach einer Abtreibung. Daß bei Tinys Mißverständnis eine Fehlleistung vorliegt, sei unbestritten. Die Assoziation "Doktor" ließe sich allerdings auch weniger spektakulär deuten: Tinys nachweisliche Abneigung gegen den angetrunkenen *guide* bricht sich unbewußt Bahn, wenn der närrische Agent des Grotesken für sie eines Arztes bedarf, also pathologisiert wird.

Das Angelvorhaben erweist sich als Reinfall, da die zur Positionierung der Köder erforderlichen Bleisenker fehlen. Zwar ist der "young gentleman" erleichtert, nicht mit dem Gesetz in Konflikt zu geraten, sagt aber auf Drängen Peduzzis eine Neuauflage der Angeltour für den nächsten Morgen zu. Der von Peduzzi heißbegehrte Marsala besiegelt gleichsam dieses Abkommen.

In seiner Vorliebe für hemmungslosen Alkoholgenuß ist der volkstümliche Peduzzi die Inkarnation eines Typus, der laut Michail Bachtin im Schlemmen und Saufen das bürgerliche Mäßigkeitsgebot ins Übermaß verkehrt. In dem mit "Festmahlmotive" überschriebenen vierten Kapitel von *Rabelais und seine Welt: Volkskultur als Gegenkultur* hat der russische Literaturwissenschaftler die exklusive Rolle der Vitalvorgänge des Essens und Trinkens herausgearbeitet.

Essen und Trinken gehören nach Bachtin zu den wichtigsten Lebensäußerungen des grotesken Körpers. Das Besondere dieses Körpers ist seine Geöffnetheit, Unvollendetheit und seine Beziehung zur Welt. Im Akt des Verzehrens, so wird argumentiert, treffen sich Welt und Mensch. Der Körper geht gleichsam über seine Grenzen hinaus. Indem er die Welt schmeckt, schluckt und verschlingt nimmt er sie in sich auf. Das konkrete, sinnlich erfahrbare Aufeinandertreffen mit der Welt im Vorgang des Konsumierens ist nach Bachtin heiter und triumphal, da hier der Mensch als Sieger hervorgeht. Hier nämlich verschlingt der Mensch die Welt und nicht umgekehrt. Die Grenze zur Welt ist folglich im für den Menschen positiven Sinn überwunden. Der Mensch erfährt die Welt, führt sie in sich ein und macht sie zum Teil seiner selbst. Bachtin vermerkt: "*Das Festmahl feiert immer einen Sieg*, es ist der *Triumph des Lebens über den Tod* und in dieser Beziehung ein

Äquivalent für *Empfängnis und Geburt*. Der siegreiche Körper nimmt die besiegte Welt in sich auf und *erneuert sich*"[32] [Kursivsetzung im Original].

Von daher erscheint es schlüssig, daß Hemingway materiell-leibliche Motivik auffällig privilegiert, wenn der ewig durstige Fremdenführer in nur einem Zug die Flasche leert und sich mit dem Marsala triumphal die ersehnte Welt mit all ihren Annehmlichkeiten einverleibt. Die Szene ist auf Erneuerung gestimmt:

> He took the bottle very hurriedly and tipped it up. The gray hairs in the folds of his neck oscillated as he drank, his eyes fixed on the end of the narrow brown bottle. He drank it all. The sun shone while he drank. It was wonderful. This was a great day, after all. A wonderful day (178).

"Das Bewußtsein der eigenen Kraft", schreibt Bachtin, "prägt das groteske Symposium. Der Mensch fürchtet sich nicht vor der Welt, er hat sie besiegt, und nun ißt er sie auf. In der Atmosphäre dieses Siegesschmauses sieht die Welt wieder neu aus [...]."[33] Die hervorbrechende Sonne beleuchtet die lebenspendenden Aspekte der vorerst allein auf das Trinken ausgelegten Festmahlsszene von "Out of Season". Peduzzis Augen strahlen, als der Tourist in einen erneuten Angelausflug einwilligt:

> "'Senta, caro! In the morning at seven.' He had called the young gentleman caro several times and nothing had happened. His eyes glistened. Days like this stretched out ahead. It would begin at seven in the morning" (178).

Nunmehr glaubt Peduzzi fest daran, seine subalterne Gärtnerexistenz abstreifen zu können und frei zu sein für ein neues Leben, zumal vier Lire aus der Tasche des *caro* den Besitzer wechseln und den *Pikaro* salonfähig machen:

---

[32] Siehe *Rabelais und seine Welt* (Frankfurt am Main, 1998), p. 324f.

> "Thank you, caro. Thank you," said Peduzzi, in the tone of one member of the Carleton Club accepting the *Morning Post* from another. This was living. He was through with the hotel garden, breaking up frozen manure with a dung fork. Life was opening out (179).

"Pane, salami, formaggio", vielleicht auch "marsala" will Peduzzi besorgen und verspricht, eine opulente Mahlzeit für den Folgetag auszurichten, bei der es an nichts fehlen soll. "I will provide *everything* for tomorrow [...] good stuff *for all of us*. You and I and the Signora" [178f., meine Hervorhebung]. Die zur Hyperbolik neigende Rede des Anti-Helden evoziert das Bachtinsche "Festmahl" mit seiner entgrenzenden, dehierarchisierenden Ausrichtung. Bei einem solchen Schmaus geht es nicht, wie Bachtin präzisiert, um "das alltägliche, häusliche, individuelle Essen, sondern um das *volkstümlich-festliche Mahl*, tendenziell um ein *Gastmahl für die ganze Welt*" mit einer "Tendenz zum *Überfluß* und zur Teilhabe des ganzen Volkes".[34] Hemingway unterläuft diesen Archetyp letzlich dadurch, daß das Gastmahl nur in der verbalen Evokation Peduzzis, aber nicht *realiter* stattfinden wird. Der "young gentleman" sagt die bereits zugesagte Neuauflage der Angeltour wieder ab: "I may not be going [...] very probably not. I will leave word with the padrone at the hotel office" (179). Im Reigen inversiver Glücks- und Unglücksperipetien von "Out of Season" bleibt das große Gastmahl lediglich Fiktion – die abgelisteten *vier Lire* dagegen handfester Ertrag in der Tasche des Schelms, der alsbald die nächste "cantina" ansteuern dürfte.[35]

---

[33] *Ibid.*, p. 338.
[34] *Ibid.*, p. 320.
[35] Der Eingangssatz der *story* ("On the four lire [...] he got quite drunk", 173) gibt zu dieser Vermutung Anlaß. Hemingways legendäre Verlautbarung, das eigentliche Ende dieser Erzählung bestünde darin, daß sich Peduzzi aufhängt, ist in der Kritik mehr als umstritten und läßt sich wohl auch nicht der Geschichte entnehmen, wie insbesondere Paul Smith hervorgehoben hat ("Some Misconceptions of 'Out of Season,'" *Critical Essays on Hemingway's "In Our Time"*, ed. Michael Reynolds [Boston, 1983], p. 235-51.). Hemingways mutmaßlicher "red herring" liest sich wie

IV.3. Die Inversion der religiösen Heilsinstanz

1. Christus als Boxer in "Today is Friday"

"Today is Friday" verarbeitet mit dem Karfreitag ein erstrangiges Datum christlichen Heilsgeschehens. Die Kreuzigung ist ein traditionelles Motiv in der Kunst des Abendlandes, das nicht allein in den dramatisch strukturierten mittelalterlichen Mysterienspielen und ihrer frömmigkeitsvermittelnden Funktion angelegt ist. Insbesondere die bildende Kunst, die Hemingway lebenslang interessierte, hat sich dieses Stoffelements immer wieder bedient. Hemingway sieht seinen Text als Teil dieser langen Tradition, wie der ursprünglich vorgesehene Titel nahelegt: "One More for the Nazarene".[36] Die *story* ergänzt die Traditionslinie, wobei die Herausforderung für den Künstler des 20. Jahrhunderts in unverbrauchten Ausdrucksformen liegt, die hergebrachte Muster überwinden und damit den überlieferten Topos aus einer verfremdeten Perspektive abbilden. Ganz im Sinne des mit der literarischen

---

folgt: "It was a very simple story called 'Out of Season' and I had omitted the real end of the story which was that the old man hanged himself." *A Moveable Feast* (New York, 1964), p. 75.

[36] Siehe Paul Smith *A Reader's Guide to the Short Stories of Ernest Hemingway* (Boston, 1989), p. 154. Hingewiesen sei an dieser Stelle überdies auf Kreuzigungsdarstellungen in der Renaissancekunst und deren Bezug auf Hemingways Kurztext "The Revolutionist" (*In Our Time*). Giotto, Masaccio und Piero della Francesca finden hier das Wohlwollen eines jungen Revolutionärs. Mantegna hingegen, dessen Gemälde *The Dead Christ* in der Kritik für diese Geschichte veranschlagt wird, stößt beim jungen Protagonisten auf Ablehnung. Während die erstgenannten Maler im gekreuzigten Christus den Überwinder des Todes darstellen, der auf die Wiederauferstehung vorverweist, betont Mantegna ungeschönt und kraß realistisch die empfangenen Wundmale. Auch in *A Farewell to Arms* nimmt Hemingway auf Mantegna Bezug, wenn sich zwischen Frederic Henry und Catherine Barkley auf ihrer Flucht in die Schweiz der folgende Dialog entwickelt:
"How about Mantegna?"
"Don't ask hard ones," Catherine said. "I know him though – very bitter."
"Very bitter," I said. "Lots of nail holes." *A Farewell to Arms* (New York, 1969), p. 280.
Anders als der gängige Renaissanceoptimismus stellt Mantegna im Gekreuzigten den Schmerzensmann und nicht den siegenden Athleten in seiner erhabenen Physis dar. Hans Sedlmayrs Kommentar zur Kunst der Renaissance ist in diesem Zusammenhang erhellend: "Christus wird vor allem als der im Fleische Auferstandene, der Sieger über den Tod, in seiner Erhabenheit und Verklärtheit gesehen, in übermenschlicher Schönheit und Kraft, leiblich ein Athlet." Siehe *Verlust der Mitte* (Gütersloh, 1984), p. 256. Daß Hemingway diesen Renaissancetopos ironisch unterläuft,

Moderne verknüpften Innovationsgebots aktualisiert der Autor die Bewertung der Kreuzigung Christi in frappanter und zunächst befremdlicher Manier, wie überhaupt "Today is Friday" schon allein gattungsmäßig mit geläufigen Zuweisungen bricht. Der in die Kurzgeschichtenfolge *Men Without Women* (1927) eingefügte und von der Kritik mitunter mißbilligte Text[37] ist strenggenommen keine Kurzgeschichte, sondern ein Kurzdrama, ein "playlet".

Der Einakter präsentiert drei römische Soldaten, die sich nach der Erledigung ihres Auftrags um 11 Uhr nachts in einer Weinschenke befinden und über die am Nachmittag erlebte Kreuzigung debattieren. Der Effekt des Grotesken – Paul Smith hat ihn als "the story's low burlesque"[38] umschrieben – resultiert aus der Kollision des achtungsgebietenden Ereignisses christlicher Heilsgeschichte mit der saloppen Sprache, in der es durchweg erörtert wird. Systematisch instrumentalisiert der Autor die Besonderheiten der Umgangssprache, angefangen von den phonetischen über die morphologischen und syntaktischen bis hin zu den lexikalischen. Der damit zwangsläufig einhergehende anachronistische Zug kondensiert sich in der abwertenden Bezugnahme auf die Apostel Christi, die im *tough-guy*-Idiom der zwanziger Jahre als "gang" (358) bzw. als "Hasenfüße" ("a pretty yellow crowd", 358) auftauchen. Nicht minder diskrepant mutet es an, wenn zwei römische Soldaten Maria Magdalena lapidar als "his girl" (358) abtun und die Christus Betrauernde mit dem deplazierten Prädikat, sie sei "a nice-looker" (358) trivialästhetisch aufwerten. Durch den Einsatz solch inkongruenter Stilmittel steuert Hemingway der Gefahr der Sentimentalisierung entgegen, da er auf

---

erscheint durchaus denkbar, wenn unter grotesken Vorzeichen "Today is Friday" in Jesus den Sportsmann und "The Light of the World" im Sportler die Inkarnation des Göttlichen evoziert.
[37] Carlos Baker spricht von einem "tasteless little account". Siehe *Ernest Hemingway: A Life Story* (New York, 1980), p. 408.

jeden verklärenden Ausdruck in Zusammenhang mit der Kreuzigung verzichtet. Mehr noch: Im schnoddrigen Palaver der römischen Söldner ist die *crucifixion* als Sinnbild für die Erlösung des Menschen zu einer banalen Sportveranstaltung verkehrt, in der die Bewertung des Hauptakteurs Jesus Christus uneingeschränkt unter weltlichen Maßstäben erfolgt. Die Einlassungen des ersten Soldaten, "He was pretty good in there today" und "He looked pretty good to me in there today" kommen dem Votum eines selbsternannten Preisrichters gleich. Diese Einschätzung hat die Funktion eines integrativen Strukturierungsmittels. Als tautologischer Refrain akzentuiert sie im Gekreuzigten den athletischen Sportsmann, der in der Arena vor seinem Publikum den Kampf zwar verloren, sich aber dennoch wacker geschlagen hat, weil er einstecken konnte. Das Martyrium Christi schwindet auf das Niveau eines Boxspektakels mit ansprechendem Unterhaltungswert: "The Passion of Christ", vermerken Earl Rovit und Gerry Brenner, "is described within the values of prizefighting terminology."[39]

Die Verkehrungsoperation hat neben der desakralisierenden damit auch eine dehierarchisierende Funktion, die sich aufgrund der säkularen Perspektive von "Today is Friday" und dem daraus resultierenden Ironiepotential freilich gegensinnig ausdrückt. Die "grace under pressure"-Haltung, in der Jesus Christus die physischen Strapazen des Gekreuzigtseins stoisch erträgt, hebt ihn heraus aus dem Gros seiner Schicksalsgefährten und sichert ihm beim 1st Soldier ein heimliches Renommee. In der grotesken Logik des Einakters avanciert der Gottessohn aus dieser Perspektive zur ironischen Inkarnation all dessen, was den sogenannten Hemingwayschen "code hero" auszeichnet:

---

[38] Siehe *A Reader's Guide to the Short Stories of Ernest Hemingway* (Boston, 1989), p. 155.
[39] Siehe Earl Rovit, Gerry Brenner, *Ernest Hemingway* (Boston, 1986), p. 15. Die hier assoziierte Nähe von Heilsbringer und Preisboxer betonen ferner auch Smith (*A Reader's Guide*, p. 157) bzw.

Leidensfähigkeit, Stärke, Ausdauer und Stil, gepaart mit der Bereitschaft, den Tod ohne Zaudern entgegenzunehmen. Vor der Folie dieser Kriterien, welche das Palaver der ersten beiden römischen Soldaten auf der Metaebene im Leserbewußtsein evoziert, hat der gekreuzigte Christus eine rundweg passable Figur abgegeben, die zu honorieren selbst ein heidnischer Söldner sich nicht versagen kann. So ist es innerhalb des ironischen Bezugsrahmens nur schlüssig und als Geste des Respekts zu werten, wenn Soldat Nr. 1 in der süffigen Behaglichkeit der Schenke eben den Akteur ein halbes Dutzend mal lobend herausstreicht, der bei all den erlittenen Torturen es obendrein noch schaffte, "gut auszusehen". Der Abbruch der Veranstaltung durch den erlösenden Lanzenstoß in die Seite – er ist in Anbetracht solch überzeugend dargebotener "Nehmerqualitäten" seitens des Gekreuzigten mehr als nur verdient: "You see me slip the old spear into him? [...] It was the least I could do for him. I'll tell you he looked pretty good to me in there today" (359).[40]

Das obszöne Interesse an den Qualen Jesu Christi und der daraus abgeleitete ästhetische Genuß ist im auftrumpfenden Geschwätz des zweiten Soldaten noch derber koloriert. Höhnisch, großspurig und seine erfahrungsgestützte Sachkenntnis als Kreuziger zur Schau stellend, gefällt er sich darin, dem Martyrium ein erschreckendes Maß an Anschaulichkeit zu verleihen. Angesichts solch fragwürdiger Abgebrühtheit scheint allein der dritte Söldner von den Ereignissen auf dem Kalvarienberg in einer Weise berührt, die ihn zumindest vom Skandalon pervertierter Schaulust entlastet. Die Be-

---

Joseph Flora in "'Today is Friday' and the Pattern of *Men Without Women*," *The Hemingway Review*, 13 (1993), 24.

[40] Die implizite Ironisierung des ersten Soldaten entgeht Kritikern wie DeFalco und Flora, die von daher zu anderen Schlüssen kommen, indem sie diesem *ungebrochen* humane Züge zuschreiben. DeFalco spricht von "sympathy" und "admiration" angesichts der Leiden Christi. Siehe *The Hero in Hemingway's Short Stories* (Pittsburgh, 1963), p. 189. Laut Flora ist der erste Soldat "profoundly moved by what he has seen" und besitzt deshalb eine "enhanced humanity". Siehe "'Today is Friday' and the Pattern of *Men Without Women*," 24, 25.

findlichkeit dieses Soldaten, dessen Malaise sich bis zum Ende des Stücks konsequent durchhält, wird über eine Regieanweisung signalisiert: "*The third Roman soldier is sitting with his head down. He does not look well*" (358). Zwar bleibt letztlich offen, ob die Magenverstimmung, an der er an diesem denkwürdigen Freitag leidet, mit der Passion Christi in ursächlichem Zusammenhang steht. Im metaphorischen Bezugsgeflecht des Einakters mag ihn aber sein mitgenommenes Aussehen in die Nähe des gepeinigten Christus stellen. Symbolisch bedeutsam scheint es zudem, daß gerade der dritte Soldat den Rotwein unter Verweis auf dessen Unbekömmlichkeit ablehnt und nicht am Trinkgelage teilnimmt.[41] Auf der figuralen Ebene entzieht er sich in dieser Nacht der "Kommunion" mit seinen Kumpanen, die sich das vergossene "Blut Christi" ebenso genußfreudig wie bedenkenlos einverleiben.

2. Der Boxchampion als Christusfigur in "The Light of the World"

"The Light of the World" aus der Sammlung *Winner Take Nothing* (1933) verhält sich gleichsam inversiv zu "Today is Friday". Das Kurzdrama zeigt Christus auf das profane Maß eines Boxers reduziert, in "The Light of the World" dagegen wird das Profane gewaltig erhoben und ein Boxer zur Christusfigur stilisiert. Zwei feiste Huren, Alice und Peroxide, geraten darüber in Streit, wer von ihnen den berühmten Faustkämpfer namens Ketchel gekannt und bedient habe. Zeugen dieser Auseinandersetzung sind u.a. Nick Adams und sein Begleiter Tom, die im Verlauf ihres Streifzugs durch Michigan den Bahnhof eines Holzfällerdorfes betreten und dort zu

---

[41] Mit Anklängen an den Kelch Jesu leert er vielmehr "the cup" (357) mit einer vom geschäftstüchtigen jüdischen Schankwirt bereiteten magenfreundlich-übelschmeckenden Mixtur, worauf ihm der Ausspruch "Jesus Christ" entfährt. Vielleicht eine *Imitatio Christi* auf inverser, weil banal-profaner Ebene. Die Einsicht des römischen Hauptmanns im Lukasevangelium "Surely this was a righteous man" (23:47) hat möglicherweise in der schlichten Aussage über den Gekreuzigten, "He was all right" (357), ein diskretes Echo.

nächtlicher Stunde auf ein bunt gemischtes Publikum treffen: alles in allem fünf, zum Teil äußerst korpulente Huren, drei davon wasserstoffblondiert; dazu ein homosexueller Schwarzer, ansonsten teils weiß- teils rothäutige Holzfäller.

Die Inversionsstrategie entfaltet sich vor dem Hintergrund, daß der Autor die über den Kurzgeschichtentitel abgerufene religiöse Assoziation gegen das profane Handlungsgeschehen ausspielt und damit diese vermeintliche *story* des göttlichen Lichts in die Nähe dessen rückt, was DeFalco als "a kind of absurd Walpurgis Night"[42] bezeichnet hat. Der Titel ist biblischen Ursprungs; er läßt sich sowohl auf Jesus als auch auf seine Jünger anwenden. In John 8:12 prophezeit Christus: "I am the light of the world. Whoever follows me will never walk in darkness, but will have the light of life." In der Bergpredigt stehen die Apostel für das Licht der Welt: "You are the light of the world. A city on a hill cannot be hidden. Neither do people light a lamp and put it under a bowl. Instead they put it on its stand, and it gives light to everyone in the house. In the same way, let your light shine before men, that they may see your good deeds and praise your Father in heaven" (Matthew 5:14-16).

Ähnlich wie für "Today is Friday" mag auch der Erzählung "The Light of the World" aus der bildenden Kunst eine ernstzunehmende Inspirationsquelle erwachsen sein. Das ebenfalls mit "The Light of the World" benannte Gemälde Holman Hunts darf als Referenz für den Titel dieser *story* vermutet werden, wie dies der Hemingwaykenner Michael Reynolds vorgeschlagen hat. Hemingways Mutter Grace Hall besaß eine Kopie dieses Bildes, das sie an ihre Kirche weitergab. Das Bild stellt Jesus mit der Dornenkrone dar. Der

---

[42] Siehe *The Hero in Hemingway's Short Stories* (Pittsburgh, 1963), p. 84.

Heiland trägt eine Laterne in seiner linken Hand. Eine aufgescheuchte Fledermaus zeigt sich am Himmel. Christus klopft an eine efeuumrankte Tür, die in rostigen Angeln steckt, und bittet in dunkelster Nacht um Einlaß. Der junge Ernest, der mit der Kopie des Gemäldes seit seinem sechsten Lebensjahr im sonntäglichen Gottesdienst konfrontiert war, mag sich gefragt haben, was Jesus wohl hinter dieser Tür vorfindet. Jahre später, so Reynolds in seiner hintergründig-grotesken These, öffnet der Autor sie dann selbst – mit seiner 1932 verfaßten Erzählung "The Light of the World" –, um mit "five whores and a homosexual cook" die Inversion dessen anzutreffen, was der christlich geprägte elterliche Mittelklassehaushalt in Oak Park als schicklich empfunden hätte.[43]

Der groteske Stilzug markiert die *story* durchgängig. Er prägt sich in der Spiritualisierung bzw. Deifikation des Boxers Ketchel seitens der beiden Prostituierten sinnfällig aus. Howard Hannum ist von daher rechtzugeben, wenn er unter Hinweis auf den Kunstgriff der Inversion vermerkt: "[T]he prevalence of irony in the religious imagery undercuts the Christian intention of the story. In fact it is chiefly in inverted or ironic sense that "light" has meaning, for there is very little Christian value or sentiment to be found in the surface of the story."[44] Grotesk ist die Einebnung des unendlichen Abstands, der Jesus als spirituelle Lichtgestalt von einem Berufsboxer bzw. einer professionellen Hure trennt, zumal gerade die Repräsentanten dieser Professionsgruppen die a-spirituellen Aspekte des Körperlichen und Fleischlichen aufs anschaulichste in sich vereinigen.

---

[43] Vgl. Michael Reynolds, *The Young Hemingway* (Oxford, 1986), p. 104 sowie ebenfalls von Reynolds "Holman Hunt and 'The Light of the World,'" *Studies in Short Fiction*, 20 (1983), 317-19.
[44] Siehe "Nick Adams and the Search for Light," in: Jackson Benson, ed., *New Critical Approaches to the Short Stories of Ernest Hemingway* (Durham and London, 1990), p. 328.

Im folgenden sei primär die Optik Peroxides für die Metamorphose des Boxers zum Heiligen zugrundegelegt, da die Rolle und Funktion ihrer Antagonistin Alice später im erweiterten Rahmen der Parodiediskussion beleuchtet werden soll. Verwiesen sei auf das Kapitel VII.2: Das Groteske und die Parodie: "The Light of the World".

Peroxide verläßt sich auf ihr schauspielerisches Talent, wenn sie ihren prominenten Klienten in einem Schwall von Superlativen mit christologischen Zügen ausstaffiert:

> "I knew him like you know nobody in the world and I loved him like you love God. He was the greatest, finest, whitest, most beautiful man that ever lived. I never saw a man as clean and as white and as beautiful as Steve Ketchel. There never was a man like that. He moved just like a tiger and he was the finest, free-est spender that ever lived" (388).

Solch überschießende Rhetorik erzeugt Aufmerksamkeit, und die ist allemal gut fürs Geschäft. Die Indienstnahme des Spirituellen ist der eigenen Aufwertung förderlich und monetären Erwägungen alles andere als abhold, da der Boxergott auch in seiner ungehemmten Spendierfreude als Inkarnation der Vollkommenheit erstrahlt.

Vorübergehende Verwirrung stiftet allerdings die Identität des Boxidols, das der farbige Koch nicht, wie von Peroxide verfochten, als "Steve", sondern – andersherum – als "Stanley" auszumachen glaubt: "'Wasn't his name Stanley Ketchel,' asked the cook. 'Oh, shut up,' said the blonde. 'What do you know about Steve? Stanley. He was no Stanley. Steve Ketchel was the finest and most beautiful man that ever lived'" (388). Im rhetorischen Überschwang der hier vorgestellten Prostituierten, die haarscharf die wahren Sachverhalte verfehlt, gibt es keinen Platz für den Zweifel. Daß sich die von Peroxide im

Brustton der Überzeugung deklamierten Auskünfte bei näherer Überprüfung als nur halbwegs stimmig erweisen, hat die Kritik herausgearbeitet.[45]

In einer Mischung aus Märtyrergestus und Marienpose läutert sich Peroxide zur Braut Christi empor, denn allein zum himmlischen Boxer-Bräutigam strebe ihre Seele hin: "We were married in the eyes of God [...] I don't care about my body. They can take my body. My soul belongs to Steve Ketchel. By God, he was a man" (289).[46] Im Verlauf von Peroxides vorangegangener göttlicher Vision scheint Hemingways Groteskestrategie auf Begebenheiten aus der Vita Christi abzuzielen. Stellt man in Rechnung, daß Stanley Ketchel in Boxkreisen zu "The White Hope"[47] hochstilisiert wurde, dürfte der Kampf mit dem farbigen Jack Johnson ("that black son of a bitch from hell", 389) das Ringen Christi mit Satan travestieren. In ironischer Umkehrung der biblischen Vorlage wie auch der konventionellen Metaphorik, welche die Farbe "weiß" mit dem Guten und "schwarz" mit dem Bösen korreliert, triumphiert in diesem Aufeinandertreffen der dunkle Rivale über den weißen Pseudo-Christus.

Ein weiteres Motiv ist der "Opfertod", für den der Vater die Verantwortung trägt: "His own father shot and killed him. Yes, by Christ, his own father" (388). Auch wenn Hemingway hier aus dem Munde Peroxides den Kreuzigungstod als ironische Folie evoziert, historisch korrekt sind ihre Er-

---

[45] Richtig ist, daß sowohl Stanley als auch Steve Ketchel im amerikanischen Boxsport aktiv waren. Stanley Ketchel, den Peroxide irrtümlich als "Steve" bezeichnet, trat gegen den von der Prostituierten verteufelten Jack Johnson am 16. Oktober 1909 in Colma, Kalifornien um die Krone im Schwergewicht an. Zu den sporthistorischen Fakten: James Martine, "A Little Light on Hemingway's 'The Light of the World,'" *Studies in Short Fiction*, 7 (1970), 465-67; James Barbour, "'The Light of the World': The Real Ketchel and the Real Light," *Studies in Short Fiction*, 13 (1976), 17-23.
[46] Der Bibelleser mag sich hier an eine Stelle im Matthäusevangelium erinnert fühlen:"Do not be afraid of those who kill the body but cannot kill the soul. Rather, be afraid of the One who can destroy both soul and body in hell" (Matthew 10:28).

innerungen nicht. Ketchel, dem man einen "heroic appetite for women"[48] nachsagte, wurde nicht vom Vater erschossen, er kam vielmehr durch die Kugel eines eifersüchtigen Landarbeiters zu Tode.

Zu den historisch verdrehten Sachverhalten gesellt sich neben numerischer Akrobatik ("I'm ninety-six and he's sixty-nine", 387) auch die Umkehrung auf lexikalischer Ebene. Dies geschieht in Form des *Palindroms*, also eines Wortes, das vor- und rückwärts gelesen den gleichen oder zumindest einen Sinn ergibt. Die lexikalische Verkehrung ist unaufdringlich eingesetzt, als Peroxide den Opfertod der Box-Ikone in parallel geschalteten Syntagmen ("like a god/dog") erneut zur Sprache bringt: "I loved him like you love God [...] and his own father shot him down like a dog" (388) – "He was like a god, he was" (389). Über die suggestive Verwendung des Palindroms wird auf der metaphorischen Gestaltungsebene die Werthierarchie von glanzvoller Spiritualität und niederer Animalität invertiert. Die wahre Religiosität ist hier buchstäblich "auf den Hund gekommen".

"Today is Friday" und "The Light of the World" verfolgen mit der inversgrotesken Korrelierung von Boxer und christlicher Heilsfigur ein ähnliches Anliegen, nähern sich ihm jedoch auf diametral unterschiedliche Weise, um das spirituelle Wertvakuum in der Moderne bewußt zu machen. Grotesk ist in beiden *stories* die Unverträglichkeit des an einen Sachverhalt angelegten Maßstabs mit diesem Sachverhalt. Peroxides zu unheiligen Zwecken mißbrauchte idealistische Rhetorik ist nicht minder widerwärtig[49] als die per-

---

[47] James Barbour, "'The Light of the World': The Real Ketchel and the Real Light," 19.
[48] Siehe Matthew Bruccoli, "'The Light of the World': Stan Ketchel as 'My Sweet Christ'" *Fitzgerald/Hemingway Annual* (1969), 125-27.
[49] In einer berühmt gewordenen Passage von *A Farewell to Arms* bekundet Frederic Henry seine Aversion gegen glorifizierende Abstrakta: "I was always embarrassed by the words sacred, glorious, and sacrifice and the expression in vain [...] Abstract words such as glory, honor, courage, or hallow were obscene beside the concrete names of villages, the numbers of roads, the

vertierte Schaulust bzw. die unangemessene Einordnung des Gekreuzigten nach Kategorien der Athletik. In Peroxides unlauterem Glorifizierungsgestus illustriert sich Hemingways mokante Abneigung gegen jegliche Form des Inauthentischen. Auf der Verweisebene läßt er die Prostituierte desto weiter vom spirituellen Ideal abweichen, je angestrengter sie ihre Annäherung an dieses Ideal glaubhaft machen will. In Peroxide entlarvt der Verfasser das Obszöne in den Posen der herrschenden Moral, das in dieser Prostituierten eine angemessene Repräsentantin findet.

---

names of rivers, the numbers of regiments and the dates." Siehe *A Farewell to Arms* (New York, 1969), p. 184-85.

V. Manifestationen des Monströsen: die groteske Physis als Subversion des konventionell Ästhetischen

Etymologisch läßt sich der Begriff "Monstrum" auf das lateinische *demonstrare* ("zeigen") sowie auf *monere* ("warnen") zurückführen.[1] In seiner schreckenerregenden Wirkung dient das Monströse als "Mahnzeichen" am Saum einer Kulturordnung. Um sich als normgebend zu konstituieren, bedarf die Kultur des Monströsen, da sie über dessen Stigmatisierung die Grenze errichtet, welche die Norm von ihrem "Anderen" trennt. In der von ihm 1996 herausgegebenen Studie *Monster Theory: Reading Culture* betont Jeffrey Jerome Cohen diesen Aspekt, wenn er das Monströse in seiner kulturtheoretischen Bedeutung wie folgt funktionalisiert: "The monster of prohibition exists to demarcate the bonds that hold together that system of relations we call culture, to call horrid attention to the borders that cannot – must not – be crossed."[2] Die mit der Demonstration des Normsprengenden verbundene Abwertung des "falschen" Anderen affirmiert den normativen Status des "Eigenen" und macht ihn unangreifbar. Infolgedessen errichtet der Aufweis des Monströsen in seiner normverletzenden Qualität die Grenzen jener gesellschaftlichen Ordnung, in deren Rahmen es monströs wirkt.

---

[1]Vgl. zur Etymologie Marie-Hélène Huet, *Monstrous Imagination* (London, 1993), p.6: "Several traditions linked the word *monster* to the idea of showing or warning. One belief, following Augustine's *City of God*, held that the word *monster* derived from the Latin *monstrare*: to show, to display. Monster, then, belongs to the etymological family that spawned the word *demonstrate* as well [...] Another tradition, the one adopted by current etymological dictionaries, derived the word *monster* from *monere*, to warn [...]. Zur Etymologie vgl. ferner Jeffrey Jerome Cohen, *Monster Theory: Reading Culture* (Minneapolis and London, 1996), p.4, Peter Fuß, *Das Groteske* (Köln, 2001), p.308f. sowie Richard Kearney, *Strangers, Gods and Monsters: Interpreting Otherness* (London and New York, 2003), p. 34. Die mit dem Monstrum verbundene warnende und mahnende Aura betonen u.a. Janeen Webb und Andrew Enstice, "Domesticating the Monster", in: Alice Mills (ed.), *Seriously Weird: Papers on the Grotesque* (New York, 1999), p. 89-103.
[2] Siehe *Monster Theory: Reading Culture*, p. 13.

Zu einem ähnlichen Befund gelangt Peter Fuß in seiner Studie *Das Groteske: Ein Medium des kulturellen Wandels*. Gesellschaftliche Ordnungsstrukturen (Sitte, Moral, Recht etc.) konturieren sich über die Marginalisierung, denn die Sozietät gibt sich eine Form, indem sie diskrepante Teile ihrer selbst ausgrenzt. Das Eliminierte, das zum Abnormen und Fremden, zum Unheimlichen und Lächerlichen erklärt wird, bleibt indes als Mangel ständig im Inneren der normativen Ordnung präsent. Dieses Vakuum entwickelt die bereits erwähnte Sogwirkung, die das Marginalisierte ins Zentrum zurückzieht. Über diese Rezentrierung durch den Wiedereintritt in die Gesellschaft wird das Marginalisierte zum Grotesken.

Die bei Cohen und Fuß dargelegte Funktionsweise des Grotesken läßt sich anhand von Hemingways "An Alpine Idyll" paradigmatisch veranschaulichen. Wie bereits in dieser *short story* erkenntlich, manifestiert sich das Monströse auch in den übrigen hier zu behandelnden Erzählungen vornehmlich über die Aspekte einer deformierten Physis. Besondere Beachtung verdienen in diesem Kontext Erzählstücke, die den aufgeschlitzten, den zerschossenen und den faulenden Körper motivisch repräsentieren und damit die Invalidität des Subjekts bewußt machen. Der beschädigte Körper hat in Hemingways artistischem Motivarsenal eine exponierte Rolle inne. Er belegt implizit die Zurückweisung des klassizistischen Körperkanons und seiner um die Trias von Harmonie, Maß und Integrität kreisenden Darstellungsgebote, deren Verbindlichkeit für die Moderne zweifelhaft geworden ist.

V.1. Die *De-monstration* des Monströsen: "An Alpine Idyll"

In der kritischen Literatur zu "An Alpine Idyll" fehlt es nicht an Stimmen, die, wenngleich meist ohne weitere Ausführungen, den Zug des Ungeheuerlichen und Abseitigen namhaft machen. Für Carlos Baker dokumentiert die Erzählung Hemingways "taste for the macabre"[3]; Scott Donaldson erkennt in der *story* "a detectable streak of morbidity."[4] Richard Hovey betont den "comic horror" dieser Geschichte, die er als "grotesquerie"[5] einstuft. Wirt Williams liest die Erzählung als "black comedy"[6]; Larry Grimes spricht von "bizarre events" und bezüglich des auftretenden Bergbauern von "grotesque, insane behaviour."[7] Ann Putnam konstatiert: "he [the peasant] has made his wife into a grotesque statue to hold his light."[8] Peter Nicolaisen sieht im absonderlichen Verhalten des Bauern Olz einen "monströsen Versuch der Leichenfledderei"[9], Robert Gajdusek schließlich verweist hinsichtlich der Erzählung auf "its bizarre eccentricity of subject" und belegt die Ereignisse des "Alpenidylls" ebenfalls mit den Termini "monstrous" bzw. "monstrosity".[10]

Die in *Men Without Women* (1927) gesammelte *story* weist einen anonymen Ich-Erzähler auf, der in der Forschung gemeinhin als Nick Adams identifiziert wird. Nach einem überlangen, enttäuschend verlaufenden Aufenthalt in den Hochlagen des Silvretta-Skigebiets kommt der *first person narrator*

---

[3] *Ernest Hemingway: A Life Story* (New York, 1980), p. 218.
[4] *By Force of Will: The Life and Art of Ernest Hemingway* (New York, 1977), p. 284.
[5] *Hemingway: The Inward Terrain* (Washington 1968), p. 9.
[6] *The Tragic Art of Ernest Hemingway* (Baton Rouge and London, 1981), p. 95.
[7] *The Religious Design of Hemingway's Early Fiction* (Ann Arbor, 1993), p. 73.
[8] *Retreat, Advance, And Holding Steady: Vision and Form in the Short Stories of Ernest Hemingway* (Ann Arbor, 1994), p. 159.
[9] *Ernest Hemingway: Studien zum Bild der erzählten Welt* (Neumünster, 1979), p. 97.

mit seinem Freund John ins Tal zurück. Die amerikanischen Touristen passieren einen Friedhof in der Ortschaft Galtür und werden dabei Zeugen einer Beerdigung, die in der strahlenden Maiensonne einen unwirklichen Eindruck hinterläßt. Die Beteiligten – ein Bergbauer namens Olz und ein Küster, der zugleich mit der Aufgabe des Totengräbers betraut ist – kehren, ebenso wie Nick und John, in einem Gasthof ein, wo der Bauer für sich und seinen Begleiter Getränke bestellt, kurz darauf zahlt und wieder aufbricht. In der Gesellschaft von Küster und Gastwirt erfahren die beiden Skitouristen die Hintergründe der Beisetzung. Die Frau des Bergbauern war im Dezember an Herzversagen gestorben. Mit der Überführung des Leichnams aus dem Gebirge ins Tal mußte ihr Ehemann bis zur Frühjahrsschneeschmelze warten. Als der Priester die Tote begraben wollte, bemerkte er mit Bestürzung deren entstelltes Gesicht. Wie die Befragung des Bergbauern ergab, hatte dieser die Verstorbene über die Wintermonate in einem Holzschuppen abgestellt und ließ es sich zur Gewohnheit werden, während des nächtlichen Holzhackens am Mund der steifgefrorenen Toten eine Laterne einzuhängen.

Das Monströs-Groteske ist im verunstalteten Körper der Bäuerin markant repräsentiert. Mit dem offenstehenden, gewaltsam vergrößerten Mund der Leiche rückt ein körperliches Detail ins Darstellungsrepertoire, das der klassischen Körperkonzeption zuwiderläuft und die Vormachtstellung des "Schönen" erschüttert. Der aufgesperrte Mund akzentuiert den vom Klassizismus geschmähten "offenen" Körper als Signum des Monströsen. Damit erlangt ein Schlüsselelement des volkstümlichen Motivinventars Geltung, das

---

[10] "An Alpine Idyll": The Sun-Struck Mountain Vision and the Necessary Valley Journey," in: Susan Beegel (ed.) *Hemingway's Neglected Short Fiction: New Perspectives* (Tuscaloosa and London, 1992), pp. 166, 174, 176.

Michail Bachtin als grotesk einstuft. Während sich dieses Motiv bei Hemingway zu schwarzer Komik verdunkelt, gewinnt Bachtin dem offenen Mund eine ungebrochen heitere Aussage ab:

> Eine enorme Vergrößerung des Mundes gehört zu den wichtigsten traditionellen Verfahren, ein komisches Äußeres zu erzeugen, es wird in der komischen Maske und bei allen möglichen 'heiteren Monstren' [...] angewandt [...] Das Motiv des aufgerissenen Mundes ist die klarste Darstellung des offenen, unabgeschlossenen Körpers. Er ist das sperrangelweit geöffnete Tor ins Körperinnere.[11]

Die wunderliche Symbiose des Bergbauern und seiner toten Ehefrau während der Wintermonate evoziert die friedvoll-beschauliche Harmonie des über den Titel ausgewiesenen Alpenidylls in ironischer Belichtung. Der *locus amoenus* als Daseinsort schlichter, harmlos empfindender Menschen findet im *locus horribilis* des Holzschuppens ein makabres Echo. Monströs ist die unorthodoxe Weise, wie Olz mit dem toten Körper seiner "geliebten Frau"[12] verfährt, den er bis zur Beisetzung im Holzverschlag zwischenlagert. Die horizontale Positionierung der Leiche "in the shed across the top of the big wood" (348) wechselt mit der vertikalen, wenn der Witwer Brennholz benötigt und den starrgefrorenen Körper aufrecht an die Wand der Hütte lehnt. Das Einhängen der Lampe am Unterkiefer der Toten führt eine von der Norm extrem abweichende physiognomische Verzerrung herbei, wie dies der Reaktion des Priesters beim Anblick der Verstorbenen zu entnehmen ist:

> [T]he priest, when he looked at her face, didn't want to bury her [...] When the priest uncovered her face he asked Olz, "Did your wife suffer much?" [...] The priest looked at her again. He didn't like it. "How did her face get that way?" (347f.).

---

[11] *Rabelais und seine Welt* (Frankfurt am Main, 1998), pp. 366, 381.
[12] "'Ja, I loved her,' Olz said. ' I loved her fine'" (348).

Nach konventionellen Maßstäben stellt Olz' Vorgehen einen Akt der Leichenschändung dar, den dieser Repräsentant des Grotesken mehrfach und ohne Unrechtsbewußtsein[13] vollzieht: "Did you do that many times?" befragt ihn der Priester im Verlauf des Verhörs. "Every time I went to work in the shed at night" (348). Mit dem Einhängen der Laterne am Menschen dekomponiert Olz die Grenze zwischen Menschlichem und Dinglichem: Die Leiche seiner Frau findet zweckdienlich als Lampenständer Verwendung. Wirt Williams vermerkt hierzu: "Olz' unthinking mutilation of his wife's body by hanging a lantern from the open mouth of her frozen corpse reduces her to the level of an inanimate convenience: a woman loved, alive, has become dead, the equivalent of a piece of wood."[14]

"An Alpine Idyll" zeigt nahezu idealtypisch die Dialektik der Marginalisierung und Rezentrierung, wie sie Peter Fuß in seinen theoretischen Ausführungen für das Groteske reklamiert. Das Monströse ist in der *terra incognita* der synchronen Fremde, gleichsam am Rande der bekannten Welt, verortet und ist dennoch Teil der Gesellschaft, die seinen Ausschluß betreibt. Zwar gehört Olz der Form nach der Pfarrgemeinde von Galtür an, *de facto* hat er aber seine Behausung fernab auf dem jenseitigen Abschnitt des Gebirgsmassivs: "'He lives on the other side of the Paznaun,' said the sexton. 'But he belongs to this parish'"[15] (347). Die hier auftretende räumliche

---

[13] Für den Bergbauern ist seine Tat nicht grotesk, er ist bezeichnenderweise völlig arglos. Erst wenn die Tat mit den dichotomischen Beurteilungskriterien der Gesellschaft kollidiert, wird sie zum Grotesken. Dies ist gemeint, wenn Fuß von der Entstehung des Grotesken in der Rezentrierung des Marginalisierten spricht. "An Alpine Idyll" bildet den Prozeß der Rezentrierung im Motiv des Abstiegs in die Gesellschaft metaphorisch ab.
[14] Siehe Wirt Williams, *The Tragic Art of Ernest Hemingway* (Baton Rouge and London, 1981), p. 95f.
[15] Nicht zufällig trägt Olz seine alte Armeeuniform ("He wore his old army clothes", 345), die den alpinen Eigenbrödler paradoxerweise an die Gesellschaft rückbindet, von der ihn sein abgelegener Wohnsitz separiert.

Gegenplazierung des Grotesken in isolierte alpine Hochlagen soll das Außer-Gewöhnliche und Außer-Ordentliche des vom Totengräber berichteten Vorkommnisses jenseits der zivilisatorischen Grenze plausibilieren.

Die Rezentrierung des gesellschaftlich Randständigen setzt ein, sobald die fixe Grenze zwischen den Vertretern des Grotesken (das Bergbauern-Ehepaar) und den Repräsentanten der Norm (*innkeeper*, *sexton* und *priest*) in Auflösung begriffen ist. Bezugnehmend auf die Fußsche Theorie läßt sich bei der Auflösung der Grenze von einer Verflüssigung sprechen. Fuß wählt hierfür den Terminus "Liquidation":

> Liquidation ist Entgrenzung. Die liquidierte Struktur verläßt die Grenzen, die ihr fixierter Zustand ihr setzte [...] Die Struktur wird liquid (flüssig). Ihre Elemente werden liquid (verfügbar). Sie können verdreht, verschoben, vertauscht, in andere Kontexte integriert werden.[16]

Hemingway inszeniert die durch Verflüssigung durchlässig gewordene Schranke zwischen gesellschaftlicher Wertewelt im Tal und Normenthobenheit in der Einöde der Gletscherwelt metaphorisch: Das Tauwetter des Bergfrühlings, ausgelöst über die unerbittlich strahlende Sonne[17], macht die Grenze passierbar, welche die Gesellschaft von ihrem alpinen *outcast* trennt. Die Schneeschmelze macht den Gebirgspfad von der Höhe ins Tal wieder begehbar und ermöglicht damit den Transfer des Abseitigen von oben nach unten. Dieser Prozeß konnotiert die im obigen Fuß-Zitat angesprochene Verschiebung in einen anderen Kontext. Mit Olz und seiner monströsen

---

[16] Siehe Peter Fuß, *Das Groteske* (Köln 2001), p. 156.
[17] Das Motiv der Verflüssigung artikuliert sich gleich am Erzählbeginn und wird durch die Evokation der omnipräsenten, den Schnee schmelzenden Sonne im Bewußtsein des Lesers gehalten. "It was hot coming down into the valley even in the early morning. The sun melted the snow from the skis we were carrying and dried the wood. It was spring in the valley but the sun was very hot [...] We were both tired of the sun. You could not get away from the sun" (343).

Fracht kehrt die Abseitigkeit des Enormen und Deformen in das Kollektiv zurück: Das Marginalisierte wird rezentriert und damit zum Grotesken,[18] wobei es die grotesketypische Gefühlsambivalenz auslöst: "The sexton was amused. The innkeeper was disgusted" (346).

In der Rückkehr[19] des Sonderlings stößt die Gesellschaft auf ihr "Fremdes", da in Olz' Normdevianz gesellschaftlich-moralische Ordnungsstrukturen dekomponiert sind. Erst in der Kollision mit den dichotomischen Beurteilungsrastern der Sozietät (gut/böse; schön/häßlich ...) wird Olz' Tat moralisch verwerflich. Hieraus resultiert die Perhorreszierung des Grotesken. Dies manifestiert sich schlagend, wenn der *innkeeper* den Bergbauern zum wiederholten Male "bestialisiert" und ihm durch das Verdikt des Animalischen jegliche menschlichen Züge abspricht. Emphatisch beschwört der Gastwirt das schier Unglaubliche im Verhalten dieses Mannes und verleiht dem in Olz repräsentierten Grotesken seine monströse Dimension:

"He's a beast. All these peasants are beasts."
"How do you mean?"
"You wouldn't believe it. You wouldn't believe what just happened about that one."
"Tell me."
"You wouldn't believe it" (347).

Der darauffolgende Bericht des Totengräbers degradiert Olz zum Monstrum und damit zum Demonstrationsobjekt all dessen, was dem gesellschaftlich sanktionierten Wertekanon horrend zuwiderläuft. Paul Goetsch hat den norm-

---

[18] Siehe Peter Fuß, p. 43: "Das bei der Formation der Kultur Marginalisierte wird bei seinem Wiedereintritt in die Kultur zum Grotesken. Die Übertretung der im Zuge der Instituierung einer Kulturordnung gesetzten Grenze wirkt grotesk. Die Errichtung der Grenze in der Marginalisierung ist die Bedingung des Grotesken, das in der Rezentrierung des Marginalisierten entsteht."
[19] Der zweimalig erwähnte "report to the commune" (348) wird wörtlich genommen (lat. *reportare* = "zurücktragen"). Gemäß den Regeln der Gemeinschaft erstattet der Bauer Bericht und trägt die Leiche mit der Schneeschmelze zurück in die zugehörige Dorfgemeinschaft.

verletzenden Charakter von Monstren wie folgt erläutert: "Their bodies and behaviour may mirror what we regard as immoral, anti-Christian, uncivilized, beast-like and perverse."[20] Die Vermischung von Tier und Mensch konnotiert ein Hervorbrechen der Triebnatur des Menschen, die Liquidation normativer Kultiviertheit zugunsten einer als animalisch verstandenen Natur. Wie ist es aber um die Norm bestellt, die hier in der Trias von *innkeeper*, *sexton* und *priest* vermeintlich grundsolide Urteile abgibt? Gerade in der Konfrontation mit dem "Enormen" unterliegt die Norm selbst einer Aufweichung, einer Liquidation. Hierin besteht die konstitutive Funktion des Grotesken, wie dies Michael Uebel herausstellt:

> Monsters, by inhabiting the gap between exclusive zones of intellectual or social meaning, deliver a threat to the zones' integrity [...] In other words, monsters expose classificatory boundaries as fragile by always threatening to dissolve the border between other and same, nature and culture, exteriority and interiority.[21]

Die Gesellschaft, welche die Austreibung des Grotesken so beflissen unternimmt, fällt paradoxerweise umso mehr diesem Phänomen anheim, je stärker sie sich von ihm zu distanzieren versucht. Die vom *priest* an den Bergbauern ausgesprochene Rüge ("it was very wrong", 348) mutet skurril an, da sich die Kategorie des "Falschen" logischerweise nicht steigern läßt. Der *sexton* lehnt Nicks Angebot, noch einen Viertelliter Wein zu trinken, mit demonstrativer Zeigegeste ab ("'Nothing,' Franz shook his finger", 347), um im nächsten Atemzug die Einladung anzunehmen. Sein Wort zählt offenbar ebensowenig wie seine Geste. Auch der überheblich wirkende *innkeeper* fällt der

---

[20] Siehe *Monsters in English Literature: From the Romantic Age to the First World War* (Frankfurt am Main, 2002), p. 10.
[21] Siehe Michael Uebel, "Unthinking the Monster: Twelfth-Century Responses to Saracen Alterity," in: Jeffrey Jerome Cohen, *Monster Theory: Reading Culture* (Minneapolis and London, 1996), p. 266.

Ironisierung anheim, wenn in seiner Rede die Speisekarte ("the menu") zur "eating card" (346) mutiert. Mit sichtlichem Vergnügen[22] animiert der Gastwirt den Totengräber zur Schilderung der ungeheuerlichen Tat des Bauern und vergewissert sich mit kaum verhohlener Lüsternheit, ob Nick die Pointe des Berichts über das grausige Geschehen auf der Gebirgsalm verstanden hat. Auch die Pauschalierung des *innkeeper* – *alle* Bauern seien Bestien – ist in ihrem Absolutheitsanspruch hohl. Dieses Urteil klingt schon allein deshalb absurd, da sein Berufsgenosse sich mit dem Animalischen ostentativ identifiziert. Dessen Wirtschaft hat pikanterweise den "Löwen" (346, 349) als Kennung.

Die sich hier manifestierenden Ironisierungstendenzen bezüglich der Verläßlichkeit der Normvertreter lassen die Vermutung aufkommen, daß den amerikanischen Alpentouristen vorsätzlich eine Lügengeschichte aufgetischt wurde, wie in der Hemingwaykritik[23] verschiedentlich unterstellt. Der Autor offeriert keine verläßlichen Entscheidungshilfen, sondern fordert rezeptionsästhetisch zu immer neuen Lösungsversuchen auf. Dies bewirkt die Dynamisierung des Lesers. Dieser ist angehalten, vorhandene Anschauungsmöglichkeiten selbst zu komponieren, da Hemingway über die vom Grotesken herbeigeführte Liquidation vermeintlich absoluter Wertgrenzen dezidiert den Status eines offenen Kunstwerks anstrebt.

---

[22] "'This is where it's good' the innkeeper said. 'Listen to this. Go on, Franz'" (348).
[23] Die These des "tall tale" vertritt u.a. Karl-Otto Stromidel in seinem Aufsatz "Die Idylle in 'An Alpine Idyll': Ein wiederkehrendes Strukturmuster im Werk Ernest Hemingways", *Literatur in Wissenschaft und Unterricht*, 16 (1983), 109-21.

V.2. Der aufgeschlitzte Körper

1. "Indian Camp"

Mit "Indian Camp" verstößt Hemingway treffsicher gegen die rigiden Regeln der klassizistischen Körperkonzeption. Die Gegenästhetik des Monströs-Grotesken setzt sich über jede Form leiblicher Begrenzung, Abgeschlossenheit und starr normierter Körperlichkeit hinweg. Dies insofern, als die künstlerische Logik des grotesken Motivs die geschlossene und gleichmäßige (Ober)fläche des Körpers zurückweist und vorrangig seine *Auswölbungen* und *Öffnungen* fixiert. Bezüglich der Auswölbungen hat Michail Bachtin in der von ihm entwickelten grotesken Körperkonzeption auf den Aspekt physischer Grenzüberschreitung abgehoben. Der aufgetriebene Bauch etwa zählt zu den Standardelementen eines solchen Motivinventars wie überhaupt "Schwangerschaft" und "Entbindung" entscheidende Akte des "Körperdramas" ausmachen.[24] Der zunächst noch bedeckte und später von Uncle George entblößte überproportionierte Leib der hochschwangeren Indianerin[25] ist Signum für die mit der Aufblähung einhergehende Transgression der Leibesgrenze.

Der zweite von Bachtin angesprochene Aspekt ist der des geöffneten Körpers. Er ist insofern konstitutiv für das Groteske, weil damit Intrakorporales in den Blick gerät, was der klassizistische Motivkanon gemeinhin ausblendet. Sowohl der an der Indianerin durchgeführte Kaiserschnitt als auch die vom Indianer an sich selbst vollzogene Entleibung lassen sich unter diesem

---

[24] Vgl. "Die Normen der offiziellen und der literarischen Rede [...] verbieten alles, was mit Schwängerung, Schwangerschaft und Geburt zusammenhängt, eben das, was an die Unfertigkeit des Körpers und an Innerkörperliches erinnert." *Rabelais und seine Welt: Volkskultur als Gegenkultur*, p. 362.

Aspekt auslegen. Die solchermaßen gedoppelte Motivik des geöffneten Körpers negiert markant den normativen Entwurf der geglätteten und geschlossenen Körpersilhouette.

Für den kleinen Nick, der seinem Vater unfreiwillig bei der ausgedehnten Kaiserschnittsprozedur assistiert ("It all took a long time", 93), ist die Erfahrung des geöffneten Körpers schlichtweg abstoßend. Wiederholt wendet Nick den Blick von dem blutigen Geschehen ab, dem er hautnah ausgesetzt ist und das ihn psychisch überfordert. Das beharrliche Wegschauen des Initianden läßt das Monströse dieser Erfahrung suggestiv aufleuchten und macht zugleich Nicks tiefe Verunsicherung spürbar: "He was looking away so as not to see what his father was doing" (93). Diese psychische Abwehrhaltung ist auch dann manifest, als sich der Arzt anschickt, den geöffneten Körper wieder zu verschließen:

> "Now," his father said, "there's some stitches to put in. You can watch this or not, Nick, just as you like. I'm going to sew up the incision I made."
> Nick did not watch. His curiosity had been gone for a long time (93).

Die Monstrosität des aufgeschnittenen Unterleibes korrespondiert textimmanent mit der durchtrennten Kehle des "Indian husband", dessen Empathie mit den Qualen seiner Frau vermutlich den Selbstmord auslöst.[26] Das Blutbad in der oberen Bettkoje wird von der Lichtquelle des Doktors

---

[25] Vgl. "She lay in the lower bunk, very big under a quilt" (92); "Pull back that quilt, will you, George?" (93)
[26] So argumentiert u.a. Mark Spilka: "Whatever the case, his empathetic reaction is so overwhelming that he slits his throat." *Hemingway's Quarrel with Androgyny* (Lincoln, 1990), p. 192.

gleichsam scheinwerferhaft eingefangen. Die Szene vermittelt sich aus Nicks Perspektive[27] in herber Parataxe:

> He [Dr. Adams] pulled back the blanket from the Indian's head. His hand came away wet. He mounted on the edge of the lower bunk with the lamp in one hand and looked in. The Indian lay with his face toward the wall. His throat had been cut from ear to ear. The blood had flowed down into a pool where his body sagged the bunk. His head rested on his left arm. The open razor lay, edge up, in the blankets (94).

Prägnanter ließe sich der hier formulierte Widerspruch des Monströs-Grotesken zu den gewohnten Darstellungsinhalten des bürgerlich Schicklichen wohl kaum versinnlichen. Diesen Abstand demonstriert im nächtlichen Chaos des Indianerlagers Hemingways Stoffwahl jenseits von Affektkontrolle, Systematik und physischer Disziplin – eine negative Ästhetik des Physischen und Gewalttätigen mit ihrem lakonisch vorgetragenen blutigen Effekt. Die Emblematik der aufgetrennten Kehle, deren ausfließendes Blut sich zu einer Lache sammelt, fügt sich nachdrücklich ins Arsenal monströser Körpermotivik ein. Der entstellte Körper des Indianers versinnlicht die exzessive Abweichung von der klassischen Norm physischer Integrität und zeigt das Monströse in seiner beängstigenden und schreckenerregenden Dimension. Die Einlassung "His throat had been cut from ear to ear" benennt die blutige Entleibung weniger als persönliche Tat. Der passivische Gebrauch evoziert vielmehr ein gleichsam anonymes monströses Geschehnis, dessen Drastik ein fundamentales Gefühl der Insekurität zurückläßt und auf beklemmende Weise den Einblick in die Kehr- und Nachtseite der Existenz gewährt.

---

[27] "Nick, standing in the door of the kitchen, had a good view of the upper bunk when his father, the lamp in one hand, tipped the Indian's head back" (94).

2. "The Capital of the World"

Die Evokation der monströs-grotesken Wunde bildet auch das Ende von "The Capital of the World", einer Erzählung, die zum ersten Mal in der Anthologie *The Fifth Column and the First Forty-Nine Stories* (1938) gesammelt wurde. Träger dieser Wunde ist Paco, ein junger Kellner in der Pension Luarca, die gescheiterten Matadoren und mittelmäßigen Banderillos als Unterkunft dient. Äußerer Anlaß der Verwundung ist die Simulation eines "Stierkampfes", in dessen unglückseligem Verlauf die Oberschenkelarterie des jungen Spaniers aufgerissen wird. Er verblutet, ohne seine jugendlichen Illusionen an der Realität korrigieren zu können. "Because he is young and innocent," so argumentiert Stephen Cooper, "it is tempting to call his death tragic, but in reality his death is more absurd than tragic. Hemingway had insisted throughout *Death in the Afternoon* that the bullfight was a tragedy, but without a real bull and without the dignity bestowed by ritual and tradition, Paco's 'bullfight' is nothing more than a parody. There is a vast difference between being killed while making a pass with a real bull in the *plaza de toros* and being killed while making the same pass with a chair in the kitchen of a second-rate hotel."[28]

Der "bullfight" ist für Hemingway in der Tat ein tragisches Ereignis, wie in seinem Stierkampfbuch von 1932 eingehend dargelegt. Der Zweikampf mit dem Stier gilt dem Autor als kunstvolles, in hohem Maße rituell geprägtes tragisches Spiel, das um das Verhalten des Menschen angesichts der Todesgefahr kreist ("the tragedy of the bullfight is so well ordered and so strongly disciplined by ritual"[29]). Die Behauptung des Lebens in der ständig

---

[28] Siehe Stephen Cooper, "Illusion and Reality: 'The Capital of the World,'" in: Susan Beegel (ed.), *Hemingway's Neglected Short Fiction: New Perspectives* (Tuscaloosa and London, 1992), p. 306.
[29] Siehe *Death in the Afternoon* (New York, 1960), p. 8.

erneuten Begegnung mit seiner Grenze im Tode, die der Torero seinen eigenen Regeln gemäß zelebriert, ist den Verflechtungen des alltäglichen Daseins enthoben.

Während Hemingway in seinem Stierkampfessay einen nahezu prometheischen Kult des männlichen Widerstandes gegen ein heimtückisch-anonymes, im Stier symbolisiertes Schicksal darstellt, trägt in "The Capital of the World" die Konfrontation mit dem Tod groteske, auf Degradierung ausgelegte Vorzeichen. Als *plaza de toros* fungiert die Küche einer zweitrangigen Pension; der glanzvolle Part des Matadoren ist besetzt mit einem jugendlich unerfahrenen Kellnerlehrling, und auch der todbringende Stier erfährt in der hier aufgeführten Pantomime einer *corrida* seine banale Verfremdung: Ein an sich harmloser Küchenstuhl, an dem der Tellerwäscher Enrique zwei Fleischermesser fixiert, erfüllt die Funktion des *toro*. Daß der *bull* in Gestalt des heranpreschenden Tellerwäschers nicht mit der roten *muleta*, sondern mit den Schwüngen einer simplen Kellnerschürze gebändigt werden soll, macht das groteske, auf Küchenniveau abgesenkte Stierkampfspektakel komplett.

Das Stierkampfspiel gewinnt unversehens eine grausige Realität, als bei einem mißglückten Manöver die Fleischerklinge des improvisierten Küchenstuhl-Stiers den Schenkel des Pseudo-Matadoren Paco durchbohrt. Die Motivik des Kleinen, Unbedeutenden wächst sich aus zu monströser Konsequenz;[30] die Illusion des Spiels weicht dem blutigen Faktum des auf-

---

[30] Bereits der Eingangssatz der *story* verarbeitet dieses Strukturmuster auf der Ebene des Komischen. Der auktoriale Erzähler teilt mit, daß es sich bei dem Namen Paco um den Diminutiv des Vornamens Francisco handelt. Laut einem Madrider Witz steigert sich das Minimale unversehens zu maximaler Dimension, als ein Vater seinen Sohn Paco per Zeitungsannonce zurückrufen will, was dann faktisch eine Ansammlung von nicht weniger als achthundert jugendlicher Namensgefährten nach sich zieht, die daraufhin von der Guardia Civil aufgelöst wird.

geschlitzten Körpers. In der folgenden, Pacos Empfindungswelt spiegelnden Textpassage voller Tempo und dramatischer Intensität empfängt der Protagonist just in dem Moment die fatale Wunde, als er sich ironischerweise auf dem Gipfel seiner Kraft und Geschicklichkeit wähnt. Grotesketypisch ist aus Pacos Gesichtswinkel die Unterscheidung zwischen Schein und Wirklichkeit dekomponiert:

> Running with head down Enrique came toward him and Paco swung the apron just ahead of the knife blade as it passed close in front of his belly and as it went by it was, to him, the real horn, white-tipped, black, smooth, and as Enrique passed him and turned to rush again it was the hot, blood-flanked mass of the bull that thudded by, then turned like a cat and came again as he swung the cape slowly. Then the bull turned and came again and, as he watched the onrushing point, he stepped his left foot two inches too far forward and the knife did not pass, but had slipped in as easily as into a wineskin and there was a hot scalding rush above and around the sudden inner rigidity of steel and Enrique shouting, "Ay! Ay! Let me get it out! Let me get it out!" And Paco slipped forward on the chair, the apron cape still held, Enrique pulling on the chair as the knife turned in him, in him, Paco (49).

Der dezidiert nicht groteske Körper des *homo clausus*[31] im klassizistischen Leibkanon entspricht dem Idealbild abgeschlossener und unversehrter Körperlichkeit. Ein Körper hingegen, dessen Integrität in einem physischen Sinne verletzt ist, erweist sich als Provokation und Bedrohung, da hier der normative Entwurf des idealschönen Körpers gesprengt wird. Pacos zuvor makellose Körperkontur ("a well built boy with very black, rather curly hair, good teeth and a skin that his sisters envied", 38) erfährt über die Durchdringung der Haut und das für den Klassizismus irritierende Aufklaffen verwundeten Fleisches ihre extreme Negation. Wie der indianische Ehemann

---

[31] Auf das kultur- und medizingeschichtliche Konzept des *homo clausus* nimmt Irmela Marei Krüger-Fürhoff Bezug in ihrer neueren Untersuchung *Der versehrte Körper: Revisionen des*

in "Indian Camp" verkörpert auch Paco im Gegendiskurs des Grotesken vermittels seiner offenen Wunde das Skandalon des *homo apertus*. Sei es durch eigene Hand, sei es durch Fremdeinwirkung – beide Repräsentanten dieses Gegentyps zum geschlossenen klassizistischen Körperschema sind mit der kruden Materialität des Körperinneren in Form ausfließenden Blutes konfrontiert.

In einer sich stetig vergrößernden Blutlache hockend, findet sich der junge *aficionado* von "The Capital of the World" buchstäblich auf dem Boden der blutigen Realität wieder, ohne vollständig zu begreifen, was mit ihm geschieht: "The knife was out now and he sat on the floor in the widening warm pool" (49). Die auf den ersten Blick befremdliche metaphorische Korrelierung des herausquellenden Blutes mit ablaufendem, schmutzigem Badewasser ("feeling his life go out of him as dirty water empties from a bathtub when the plug is drawn", 50) könnte zunächst als stilistische Entgleisung anmuten und den an Hemingway insbesondere in den dreißiger Jahren des öfteren adressierten Vorwurf bestätigen, die hartgesottene Darstellung des Grausamen und Geschmacklosen um ihrer selbst willen zu betreiben.

Die provokante Gleichung von Blut und Badewasser hat unter dem Aspekt des Monströs-Grotesken gleichwohl ihre Berechtigung, ist sie doch zum einen Hemingways künstlerischer Intention verpflichtet, das banale und gänzlich unheroische Sterben seines Protagonisten vor Augen zu führen. Zum anderen ist hier der Leser zu ergänzender, sinngebender Lektüre aufgerufen. Es bedarf seiner tätigen Mitarbeit, um die Aussagen des Erzählers in einen

---

klassizistischen Schönheitsideals (Göttingen, 2001), p. 10. Der Terminus *homo apertus* ist meine Prägung.

Funktionszusammenhang zu stellen, der die Aufmerksamkeit auf eine zentrale Strategie in der Evokation des Grotesken lenkt. Gemeint ist das Wörtlichnehmen einer Metapher.

Der bildhafte Ausdruck, den Hemingway seinem Rezipienten hier nahebringt, ist der des *bloodbath*. Pacos Blutbad verdient die Einordnung unter das Monströs-Groteske aufgrund der Quantität des rapide austretenden Blutes: "A severed femoral artery empties itself faster than you can believe" (50). Zu beachten ist, daß der Autor in der künstlerischen Realisierung dieses Bildes nicht bei der gefährdeten oder durchtrennten Körperoberfläche verharrt. Vielmehr erweitert er die Motivik des *homo apertus* über die Hinwendung zum Körperinneren, welches den grotesken Helden nunmehr von außen umgibt. Hatte Hemingway in *Death in the Afternoon* moniert, "all our words from loose using have lost their edge,"[32] so gewinnt das "Blutbad" als Signum des Monströsen dank seiner literalen Inszenierung die ihm eignende schockierende Schärfe zurück.

3. "God Rest You Merry, Gentlemen"

Der Körper bzw. die Körpervorgänge bilden einen Bereich, den das Groteske auffällig bevorzugt. Physische Auswüchse und Wölbungen wie etwa Bauch und Phallus[33] zählen zu seinem prominenten Motivarsenal. Über Ausstülpungen wird die feste Grenze zwischen Körper und Welt dekomponiert. Was über die glatte Ideallinie hinausragt und damit in seiner Asymmetrie das

---

[32] *Death in the Afternoon*, (New York, 1960) p. 71.
[33] Vgl. Bachtin, *Rabelais und seine Welt*, p. 358: "Deshalb spielen jene seiner Teile, in denen [der Körper] über sich selbst, über die eigenen Grenzen hinauswächst und einen neuen, zweiten Körper produziert, eine besondere Rolle. Der Bauch und der Phallus. Sie bilden das Zentrum des grotesken Körpers [...]."

"normale" Maß überschreitet, ist mit dem klassischen Körperschema in seiner Vorliebe für individuelle Abgeschlossenheit, für das In-sich-Ruhende, das Fertige und die Sterilität statischen Seins kaum vereinbar. Der Körper und seine Triebe – Essen, Ausscheidung und Sexualität – sind in der Regel das vom Klassizismus Verpönte und Totgeschwiegene. Das gemeinsame Merkmal der tabuierten Motivik undisziplinierter Leiblichkeit ist demgegenüber das Außerkraftsetzen gesellschaftlich regulativer Festschreibungen.

"God Rest You Merry, Gentlemen" aus der Sammlung *Winner Take Nothing* (1933) gewinnt in diesem Kontext Interpretabilität. Die Dekomposition der normativen Körpergrenze ist in dieser Geschichte sowohl im Motiv der sexuell konnotierten Ausstülpung wie auch durch die offene, blutende Körperwunde angesprochen. Die *story* kreist um einen, wie es im Text heißt, "lad who sought eunuch-hood" (394). Der unter *erection phobia* leidende Jugendliche kann aus religiösem Reinheitswahn seine erwachende Geschlechtlichkeit nicht akzeptieren und hypostasiert seinen Sexualtrieb zum Monströsen. Er perhorresziert ihn zu "That awful lust" (394) und sieht in seiner Geschlechtlichkeit ein frevelhaftes Delikt: "a sin against purity [...] a sin against our Lord and Saviour" (394). Entschlossen, das "Monströse" zugunsten der Stasis reiner Spiritualität radikal auszumerzen, sucht er in einem Krankenhaus in Kansas City um Kastration nach. Da sein Anliegen abgelehnt wird, nimmt er in der Folge selbst eine Amputation seines Geschlechtsteils vor, an der er aufgrund des hohen Blutverlusts zu sterben droht.

In der *dephallused condition* des Heranwachsenden, welche die unterdrückte Dimension von Eros und Sexualität gegenbildlich spiegelt, prägt sich das Physisch-Monströse in emblematischer Schärfe aus. Die über die *story* vorgetragene satirische Kritik an einem sinnenfeindlichen dogmatischen

Puritanismus trifft jedoch weniger den Jugendlichen, da dieser in seiner Verblendung lediglich Opfer einer solchen Geisteshaltung ist. Die primäre Stoßrichtung der Hemingwayschen Allegorie zielt vielmehr auf den Krankenhausarzt Doctor Wilcox. Auf der literalen Textebene erscheint Willcox als inkompetenter Mediziner, auf der figuralen Ebene steht er stellvertretend für die doktrinäre Auslegung eines pervertierten Christentums. Im Gegensatz zu seinem jüdischen Kollegen Doc Fischer, der als kompetent und einfühlsam charakterisiert ist und das implizite Wertungszentrum[34] der Erzählung ausmacht, erweist sich Doctor Wilcox als ignorant, moralisch engstirnig und unduldsam.

In Wilcox' abweisender Reaktion, die im Rauswurf des hilfesuchenden Jungen kulminiert, enthüllt sich metaphorisch das Bestreben des Puritaners, das Sexuelle zu verbannen. Doch auch wenn dieser Arzt die Probleme der Fleischlichkeit so beflissen abzuwehren und zu verdrängen sucht, der Text insistiert auf ihrer unterschwelligen Kontinuität. Das Sexuelle macht sich in Wilcox' obszöner Sprache geltend[35] und schwingt ironischerweise schon in seinem Namen mit. Hemingway's Vorliebe für sprechende Namengebung macht es wahrscheinlich, daß der Autor über den Bereich der *bawdy* eine Beziehung des Namens "Wilcox" zur Thematik und dem Geschehen seiner

---

[34] Wiederholt macht Doc Fischer den Versuch, den verzweifelten Jungen aus seiner dogmatisch festgefahrenen Position zu erlösen. Zunächst mit dem einfühlenden Hinweis auf die natürliche biologische Entwicklung und – nachdem dieses Argument nicht greift – auf die im Sakrament kodifizierte religiöse Vorgabe: "There's nothing wrong with you [...] It's a natural thing. It's the way you are supposed to be and later on you will think you are very fortunate" (394). "You have a fine body and you must not think about that. If you are religious remember that what you complain of is no sinful state but the means of consummating a sacrament" (395).
[35] In seiner Zurückweisung des jungen, schuldgeplagten Patienten pervertiert Wilcox das biblische "Go, and sin no more" (John VIII, 11) zu "Oh, go and –" (395).

short story herstellt. Wie Kruse verdeutlicht, indiziert [kɔks] als Pluralform von *cock* den in der puritanischen Gesellschaft verfemten sexuellen Bereich.[36]

Wilcox' Ausgrenzungsbestrebungen gegenüber dem Geschlechtlichen mögen kurzfristig anschlagen, von Dauer sind sie nicht. Das Marginalisierte kehrt – wie bereits in den einleitenden Vorüberlegungen angesprochen – aus seiner Verbannung zurück und wird im Verlauf dieser Rezentrierung zum Grotesken:

> "Get him out of here", Dr. Wilcox said. [*Marginalisierungsabsicht*]
> "I'll get out," the boy said. "Don't touch me. I'll get out."
> [*Marginalisierung*]
> That was about five o'clock on the day before.
> "So what happened?" I asked.
> "So at one o'clock this morning," Doctor Fisher said, "we receive the youth self-mutilated with a razor" (395). [*Rezentrierung in Form des Grotesken*]

Über die Rezentrierung des Ausgegrenzten sieht sich Wilcox mit dem Störelement rekonfrontiert, das er loshaben wollte ("Get him out of here") und gegensinnigerweise über seine Namensemblematik zugleich einfordert[37], weil es buchstäblich Teil seiner Identität ist.

---

[36] Vgl. Horst Kruse, "Ernest Hemingways Kunst der Allegorie: Zeitgenössische, literarische und biblische Anspielungen in 'God Rest You Merry, Gentlemen'", *Jahrbuch für Amerikastudien,* 16 (1971), 140. Kruse führt aus, daß Hemingway mit dieser Namengebung möglicherweise auf bestimmte puritanische Haltungen im amerikanischen Sprachgebrauch eingeht. Unter Berufung auf H.L.Menckens *The American Language* wird hingewiesen auf die für Puritaner anstößige Suggestivität von Wörtern wie *cock-eyed, cock-sure, coxcomb*. Auch Namen wie *Cox, Leacock* oder *Hitchcock* hatten für das puritanische Ohr eine ähnlich einschlägige Suggestivität.
[37] Im Kontext der Problematik physischer Entstellung und ihres Aussagegehalts erweist sich Shakespeares Drama *The Merchant of Venice* als bedeutsame Folie für Hemingways allegorische Erzählintention. Die Shakespeare-Folie wird aufgerufen durch Doc Fischers Frage: "What news along the Rialto?" (393) Dies sind in der Vorlage die Worte Shylocks (I. Akt, 3. Szene). Entscheidend ist die Verkehrung des Shakespearschen Motivs: Ist es im Shakespeare-Stück der Jude Shylock, der auf einem Pfund Fleisch aus dem Körper des Christen Antonio besteht, so

Gerade *weil* Doctor Wilcox das Fleischlich-Sexuelle marginalisiert, kehrt das "Skandalon" hartnäckig zu ihm zurück, um in Form des Grotesken (des entstellten, physisch defizitären Körpers) das Vakuum neu zu besetzen, das durch die Austreibung entstanden ist. In der Kollision mit dem Grotesken büßt Wilcox als Repräsentant medizinischer Autorität eben diesen Status ein. Seine Inkompetenz zeigt sich schlagend, wenn er den Jungen nicht zu verarzten weiß, da er den hier vorliegenden Fall sexueller Selbstverstümmelung bezeichnenderweise nicht in seinem medizinischen Vademecum aufzufinden vermag.

Hemingways moralisierende Fabel konfrontiert das puritanische Amerika mit seinen Blindstellen und inneren Widersprüchen. "God Rest You Merry, Gentlemen" dient in seiner allegorischen Ausrichtung zur Erhellung tieferer Bezüge, evoziert die *story* doch insbesondere den inneren Zusammenhang des kulturell Ausgegrenzten und Verdrängten mit dem geographischen Zentrum der USA als symbolisch verweisendem Handlungsschauplatz (Kansas City). Das monströse Motiv sexueller Verstümmelung gewinnt damit auf kultursymbolischer Ebene seine weiterreichende Aussage. In dieser Chiffre der Leibfeindlichkeit und des Sexualpessimismus spricht Hemingway ein vernichtendes Urteil über die Folgen puritanisch-dogmatischen Denkens im Amerika des 20. Jahrhunderts.

---

erfüllt in "God Rest You Merry, Gentlemen" der Christ Wilcox diesen Part, wie dies sein verweisungsreicher Name suggeriert. Vgl. Gary Harrington, "Hemingway's 'God Rest You Merry, Gentlemen," *Explicator*, 52 (1993), 52: "The boy's self-mutilation grotesquely inverts the so-called 'merry bond' between Shylock and Antonio and its somewhat more benign consequences in Shakespeare's play: while Shylock never receives his payment in flesh from Antonio, the 'pound of flesh' is actually removed in Hemingway's story, and by the Christian himself."

V.3. Der zerschossene Körper: "A Natural History of the Dead" und "Fathers and Sons"

Die Beschädigung der unversehrten physischen Oberfläche kann mönströse Ausmaße annehmen und damit fatale Konsequenzen zeitigen, wie an den Exempeln aufgeschlitzter Körper in "Indian Camp", "The Capital of the World" und "God Rest You Merry, Gentlemen" dargelegt wurde. Zweifellos ist nicht jede Darstellung einer Verletzung in Hemingways Erzählkanon notwendig grotesk. Grotesk wird die Verwundung allerdings dann, wenn Strategien in der Art der Darstellung auf Verzerrung angelegt sind, wenn Ironiesignale gesetzt und narrative Elemente zusammengespleist sind, die sich "normalerweise" ausschließen. Ein Kaiserschnitt, der mit Fischmesser und ohne Äthernarkose vollzogen wird und der die nicht minder blutige Selbstentleibung eines Indianers nach sich zieht, trägt den Stempel des Monströs-Grotesken. Gleiches gilt für den subalternen Domestiken der Stierkämpferpension, der nicht etwa in einer veritablen *corrida* und im höchsten Bewußtsein des drohenden Todes tragisch verblutet, sondern bei einer trivialen stierkämpferischen Maskarade im eigenen Blut ein "warmes Bad" nimmt.

Ähnliche Inkompatibilitäten gelten für den durch eine Schußverletzung entstellten Körper, wie er in grotesker Verzerrung in Hemingways Kurzgeschichtenwerk verschiedentlich auftritt. Zu erinnern ist in diesem Zusammenhang an das in "A Natural History of the Dead" verzeichnete Schicksal eines Generals, der, von einem Heckenschützen in den Kopf getroffen, im Schützengraben stirbt und damit das landläufige Vorurteil revidiert, Generäle stürben in milder Behaglichkeit fern von der Front eines natürlichen Todes. Hemingways Strategien in der Evokation des Monströs-Grotesken lassen sich anhand folgender Textpassage veranschaulichen:

> This is where those writers are mistaken who write books called *Generals Die in Bed*, because this general died in a trench dug in snow, high in the mountains, wearing an Alpini hat with an eagle feather in it and a hole in front you couldn't put your little finger in and a hole in back you could put your fist in, if it were a small fist and you wanted to put it there, and much blood in the snow. He was a damned fine general ... (446).

Mit sardonischem Unterton bedient sich der Sprecher der rhetorischen Figur des *Zeugmas* (griech. "Fessel"), um zwei disparate Objekte mit nur einem Prädikat zusammenzuspannen: Der General trägt einen Alpenhut auf dem Kopf und ein Loch in der Stirn. Der Alpenhut mit Adlerfeder setzt die friedliche Assoziation eines Bergidylls frei, doch inmitten des Kriegsszenariums wirkt er skurril. Die Wunde des Generals, von vorn besehen unbeutend klein, zeigt ihre faustgroße Dimension erst in der Rückansicht des Kopfes, was sich – eine kleine Faust und die notwendige Bereitschaft zu empirischer Kontrolle vorausgesetzt – unschwer überprüfen ließe. Gerade die rhetorische Minimalisierung ("if it were a *small fist* and you wanted to put it there") exemplifiziert die monströse Dimension der Schußwunde. Auf weitere Belege physischer Monstrosität in "A Natural History of the Dead" wird in der Dissertation unter anderer Zielsetzung eingegangen; verwiesen sei auf das Kapitel VII.1. "Das Groteske und die Satire".

Eine Lektüre, die gezielt nach Stilmitteln des Grotesken bei der Darstellung beschädigter Körper fragt, kann neben "A Natural History of the Dead" auch auf "Fathers and Sons" zugreifen. Die groteske Entstellung, die bereits am Beginn der Nick Adams-Saga in "Indian Camp" hervortritt, fungiert als motivische Klammer, welche den Anfang der von Philip Young herausgegebenen *Nick Adams Stories* mit der Schlußerzählung verschränkt. Die monströse Wunde des indianischen Vaters in der ersten Erzählung erfährt ihre Spiegelung im selbstzerstörerischen Akt, den Nicks Vater in "Fathers and Sons" an sich selbst vollzogen hat.

Als Erzählrahmen dient die Darstellung einer Autofahrt durch den Süden der USA, die der achtunddreißigjährige Nicholas Adams in Begleitung seines kleinen Sohnes unternimmt. Die Reise durch den Raum des Geographischen ist zugleich Bewußtseinsreise, in deren Verlauf der Protagonist sich über sein ambivalentes Verhältnis zum Vater klar zu werden versucht. Die Naturverbundenheit sowie die Passion für die Jagd einerseits, die moralische Verkrüppelung hinsichtlich des Sexuellen andererseits konstituieren an der Oberfläche von Nicks Bewußtseinsstrom den Spannungspol, der die Empfindung der Nähe zum Vater wie auch das Gefühl der Distanz ihm gegenüber einschließt. Die tiefere Ursache von Nicks zerrissener Einstellung tritt jedoch nur brückstückhaft zutage, da der Suizid des Vaters für ihn nach wie vor ein unbewältigtes Skandalon darstellt – das Monstrum, das unter der Oberfläche des Textes lagert.

> If he wrote it he could get rid of it. He had gotten rid of many things by writing them. But it was still too early for that. There were still too many people. So he decided to think of something else. There was nothing to do about his father and he had thought it all through many times. The handsome job the undertaker had done on his father's face had not blurred in his mind and all the rest of it was quite clear, including the responsibilities. He had complimented the undertaker. The undertaker had been both proud and smugly pleased. But it was not the undertaker that had given him that last face. The undertaker had only made certain dashingly executed repairs of doubtful artistic merit (491).

In Nicks Reminiszenz trifft der Doktor *post mortem* auf seinen Visagisten in Gestalt des "undertaker". Dieser gibt dem zerschossenen Kopf dank plastischer Retusche ("the handsome job") die abhandengekommene Präsentationsfähigkeit zurück. Das Bild, das Nick sich ins Gedächtnis ruft, ist die kosmetische Reparatur des durch die Schußwunde verunstalteten Körpers – eine Erinnerung, die für den Protagonisten über die Jahre nichts von ihrer grotesken Eindringlichkeit verloren hat. Der Leichenbestatter überschminkt die monströse Entstellung, ohne daß diese Kamouflage letztlich in der Lage wäre, Nicks emotionale Belastung abzutönen. Der "undertaker" repräsentiert damit eine durchaus zweifelhafte Kunst, wenn er mit einiger Bravour ästhetische Korrekturen mit dem Ziel anbringt, das *factum brutum* der physischen Bruchstelle mit der Illusion der integren Körperfläche zu vertauschen und ob dieses "Kunstwerks" samt der erhaltenen Komplimente makabrerweise von geheimem Stolz erfüllt wird. Über die Gleichsetzung von Totengräber und Künstler in Nicks *undertaker*-Reminiszenz erzielt Hemingway einen ähnlich bizarren Effekt, wie dies bereits Lesskow in der Vorrede zu seinem "Toupetkünstler" (1883) gelingt.[38]

---

[38] Die Kritik hat auf Lesskows Text bislang noch nicht aufmerksam gemacht. Mit unüberhörbarer Ironie beklagt Lesskow im Vorspann zu seiner Erzählung, daß in Russland gemeinhin nur Maler und Bildhauer als Künstler angesehen werden. In Amerika erfahre der Begriff des Künstlers die ihm angemessene Ausweitung, die der Verfasser wie folgt präzisiert: "Der berühmte amerikanische Schriftsteller Bret Harte erzählt, dass bei ihnen ein 'Künstler', der 'an Toten arbeitete', ausserordentlichen Ruhm genoss. Er verlieh den Gesichtern der Verblichenen einen unterschiedlichen 'Ausdruck des Trostes', der von dem mehr oder weniger glücklichen Zustand ihrer entschwebten Seelen zeugen sollte. Es gab mehrere Abstufungen des Ausdrucks. Ich erinnere mich an drei: 1. Stille, 2. Erhabene Schau und 3. Seligkeit der unmittelbaren Zwiesprache mit Gott [...] Auch bei uns in Russland hat es einmal einen Meister dieser ungewöhnlichen Kunst gegeben." Siehe Nikolaj Lesskow, "Der Toupetkünstler", *Meistererzählungen* (Zürich, 1989), p. 423-24.

V.4. Der faulende Körper: "The Snows of Kilimanjaro"

Protagonist der 1936 in der Zeitschrift *Esquire* erschienenen und 1938 in *The Fifth Column and the First Forty-Nine Stories* gesammelten Erzählung ist der Schriftsteller Harry Walden. Eine Afrika-Safari, die ihm als selbstverordnete Therapie dienen sollte, um seine artistische Integrität jenseits von Luxus und Ausschweifung wiederzuerlangen, findet ihr vorzeitiges Ende. Inmitten der Savanne warten Harry und seine Frau Helen auf das Eintreffen eines Rettungsflugzeuges, das den an Wundfieber Erkrankten in ein Hospital nach Arusha bringen soll. Derweilen zieht der Protagonist die Bilanz seines ins Banale verschleuderten Künstlerlebens.

"The Snows of Kilimanjaro" ist keine Geschichte der äußeren Aktion, sondern eine Erzählung der reflexiven Selbsterforschung, da sich die Handlung auf das "Warten" des Moribunden in der bleiernen Schwüle der Savanne beschränkt. In der Dramaturgie der handlungsarmen *story* avanciert die unerbittlich voranschreitende Gangrän zum unterschwelligen Akteur. Als Form der Nekrose bewirkt sie das örtlich begrenzte Absterben von Zellen, Organen oder Körperteilen. Kenneth Johnston rekurriert auf die Etymologie von *gangrene*: "The word *gangrene* derives from the Greek *gangraina*, meaning 'eating sore,' from *gran*, 'to gnaw'."[39] In ihrer dekomponierenden Funktion, die sich im Gewebefraß ausdrückt, ist die Gangrän als konkrete physiologische Manifestation Agens des Monströs-Grotesken. Die voranschreitende Verwesung bei vollem Bewußtsein ist weitgehend schmerzlos, nur der mit der zersetzenden Fäulnis des Körpergewebes einhergehende bestialische Geruch bekundet den Prozeß der Dekomposition. Die hoch über

---

[39] Kenneth Johnston, *The Tip of the Iceberg: Hemingway and the Short Story* (Greenwood, 1987), p. 197.

dem Zelt kreisenden Geier und eine um das Camp streifende Hyäne begleiten als nüchterne Zeugen die sich an Harrys Körper schleichend vollziehende Transformation zum Kadaver.

Auslöser des in "Snows" aufgezeichneten seelischen Diagramms der Konfrontation mit dem Tod ist ein marginales äußeres Ereignis: Beim Fotografieren einer Wasserbüffelherde hatte Harry sich an einem Dorn verletzt und es aus Nachlässigkeit versäumt, den vermeintlich geringfügigen Kratzer mit Jod zu desinfizieren. "I'm rotted half way up my thigh now" (67) bilanziert Harry die fatale Konsequenz seiner Achtlosigkeit. Wie Carlos Baker pointiert hervorhebt, ist der Protagonist durch das Wirken der ihn verzehrenden Gangrän bereits partiell zum Aas verkommen: "[Harry's] flesh is rotting and noisome – is, in fact, carrion already."[40] Der Schluß der Erzählung liefert hierfür das wohl eindringlichste Bild, wenn Helen, vom Schrei einer Hyäne geweckt, mit einer Taschenlampe auf Harrys Lager leuchtet. Der Körper ihres Mannes liegt unter dem Moskitonetz, das kranke Bein hängt schlaff auf den Boden. Der Verband hat sich vollständig gelöst und gibt den Blick auf den zur Hälfte verfaulten Oberschenkel frei: "The dressings had all come down and she could not look at it" (77). Cynthia Davis hebt auf die groteske Qualität des vom Wundbrand zerfressenen Beines ab, das am Erzählausklang metonymisch den Zerfall von Harrys gesamter Physis spiegelt: "[W]e encounter [...] a 'leg' stripped of its dressings and grotesque with putrefaction. What we are left with, what's left of Harry is pure rot – the part has become the whole, the metonym has become reality."[41]

---

[40] Siehe *Hemingway: The Writer as Artist* (Princeton, 1973), p. 194.
[41] Cynthia Davis, "Contagion as Metaphor," *American Literary History*, 14 (2002), 835.

Dem sukzessiven Zerfall des Moribunden korrespondiert in der Erzählung Harrys Erkenntniszuwachs, sein künstlerisches Talent vergeudet zu haben. Sein von der Gangrän befallenes Bein ist nicht nur Symbol eines verrottenden Körpers, die prekäre Infektion erscheint überdies als Mal moralisch-spiritueller Dekadenz eines *artiste manqué*: "I'm full of poetry now. Rot and poetry. Rotten poetry" (58). In übertragenem Sinne leidet Harry seit Jahren an künstlerischer Gangrän, war seine Schaffenskraft doch bereits langfristig einem Auflösungsprozeß unterworfen. Er weiß, daß er sein Talent für schales Amüsement an der Seite reicher Frauen verschachert hat. Zwar hat sich Harry "Stoff" zum Zweck literarischer Verarbeitung aufgespart, diesen aber nie künstlerisch gestaltet. Die Gründe für sein Versagen sucht er zunächst noch bei seiner genußorientierten Partnerin, doch schrittweise wird ihm sein eigener Schuldanteil bewußt, wenn er in einem Sündenkatalog die Verfehlungen seiner Vergangenheit auflistet: "drinking", "laziness", "sloth", "snobbery", "pride" und "prejudice" (60). Der purgatorische Prozeß, den Harry über seine Selbstbezichtigungen initiiert, ist antithetisch an die stinkende Korrosion seines Fleisches gekoppelt. Diese Gegenläufigkeit beider Vorgänge macht Robert Fleming sinnfällig, wenn er schreibt:

> Harry sees illuminated all the mistakes he has made and the sins he has committed against his literary talent. The corruption of the progressive disease from which Harry is dying symbolizes the progressive moral decay resulting from his series of transgressions. The "painless" nature of the comfortable life of sloth into which he has allowed himself to sink, like the painless gangrene from which Harry suffers, can mean the end of hope for the literary distinction that he has sought.[42]

An den Rand des Todes gebracht, vergegenwärtigt Harry sich des Rohmaterials der Geschichten, die er ob der Annehmlichkeiten seines ebenso

---

[42] Robert Fleming, *The Face in the Mirror: Hemingway's Writers* (Tuscaloosa, 1994), p. 78.

exklusiven wie sterilen *jet set*-Lebens[43] all die Jahre zu schreiben versäumt hat – Szenen, die sich um Tod, Liebe und Schmerz kristallisieren. Hätte Harry die *stories* vollendet, sein literarischer Kanon wiese einen ansprechenden historischen, geographischen und thematischen Umfang auf, ausgehend von den erlebten Schicksalen im ersten Weltkrieg und dem Griechisch-Türkischen Krieg, dem nostalgischen Rückblick auf den Erfahrungsraum Paris bis hin zu den Freuden des Skifahrens in den österreichischen Alpen und Jagdabenteuern im amerikanischen Westen. Als Leitmotiv spielt der Schnee in diesen Reminiszenzen eine herausgehobene Rolle, teils als Ursache, teils als atmosphärischer Hintergrund des Todes. Häufig gehen Harrys Gedanken zurück zu Episoden, in denen das Sterben und der Tod anderer im Mittelpunkt steht, wobei er den hier auftretenden Manifestationen existentieller Grenzerfahrung mit einer an der eigenen Befindlichkeit geschärften Sicherheit der Wahrnehmung zu begegnen scheint. "Attempting to compose before he decomposes altogether"[44] wird der Moribunde über diese Erinnerungsakte, die Hemingway als kursiv gesetzte Vignetten seiner *story* einlegt, in ironischer Brechung "gestaltend" tätig.

Im Delirium des Wundfiebers erlebt Harry die Landung des Rettungsflugzeuges und den Flug, am Ende dessen er sich dem Gipfel des Kilimanjaro als erstrebtem Ziel zu nähern wähnt. Die realistische Schilderung der Flugzeugankunft spiegelt dem Leser authentische Wirklichkeit vor, die letzten Sätze machen den ekstatischen Moment der *salvation* jedoch als

---

[43] "The rich were dull and they drank too much, or they played too much backgammon. They were dull and they were repetitious" (72).
[44] Siehe Cynthia Davis, "Contagion as Metaphor", 833. Allerdings erliegt Harry der Illusion, allein durch die Reaktivierung der erinnerten Episoden bereits literarisch tätig zu sein (Vgl. "You could dictate that", 69; "I've been writing,' he said," 74). Seine Erinnerungen bleiben fragmentarisch und ohne die künstlerische Durchformung, welche erst ein disziplinierter Kompositionsprozeß gewährleistet.

Halluzination Harrys erkennbar. Das leitmotivische Bild des Schnees, wie es bereits in seinen Erinnerungen auftrat, verdichtet sich nunmehr zum ewigen Schnee auf dem Kilimanjaro. Harrys epiphanische Vision des strahlendkristallinen Gipfels, der von den Eingeborenen als "The House of God" (51) verehrt wird, ist die finale "Kreation" seines künstlerischen Bewußtseins und zugleich Metapher für die erträumte Karriere des Schriftstellers.

Das Schlußtableau ist von Hemingway doppelbödig gestaltet. Über die strukturelle Folie der *queste*, wie sie etwa in Bunyans *The Pilgrim's Progress* (1678) modellhaft vorliegt,[45] steht Harry in der Tradition des "Suchwanderers", dessen spirituelle Reise mit dem Ablegen seiner *vita vecchia* und einer inneren Erneuerung verbunden ist, die hier im imaginären Gipfelflug eine sublime Erfüllung findet. Zugleich scheint Hemingway die tradierte Folie ins Parodistische zu verkehren. Wie bereits Hawthornes Pilger in "The Celestial Railroad" (1843) reist auch Harry auf komfortable Weise seiner *final destination* entgegen, auf die der Buschpilot Compton mit einem (verdächtigen) Grinsen hinweist: "Compie turned his head and grinned and pointed and there, ahead, all he could see, as wide as all the world, great, high, and unbelievably white in the sun, was the square top of Kilimanjaro. And then he knew that there was where he was going" (76). Das absolute "Weiß", dessen der gescheiterte Schriftsteller im Moment seines Todes ansichtig wird, evoziert archetypisch das "Nichts", wie es in der amerikanischen Literatur u.a. Melvilles Ahab in Gestalt des weißen Wals oder Poes Arthur Gordon Pym in Form einer gigantischen Schneewand unabweisbar vor Augen steht.

---

[45] Siehe hierzu Reinhardt Küsgen, "'The Snows of Kilimanjaro': Hemingway, Bunyan und die Welt der *romance*," in: *Motive und Themen in englischsprachiger Literatur als Indikatoren literaturgeschichtlicher Prozesse: Festschrift zum 65. Geburtstag von Theodor Wolpers*, hrsg. von Heinz-Joachim Müllenbrock und Alfons Klein (Tübingen, 1990), p. 361-75.

V.5. Monstrosität als Entgleisung des Autors: "A Man of the World"

Unter der Überschrift *Two Tales of Darkness* erschien "A Man of the World" zusammen mit "Get A Seeing-Eyed Dog" im November 1957 in der Jubiläumsnummer zum 100. Geburtstag der Zeitschrift *Atlantic Monthly*. Die beiden letzten zu Lebzeiten des Autors publizierten Kurzgeschichten koppeln das Motiv der *darkness* an den physischen Defekt der *blindness*. "Get a Seeing-Eyed Dog" präsentiert einen erblindenden amerikanischen Schriftsteller in Venedig, das *companion piece* "A Man of the World"[46] schildert das Schicksal eines Herumtreibers, der bei einer Saloonschlägerei in Wyoming das Augenlicht verlor.

Eine Synopsis der in der Kritik kaum beachteten Kurzgeschichte um den Raufbold Blacky, der sich nunmehr Blindy nennt, ergibt folgendes Handlungsmuster: Blindy bestreitet seinen Lebensunterhalt damit, daß er Nacht für Nacht in Spielsalons auftaucht und von den männlichen Gästen, die an *slot machines* dem Glücksspiel nachgehen, einen Teil des Gewinns schnorrt. Blindys Tour startet üblicherweise in The Flats, einer Ortschaft Wyomings, um ihn dann zu Fuß oder per Anhalter in zwei Kneipen von Jessup zu führen, "The Pilot" und "The Index".

In der zur Darstellung gebrachten Nacht taucht Blindy verfroren im "Pilot" auf, da er einen Teil seiner Wegstrecke zu Fuß absolvierte, wie er Tom, dem Ich-Erzähler, mitteilt. Von einem jungen Fremden, der am "einarmigen Banditen" zweimal Gewinn macht, erhält Blindy einen bescheidenen Anteil. Wenig später erfährt der junge Glücksspieler aus dem Munde des Barkeepers

---

[46] Alle Zitierte von "A Man of the World" beziehen sich auf die von James Fenton besorgte Ausgabe *Ernest Hemingway: The Collected Stories* (London, 1995).

von dem Zwischenfall, aufgrund dessen der Tramp sein Sehvermögen verlor. Der frühere Krawallmacher büßte beide Augen in einer Rauferei mit Willie Sawyer ein und verunstaltete seinerseits das Gesicht des Kontrahenten auf brutale Weise. Am Abend des Handlungsgeschehens von "A Man of the World" ist es der Gegner von damals, der den trampenden Blindy zunächst mitnimmt und dann aus dem Auto wirft, als der Blinde beginnt, das grob entstellte Gesicht seines einstigen Widersachers abzutasten. Nicht ohne Stolz besteht Blindy gegenüber dem Erzähler auf der Wahrung seines redenden Namens, streicht einen Drink ein und akzeptiert das Angebot des Barkeepers, im "Pilot" zu nächtigen.

Wäre der Urheber dieser literarisch unbefriedigenden Erzählung nicht der Nobelpreisträger von 1954 gewesen, "A Man of the World" hätte in einem Journal wie dem renommierten *Atlantic Monthly* wohl kaum eine Publikation erfahren. Im Votum des Verfassers ("I think it is a good story") sieht Carlos Baker einen Beleg für die schwindende Urteilsfähigkeit des alternden Meisters: "If he really thought so, his judgement was slipping."[47] Gemessen an Werken der zwanziger und – mit Abstrichen – der dreißiger Jahre dokumentiert die *story* den sich spätestens seit *Across the River and Into the Trees* (1950) mit zunehmender Deutlichkeit abzeichnenden Abstieg in Hemingways künstlerischem Schaffen. "A Man of the World" exponiert den

---

[47] Siehe *Ernest Hemingway: A Life Story* (New York, 1980), p. 681. Kenneth Johnston spricht hinsichtlich "A Man of the World" und "Get a Seeing-Eyed Dog" von "a pair of disappointing 'tales of darkness' that give melancholy evidence of the diminishing power and judgment." Siehe *The Tip of the Iceberg: Hemingway and the Short Story* (Greenwood, 1987) p. 250. Versuche seitens der Hemingwaykritik, die *story* aus dem Dunkel der literarischen Versenkung zu retten, sind vornehmlich in den neunziger Jahren unternommen worden. Zu nennen sind die Beiträge von Howard Hannum, "Hemingway's Tales of 'The Real Dark,'" in: *Hemingway's Neglected Short Fiction*, ed. by Susan Beegel (Tuscaloosa and London, 1992), p. 339-350; Robert Fleming, "Dismantling the Code: Hemingway's 'A Man of the World,'" *The Hemingway Review*, 11 (1992), 6-9; John Leonard, "'A Man of the World' and 'A Clean, Well-Lighted Place': Hemingway's Unified View of Old Age," *The Hemingway Review*, 13 (1994), 62-73.

mit den Jahren zum Klischee verkommenen "prügelnden Wüterich", so daß der Vorwurf der unfreiwilligen Selbstparodie durchaus berechtigt erscheint.[48]

Die physischen Manifestationsformen des Monströsen gewinnen in Blindy unmißverständlich Kontur. Howard Hannum betont: "In Blindy, Hemingway has drawn the substance of horror."[49] Der alte Tramp vermittelt in seiner Person die Skala all dessen, was als physisch widerwärtig angesehen werden darf. Seine körperliche Debilität rückt schockhaft in den Vordergrund, wenn er aus der Winterkälte den Innenraum des Saloons betritt: Eiszapfen hängen aus seinem Bart und gefrorener Eiter ("pus icicles", 539) aus seinen leeren Augenhöhlen.[50] In Ermangelung physischer Hygiene riecht Blindy "plenty strong" (539) und gibt ein schmuddeliges Erscheinungbild ab. Sein Äußeres ist derart abstoßend, daß es den Ich-Erzähler eine ständige Überwindung kostet, ihn anzuschauen: "It was always hard for me to look at him" (539). Der blinde Bettler "looked so awful" (540), daß der junge Fremde das Glücksspiel am Geldautomaten unterbricht und sich in Richtung der Bar entfernt. In Gesellschaft des Barkeepers und des Ich-Erzählers enthüllt sich dem jungen Barbesucher rückschauend der exzessive Verlauf der Auseinandersetzung zwischen den Kampfhähnen Blindy und Sawyer. In greller Farbgebung arrangiert Hemingway den Bericht auf den krassesten Effekt sensationeller Melodramatik hin:

---

[48] Angedrohte oder ausgeführte Gewalt kennzeichnen u.a. den Halbindianer Dick Boulton in "The Doctor and the Doctor's Wife" und die Berufskiller Al und Max ("The Killers"). Blindys physisches Draufgängertum sowie seine auf den rabiaten Kampf mit Sawyer zurückzuführenden blanken Augenhöhlen aktivieren insbesondere die Reminiszenz an den Boxer Ad Francis und dessen malträtiertes Gesicht mit dem verstümmelten Ohrenpaar ("The Battler"). Die an Nick verübte Brutalität seitens des Bremsers sowie die in Bugs' Totschläger evozierte Gewalt sind motivische Vorläufer jener Ausprägung der *violence*, die sich in "A Man of the World" ins Monströse verselbständigt.
[49] Siehe "Hemingway's Tales of 'The Real Dark,'" p. 343.
[50] Robert Fleming spricht explizit von Blindys "grotesque face". Siehe "Dismantling the Code: Hemingway's 'A Man of the World,'" 6.

"Then they come fighting out of the door of The Index. Blackie, him that's Blindy now, and this other boy Willie Sawyer, and they were slugging and kneeing and gouging and biting and I see one of Blackie's eyes hanging down on his cheek. They were fighting on the ice of the road with the snow all banked up and the light from this door and The Index door, and Hollis Sands was right behind Willie Sawyer who was gouging for the eye and Hollis kept hollering, 'Bite it off! Bite it off just like it was a grape!' Blackie was biting onto Willie Sawyer's face and he had a good holt and it give way with a jerk and then he had another good holt and they were down on the ice now and Willie Sawyer was gouging him to make him let go and then Blackie gave a yell like you've never heard. Worse than when they cut a boar" (541f.).

Die hier vorgetragene Textstelle potenziert die Anti-Ästhetik physischer Gewalt ins Monströse. Nicht allein durch den Vergleich des heraushängenden Auges mit einer zu verspeisenden Weintraube[51] ist die Grenze zum Geschmacklosen überschritten; starken Tobak verwendet Hemingway in dieser Parade physischer Horrormotivik auch dann, wenn er den Blinden selbst das Wort ergreifen läßt:

"Bite it off just like it was a grape," [Blindy] said in his high-pitched voice and looked at us, moving his head up and down. "That was the left eye. He got the other one without no advice. Then he stomped me when I couldn't see. That was the bad part" (541f.).

Blindy's "high-pitched voice" (542) resultiert also dem Vernehmen nach ebenfalls aus der denkwürdigen Auseinandersetzung mit Sawyer, der seinen Rivalen nicht nur des Augenlichts, sondern durch Kastration ("he stomped me") zu allem Übel auch noch der Manneskraft beraubte. Ein *barroom*

---

[51] Die Motivik von "Auge", "Augenhöhle" und "Weintraube" hat Howard Hannum mit einer Textpassage aus Steinbecks *The Grapes of Wrath* in Verbindung gebracht, die Hemingway bei der Konzeption der *story* nachgegangen sein könnte: "Blindy also recalls another grotesque of American literature, John Steinbeck's whimpering junk-yard worker with the ugly, squirming eye socket in *The Grapes of Wrath*, which perhaps supplied the image of Blindy's eye as a grape. Like Blindy, Steinbeck's character sleeps in a shack behind the yard." Siehe "Hemingway's Tales of 'The Real Dark,'" in: Beegel (ed.), p. 344.

brawler wie Blindy bleibt einem Rohling wie Sawyer freilich nichts schuldig. Er richtet diesen nicht minder scheußlich zu, indem er ihm nach Art einer Bestie ein Stück Fleisch aus dem Gesicht beißt, so daß ein Loch darin klafft.[52]

Um ein Höchstmaß an Anschaulichkeit zu erzielen, bedient sich Hemingway in der obigen Textpassage der sprachlich-stilistischen Konventionen des *colloquial style*, der seit *Huckleberry Finn* zur amerikanischen Literaturtradition gehört.[53] Charakteristisch ist für diese Stillage die über das häufige "and" vermittelte Preisgabe von logischer Gliederung und syntaktischer Unterordnung. Tautologisch verwendete Phrasen und Wörter ("gouging", "biting") sowie exklamatorische Emphase ("Bite it off!") und Jargonwendungen wie "holt" und "stomped" evozieren die Vorstellung des Expressiven und Spontanen. Auch typische Unkorrektheiten der Umgangssprache ("him, that's Blindy now"; "it give way with a jerk") verweisen auf Niveau und Unkonventionalität des Sprechenden. Innere oder abstrakte Vorgänge gewinnen als greifbare physische Erfahrung Plastizität, und auch menschliches Verhalten findet sich bildhaft konkretisiert ("a yell like you've never heard. Worse than when they cut a boar").

"A Man of the World" läßt sich damit in die Tradition volkssprachlichen Erzählens einordnen, innerhalb derer sich das Phänomen des "Southwestern

---

[52] Vgl. John Leonard, "'A Man of the World' and 'A Clean, Well-Lighted Place,'" 67: "In 'A Man of the World' physical debility is shockingly foregrounded in Willie Sawyer and Blindy. Sawyer's face has a hole big enough so that 'the whole inside of his face...[could] catch cold'".
[53] Zum literarischen *vernacular*: Richard Bridgman, *The Colloquial Style in America* (New York, 1966). Der Einfluß Mark Twains auf Hemingway ist unbestritten, wie Philip Young in seiner Pionierstudie *Ernest Hemingway: A Reconsideration* nachgewiesen hat. In *Green Hills of Africa* bekundet Hemingway seinen Respekt vor Mark Twain mit der folgenden Feststellung, die so pauschal allerdings nicht zutrifft: "All American literature comes from one book by Mark Twain called *Huckleberry Finn* [...] it's the best book we've had. All American writing comes from that.

humor" sprachlich realisiert. Der Kritiker Paul Smith ruft den amerikanischen Grenzerhumor ins Gedächtnis, wenn er zu den narrativen Elementen dieser Hemingway-*story* sinnfällig vermerkt: "[T]he story's western setting, reluctant narrator, uninitiated listener, and grimly exaggerated details could turn us [...] to Mark Twain and the tradition of the tall tale – after all, the narrator is named Tom and the man who bit out Blindy's eyes, Sawyer."[54] In der Tat scheint nicht nur die Realisierung der *story* im volkssprachlichen Idiom diese These zu stützen; auch der für das *tall tale* typische Übertreibungsgestus erinnert an die Konventionen dieses Formtyps, wie sie sich im Humor des alten Südwesten herausgebildet hatten.

Das *tall tale*, wie es in Mark Twains "The Notorious Jumping Frog of Calaveras County" (1865) eine modellhafte Ausprägung erfahren hat, nötigt durch ungewöhnliche idiomatische Prägungen und vor allem durch die oft inadäquaten Vergleiche und unglaubwürdigen Übertreibungen zum Lachen. Es vermittelt in der getreuen Wiedergabe des tatsächlich gesprochenen Wortes andererseits eine authentische Atmosphäre, durch deren Stimmigkeit der Leser die zum Humor notwendige Distanz zu überspringen und sich mit dem Erzähler zu identifizieren vermag. In Hemingways später Erzählung "A Man of the World" entfallen allerdings hierfür die Voraussetzungen. Der humoristische Nachvollzug seitens des Lesers bleibt aus, denn der Humor ist "sick". In welch hohem Grade dies der Fall ist, zeigt sich darin, daß Blindy seinem Komplementärkrüppel Sawyer unter Bezugnahme auf dessen monströses Gesicht Humorlosigkeit vorwirft: "He ain't got no sense of humor at all [...] He didn't even think that was funny [...] That Willie Sawyer he don't

---

There was nothing before. There has been nothing as good since." Siehe *Green Hills of Africa* (New York, 1963), p. 22.
[54] Siehe Paul Smith, *A Reader's Guide to the Short Stories of Ernest Hemingway* (Boston, 1989), p. 393.

know how to have any fun at all" (542). In seiner Aufblähung monströser Motivik um ihrer selbst willen bezeugt dieses "tale of darkness" die finale Schwundstufe in den künstlerischen Fähigkeiten des Autors.[55]

---

[55] Allein Julian Smith und Delbert Wylder nobilitieren in eher forciert wirkenden Deutungen die *Two Tales of Darkness* zum krönenden Schlußstein ("capstone") von Hemingways artistischer Laufbahn, realistische Stimmen wie etwa Paul Smith sprechen treffend von deren Grabstein ("tombstone"). Vgl. Julian Smith, "Eyeless in Wyoming, Blind in Venice – Hemingway's Last Stories," *Conneticut Review,* 4 (1971), 9; Delbert Wylder, "Internal Treachery in the Last Published Stories of Ernest Hemingway," in: Richard Astro and Jackson Benson (eds.), *Hemingway: In Our Time* (Corvallis, 1973), p. 53; Paul Smith, *A Reader's Guide,* p. 393.

VI. Manifestationen des Chimärischen

Die Vermischung als qualitative Dekomposition der Kategorien stellt die fundamentalste Veränderung eines Gegenstands dar. Wo die Verzerrung quantitativ die Attribute ihres Objekts verändert, betrifft die Vermischung die Sache selbst: ihr Wesen. Chimärische Gestalten bilden heterogene Gefüge, welche die kategoriale Ordnung anfechten. Sie liquidieren in ihrer widersprüchlichen Komplexität die taxonomischen Ordnungsstrukturen und führen die Unzulänglichkeit vor Augen, mit nur *einem* Maßstab zu messen. Da sie sich keiner Klasse exakt zuordnen lassen, sondern die Zwischenräume der Taxonomien besetzen, stellen sie die Gültigkeit bzw. Vollständigkeit von Ordnungsschemata in Frage. Die Funktion der chimärischen Vermischung ist damit die Produktion von Unentscheidbarkeitszonen durch den bewußten Verzicht auf einsträngige Resultate.

Das wesentliche Merkmal des im Grotesk-Chimärischen angelegten Provokationspotentials ist die Unmöglichkeit, Ambiguität und Widersprüchlichkeit in einer höheren Einheit aufzuheben. Das Suchen wird perpetuiert; auf diese Weise bringt das Groteske starre Werturteile in Fluß und initiiert immer neue Versuche, Sinn herzustellen. Dem Verstand bleiben Chimären ein Rätsel. Bugs in "The Battler", der zwielichtige schwarze Gentleman, ist *zugleich* Fürsorger *und* Zerstörer, welcher kraft seiner chimärischen Attribute die traditionsstarre Hierarchie von Herr und Sklave aufzuheben, wenn nicht gar zu invertieren droht. Die unruhestiftende, destabilisierende Eigenart des Chimärischen wurde des weiteren bereits am "halfbreed" Dick Boulton aufgewiesen ("The Doctor and the Doctor's Wife"), dessen doppelt ausgeprägtes Insidertum hinsichtlich der indianischen *und* der weißen Kultur sich gegen klassifikatorische Eindeutigkeiten sperrt.

Dieses Resistenzverhalten definitorischen Festschreibungen gegenüber ist kennzeichnend für die Inkarnationen des *mort vivant*, wie sie in Hemingways Erzählwerk in variierten Kontexten begegnen. *Mort vivants* lassen sich umreißen als Gestalten des Übergangs: Diesseits der existentiellen Grenze plaziert, spiegeln sie über die Haltung der Lebensferne bzw. Lebensverweigerung oxymoral eine mortale Befindlichkeit. William Campbell ("A Pursuit Race"), Ole Andreson ("The Killers"), Schatz ("A Day's Wait") und George ("Cat in the Rain") verkörpern in unterschiedlicher Gewichtung eine chimärische, auf Neutralisierung der *life/death*-Antinomie ausgelegte Daseinsform. Räumliche Hermetik und selbstgewählte Sequestration belegen in allen vier zur Analyse anstehenden *stories* eine zunehmende Einengung der Bewegungsfreiheit, die mit der progressiven Aufgabe sozialinteraktiven Verhaltens einhergeht. Das Verharren in steriler Stasis – dies teilweise bis zur totalen Abkapselung vom Lebensprozeß – gerät im Bedeutungsverbund dieser Erzählungen zum vielleicht auffälligsten Indiz für die chimärische Überblendung von vitaler und lethaler Sphäre.

Die zweite inhaltliche Komponente des Kapitels kreist um die Analyse des chimärischen Raumentwurfs. Für diese Konzeptionsform des epischen Raums stellt "the swamp" in "Big Two-Hearted River" ein geradezu prototypisches Gestaltungs- und Verweisungsobjekt dar. Der Sumpf versinnlicht die faktische wie metaphorische "Grundlosigkeit" des chimärischen Zwischenlandes, das Hemingway am Ende seines Kurzgeschichtenzyklus *In Our Time* in gehaltlicher Ambivalenz entwirft.

VI.1. Inkarnationen des *mort vivant*

1. William Campbell in "A Pursuit Race"

Für die Untersuchung des *mort vivant*-Themas in "A Pursuit Race" empfiehlt es sich, auf die einleitende Textpassage dieser von der Hemingwaykritik weitgehend gemiedenen *story* zuzugreifen. Hemingways narrativer Einstieg realisiert sich in Form einer Metapher. Das zentrale Bild ist dem Radrennsport entnommen. Wie der Erzähler einleitend berichtet, starten bei einem "pursuit race" die einzelnen Teilnehmer in gleichmäßigen Abständen hintereinander. Sobald ein Fahrer das Tempo verlangsamt und infolgedessen eingeholt wird, scheidet er aus dem Rennen aus, muß vom Rad steigen und die Bahn verlassen:

> William Campbell had been in a pursuit race with a burlesque show ever since Pittsburgh. In a pursuit race, in bicycle racing, riders start at equal intervals to ride after one another. They ride very fast because the race is usually limited to a short distance and if they slow their riding another rider who maintains his pace will make up the space that separated them equally at the start. As soon as a rider is caught and passed he is out of the race and must get down from his bicycle and leave the track. If none of the riders are caught the winner of the race is the one who has gained the most distance. In most pursuit races, if there are only two riders, one of the riders is caught inside of six miles. The burlesque show caught William Campbell at Kansas City (350).

Der moderne Dramatiker Tom Stoppard spricht die grotesken Implikate dieser von ihm geschätzten Textpassage an, wenn er vermerkt: "It is a paragraph in which a burlesque show is in a pursuit race with a metaphor. And what happens is that the burlesque show catches up on the metaphor and the metaphor has to get down from its bicycle and leave the page."[1]

---

[1] Tom Stoppard, "Reflections on Ernest Hemingway," in: James Nagel (ed.), *Ernest Hemingway: The Writer in Context* (Madison, 1984), p. 24.

Hauptfigur der 1927 in *Men Without Women* vorgelegten Kurzgeschichte ist William Campbell. Auf der metaphorischen Geschehensebene ist Campbell in ein "Verfolgungsrennen" eingebunden: Der Protagonist fungiert als Quartiermacher einer Varietétruppe, der er vorausreisen muß, um die Unterkunft zu organisieren. In seiner Eigenschaft als "advance man" erhält er allerdings nur solange Gehalt, wie er seinen "Vorsprung" vor dem Pulk der Verfolger aufrecht erhalten kann, der ihm gleichsam ständig auf den Fersen ist. Die Tournee des Varietés führt von Pittsburgh im Osten der USA bis zur Pazifikküste. Auf halber Strecke, in Kansas City, steigt William Campbell als Frontmann der Komödiantentruppe aus dem "Rennen" aus. Er verkriecht sich in einem Hotelbett, wo ihn Mr. Turner, der Manager des Ensembles, aufspürt.

"A Pursuit Race" illustriert, daß Hemingway keineswegs auf einen bloßen "sports writer" zu reduzieren ist. Sei es das Boxen ("The Battler", "The Killers", "Fifty Grand"), der Stierkampf ("The Undefeated"), das Skilaufen ("Cross-Country Snow") oder das Fischen ("The End of Something", "Big Two-Hearted River"), der Autor instrumentalisiert die Metaphorik der jeweiligen Sportart, um der Dimension sportiven Handelns Aussagen von existentieller Tragweite abzugewinnen. Hemingways Ansichten über die menschliche Befindlichkeit drücken sich dabei weniger in der Sprache abstrakter Begriffe aus. Sie materialisieren sich in der Anschauungsweise eines ständig vom Bewußtsein des Todes überschatteten Lebens. Vermittels der in "A Pursuit Race" favorisierten Bildlichkeit aus dem Bezirk des Radrennens lotet der Autor die Position des Menschen in einer Welt aus, in welcher der einzelne ständig Gefahr läuft, die "Führung" einzubüßen und zur Aufgabe gezwungen zu werden.

Während des Rennens bewegen sich die Teilnehmer auf einer vorgegebenen Strecke, die symbolischen Charakter annimmt. Die (Renn-)Bahn ist in ihrem zirkulären Verlauf zugleich Laufbahn des Menschen mit den in der Hetze des alltäglichen Daseinskampfes repetitiven Handlungsmustern. Ann Putnam stellt fest: "Life becomes a repetitive circling that never seems to 'lead toward any visible end.' [...] In this Hemingway world, life is one long pursuit race, an apt metaphor for the rat race of modern living which consists of pointless, meaningless activity that rarely if ever coheres into significant action."[2]

Die in der Eingangspassage entwickelte Radsportmetapher verschränkt das Motiv der Zirkularität mit dem der Linearität: Im strammen Tempo ewigen Zirkulierens nähert sich die "burlesque show" zielsicher der "Pacific coast" (lat. *pax*!). Im Rahmen der *Frontier*-Thematik ursprünglich mit positiven Erwartungsinhalten (Hoffnung, Optimismus und neues Leben) gefüllt, dürfte die sich hier manifestierende Westwärtsbewegung hingegen antithetisch konnotiert sein. *To go west* heißt in übertragenem Sinne "to die", so daß der Tod bzw. die Bewegung zum Tode hin auch in dieser *story* ein beherrschendes Thema von Hemingways künstlerischem Schaffen ausmacht. Der Tod ist der Angelpunkt, das allgegenwärtige Faktum, auf das die innere Zielrichtung der Geschichte hingeordnet ist. Auf jeder Etappe der gemeinsamen Reise gen Westen eilt Campbell der Varietétruppe voraus; er ist ihr Schrittmacher und Wegbereiter.

"William Campbell's interview with Mr.Turner had been a little strange" (350). Die groteske Tönung dieses Zwiegesprächs nimmt nicht wunder, handelt es sich doch um das Zusammentreffen des aktionsgesteuerten Tourmanagers mit seinem zum *mort vivant* metamorphisierten vormaligen Scout.

---

[2] "Waiting for the End in Hemingway's 'A Pursuit Race'", in: Susan Beegel (ed.), *Hemingway's*

Campbells Zimmer bietet die Ansicht eines wüsten Durcheinanders von Unbelebtem und Unbeseeltem, inmitten dessen der Held buchstäblich als lebendige Person verschwindet. Turner registriert verstreute Kleidung, einen offenstehenden Koffer, eine am Bett befindliche Flasche und schließlich "someone lying in the bed completely covered by the bed-clothes" (351). Auch in der Folge des gemeinsamen Dialogs bleibt Campbell vom weißen Leintuch umschlossen: "It was warm and white and close under the covers" (351). Die Kommunikationssituation ist insbesondere deshalb befremdlich, da der Protagonist, "like a gibbering ghost"[3] durch die Textur des Bettlakens spricht – gleichsam aus dem "off".

Die ständig wiederkehrende Nennung des "sheet", mit dem der Antiheld eine absonderliche Romanze begonnen hat[4], läßt die Aufwertung zu einem Symbol gerechtfertigt erscheinen. Das metaphorisch befrachtete weiße Laken umhüllt den hier vorgestellten *mort vivant* wie ein Leichentuch. Das weiße Leinen, unter dem sich der einstige Frontmann defätistisch vor den Anforderungen der Außenwelt verschanzt, deutet in diesem "grotesque tale"[5] verweisungsstrategisch auf das totale Sich-Abschließen vom Lebensprozeß. Alkohol und Drogen dienen Campbell als Narkotika, welche die Ablösung von der Welt forcieren oder doch zumindest stabil halten. Den Glauben an die

---

Neglected Short Fiction (Tuscaloosa and London, 1992), p. 187.
[3] Siehe Richard Hovey, *Hemingway: The Inward Terrain* (Seattle and London, 1968), p. 17.
[4] "'I love it under a sheet'" (351); "He found he liked to talk through a sheet" (351); "William Campbell caressed the sheet with his lips and his tongue" (353); "I just love sheets" (352); "'Dear sheet' he said. He breathed against it gently. 'Pretty sheet. You love me, don't you, sheet?'";"'I just started to love this sheet'" (353-54).
[5] Larry Grimes, *The Religious Design of Hemingway's Early Fiction* (Ann Arbor, 1985), p. 75.

Erfolgsgarantie gesellschaftlich verordneter Remeduren, wie sie Turner in Form einer Entziehungskur in Aussicht stellt, hat Campbell offenkundig eingebüßt.[6]

Die Folge seines Welt- und Werteverlusts ist der Rückzug in die nur auf sich selbst zentrierte Passivität. Campbells Sichabwenden von allen Erscheinungen des Lebens in der totalen Verweigerung stellt das Ausloten einer negativen menschlichen Möglichkeit dar, die in der Stasis eines nihilistischen Daseinsgefühls auskristallisiert. Kennzeichnend hierfür sind Bezeichnungen aus dem Sinnbezirk des Ekels, der Krankheit und des Skatologischen, wie sie in der Erzählung begegnen.[7] *Sickness* und *filth* als dem Tod anverwandte Erscheinungsformen sind Konstanten im Denken dieses lebenden Toten. "Little more than a talking corpse,"[8] hat der Protagonist, der keine Neugierde oder Teilnahme an der Welt mehr kennt, sinnfällig die horizontale Position des Leichnams eingenommen und diesen chimärischen Status liebgewonnen. Am Erzählausklang läßt der umtriebige Tourmanager, dessen praller Terminkalender ihn "weiterstrampeln" läßt ("'I have to go," Mr. Turner said. "I got a lot to do'", 354) den alkoholisierten Drogenjunkie denn auch "in Frieden":

---

[6] Vgl. "They got a cure for that," "Sliding Billy" Turner said. "No," William Campbell said. "They haven't got a cure for anything" (353).

[7] "William Campbell shut his eyes. He was beginning to feel a slight nausea. He knew that this nausea would increase steadily, without there ever being the relief of sickness, until something were done against it" (353). Die folgende, an den Manager ausgesprochene Empfehlung deutet daraufhin, daß der drogensüchtige und alkoholabhängige Campbell in physischen wie psychischen Manifestationen des Zerfalls die trostlose Substanz der Welt entdeckt: 'But listen, Billy, and I'll tell you a secret. Stick to sheets, Billy. Keep away from women and horses and, and –' he stopped – 'eagles, Billy. If you love horses you'll get horse-shit, and if you love eagles you'll get eagle-shit.' He stopped and put his head under the sheet. 'I got to go' said "Sliding Billy" Turner. 'If you love women you'll get a dose,' William Campbell said (354).

[8] Siehe Ann Putnam, "Waiting for the End in 'A Pursuit Race'", in: Beegel (ed.), p. 188. Zu einem ähnlichen Befund gelangt Eugene Kanjo, der in William Campbell das "death-in-life"-Motiv verkörpert sieht. Siehe "Hemingway's Dark Comedy of Knowing and Imagining: 'A Pursuit Race'", *North Dakota Quarterly,* 65 (1998), 131.

"But when Mr. Turner came up to William Campbell's room at noon William Campbell was sleeping and as Mr. Turner was a man who knew what things in life were very valuable he did not wake him" (355). Im Rahmen der übergreifenden Aussage dieses grotesken Erzählstücks stellt sich über die semantische Mehrpoligkeit von *wake* ("a watch or vigil by the body of a dead person before burial"[9]) die Assoziation des "Todesschlafes" ein.

2. Ole Andreson in "The Killers"

William Campbell hat in "A Pursuit Race" nach Radsportmanier ausgestrampelt, und auch in "The Killers" ist der Autor bemüht, über ein sportliches Paradoxon (hier: der Boxkämpfer, der keinen Kampf mehr kämpft) die grotesketypische *death-in-life*-Thematik zu lancieren. Mit dem Schwergewichtler Ole Andreson in dem häufig anthologisierten Erzählstück "The Killers" findet die Präsentation des Lebenden, der sich vom Leben verabschiedet hat, ihre markanteste und wohl auch bekannteste Ausprägung in Hemingways Erzählwerk. Gerade die Profession des Boxers mit ihrer Assoziation eines Höchstmaßes an physischer Dynamik und Agilität kontrastiert aufs schärfste mit der an Ole Andreson diagnostizierbaren *inertia*. Die an den Faustkämpfer traditionell geknüpfte Erwartungshaltung ist über Stilmittel des Grotesken bereits in dem Moment durchkreuzt, da Nick Adams des Schwergewichtlers ansichtig wird.

Als Nick das am äußersten Ende eines langen Pensionskorridors gelegene Zimmer des Boxers betritt, findet er einen großgewachsenen Mann vor, der in absoluter Passivität auf einem für ihn zu kurzen Bett liegt. Dort lagert er

---

[9] Siehe *Webster's Encyclopedic Unabridged Dictionary of the English Language* (New York, 1989), *s.v.* "wake" (13).

ausgehfertig in voller Bekleidung, macht jedoch keine Anstalten, sich von seiner Bettstatt zu erheben oder sich zumindest durch Blickkontakt dem Eintretenden zuzuwenden. In "Andreson" trifft Nick auf die Personifikation des "Anderen",[10] des Fremden, das als Groteskes diametral die an konventionellen Maßstäben ausgerichteten Verhaltensmuster ins Nichts expediert. Andresons soziale Funktionsfähigkeit nähert sich, wie für den *mort vivant* bezeichnend, asymptotisch der Endlinie. Als Nick sich nach fruchtlosen Kommunikationsversuchen anschickt, den Raum zu verlassen, verbleibt der Boxer unverändert in seiner horizontalen Ruheposition: "As he shut the door he saw Ole Andreson with all his clothes on, lying on the bed looking at the wall" (288).

Der Jugendliche kommt mit der Absicht, Andreson vor zwei Berufskillern zu warnen, die den Auftrag haben, den Schweden zu liquidieren. Doch Nicks zahlreiche Anläufe, den Boxer in einen Dialog hineinzuziehen und antriebsfördernd auf ihn einzuwirken, bleiben ohne Resonanz. Alle zielgerichteten Anstrengungen des jungen Besuchers, Ole Andresen aus seiner Paralyse zu reißen, laufen ins Leere, wie etwa das Angebot, die gesellschaftliche Ordnungsinstanz in Gestalt der Polizei einzuschalten. Andresons praktisches Desengagement, seine "Toter-Mann-Haltung" gegenüber allen "vernünftigen" Appellen aktiv zu werden, spricht sich aus im resignativen und formelhaft wiederholten "No, there ain't anything to do." Nicks Mutmaßung, beim Mordauftrag könne es sich um ein Scheinmanöver handeln ("Maybe it was just a bluff", 287), ist für sein Gegenüber indiskutabel, und auch der

---

[10] Meines Wissens hat bisher einzig Franz Link auf die über den Namen evozierte "Andersartigkeit" Andresons hingewiesen, ohne dies allerdings weiter zu vertiefen. Link sieht in Andreson den in bezug auf Nick "andere[n] Sohn, der sich mit dem Tode abfindet." Siehe *Geschichte der amerikanischen Erzählkunst 1900-1950* (Stuttgart, 1983), p. 172.

Vorschlag, die Stadt zu verlassen, kann den auf der Abschußliste der Killer Befindlichen nicht mobilisieren: "I'm through with all that running around" (287).

In mehr als nur im sportlichen Sinne hat Ole Andreson das Handtuch geworfen. Dieser Kämpfer tritt nicht mehr an. Alle Entscheidungen sind bereits gefallen, der Ausgang der Veranstaltung, die existentielle Obertöne freisetzt, steht fest. Für Andreson geht es nicht mehr ums Überleben, sondern bestenfalls um eine Überlebenspause, welche sich durch Nicks Offerten noch herausschinden ließe. Angesichts des flagranten Tatenverzichts des Todeskandidaten verpuffen Nicks Versuche, der rätselhaften Indolenz des Faustkämpfers auf die Spur zu kommen. Die abschließende Frage, ob der Verfolgte die prekäre Angelegenheit nicht auf irgendeine Weise bereinigen könnte, verneint der *mort vivant* in der für ihn kennzeichnenden, gleichbleibend intonationslosen "flat voice" (288). Ole Andreson erscheint als "ein Mensch, dessen Wortkargkeit das Verstummen des Sterbenden vorwegnimmt".[11] Im verweisungsstarken Bild des Gegen-die-Wand-Schauens ist die Todesnähe des Boxers symbolisch unterstrichen: "Ole Andreson looked at the wall and did not say anything" (287).

Andresons apathisches Sich-Fügen in das Unabänderliche vermittelt das Gefühl des Ausgeliefertseins an ein ominöses Geschick, das jedes weitere Tun vergeblich erscheinen läßt. Nonverbale Ausdrucksmittel wie die paralysierte Gestik des Schweden erhärten die Vermutung, daß der "zum Tode Verurteilte" sein Schicksal bereits interiorisiert hat und völlig von der Grenze

---

[11] Siehe Heinz Galinsky, "Beharrende Strukturzüge im Wandel eines Jahrhunderts amerikanischer Kurzgeschichte", in: Heinz Galinsky, Klaus Lubbers, *Zwei Klassiker der amerikanischen Kurzgeschichte: Poe und Hemingway* (Frankfurt am Main, 1971), p. 33.

des Todes, wie sie sich im Bild der Mauer verdichtet, determiniert ist. Der Mauer wachsen im Erzählverbund symbolische Valenzen zu, die sie zum Abbild der *existentiellen* Natur menschlicher Einsamkeit machen und damit auf Hintergründiges und Unfaßbares verweisen, das mit der menschlichen Grundsituation jenseits rationaler Erklärungsmuster zusammenhängt.

Andresons Anstarren der *Wand* findet nicht weniger als siebenmal Erwähnung; die häufige Nennung dieses Details rechtfertigt seine Aufwertung zu einem Symbol. Für die verweisende Lesart der "wall" spricht ferner die Tatsache, daß auch in anderen Texten Hemingways die Wand als Dingsymbol mit dem Todesthema verknüpft ist. In "Indian Camp" dreht sich der in der oberen Bettkoje lagernde indianische Ehemann der Wand seiner Behausung zu ("The husband in the upper bunk rolled over against the wall", 92), bevor er sich eigenhändig die Halsschlagader durchtrennt. Die dritte Vignette von *In Our Time* belichtet ausschnitthaft das tödliche Schicksal deutscher Soldaten, die beim Überklettern einer Gartenmauer abgeschossen werden und wie Marionetten von der Mauerkrone herunterpurzeln ("The first German I saw climbed up over the garden wall. We waited till he got one leg over and then potted him. He had so much equipment on and looked awfully surprised and fell down into the garden. Then three more came over further down the wall. We shot them. They all came just like that," 105). "Chapter V" verzeichnet die Füsilierung von sechs Ministern des griechischen Kabinetts, die vor einem Krankenhaus an die Wand gestellt werden: "They shot the six cabinet ministers at half-past six in the morning against the wall of a hospital" (127). In der Grenzsituation des Krieges erweist sich das Hospital, die Institution physischer Heilung, ebenso ineffizient wie die Kirche als Garant metaphysischen Heils. "Chapter VI" zeigt neben tödlich verletzten österreichischen Soldaten Nick Adams und Rinaldi, die aus gegnerischem

Maschinengewehrfeuer schwerverwundet geborgen wurden: Nick, unter Schock, in sitzender Position "against the wall of the church", Rinaldi langgestreckt, "face downward against the wall" (139).

Nicht allein die rekurrente Verwendung der "wall" in Hemingways Erzählkanon spricht für die Vermutung, daß die Wand als Signum der Grenze mit Todessymbolik befrachtet ist. Auch der intertextuelle Vergleich mit Herman Melvilles "Bartleby, the Scrivener: A Story of Wall-Street" (1853) unterstützt diese Lesart und läßt damit die Deutung berechtigt erscheinen, daß Hemingway über den Gebrauch des Mauersymbols im Boxer Ole Andreson eine Inkarnation des *mort vivant* geschaffen hat. In *American Fiction and the Metaphysics of the Grotesque* schreibt Dieter Meindl über Melvilles narrative Inszenierung des "lebenden Toten":

> The thematics of death and the grotesque correlate in "Bartleby", a tale dominated by a corpselike human being. [...] The master metaphor of "Bartleby" makes us see Bartleby as a corpse. Thus, the diffusion of death and the grotesque through the text becomes apparent. Bartleby is a case of the animate rendered inanimate. [...] The grotesque conflates categories and is notable for the effect of defamiliarization and estrangement it produces in the reader.[12]

Wenn der Kanzleischreiber Bartleby mehr und mehr seine Berufstätigkeit mit dem vertauscht, was der Notar "dead-wall reveries"[13] nennt, so gerät die Kontemplation der öden Mauern schrittweise zum äußeren Korrelat eines anomischen inneren Zustands. In Bartlebys Bewegungslosigkeit und seinem fortwährenden Starren auf die mitteilungs- und ausdruckslose Fläche der Wand manifestiert sich seine innere Leere und Erstarrung, seine Hinwendung zum

---

[12] Siehe *American Fiction and the Metaphysics of the Grotesque* (Columbia, 1996), p. 79f.
[13] Siehe "Bartleby, the Scrivener", in: James Cochrane (ed.), *The Penguin Book of American Short Stories* (Harmondsworth, 1983), p. 93, 102.

Nichts, die in der Negation allen Lebens durch vollständige Passivität endet. Das Rätsel Bartleby wird in seinem Resultat als totale Isolation und Lebensverweigerung deutlich, in seinen Motiven und Wurzeln aber nicht erklärt, so daß eine existentielle Beunruhigung, ein metaphysischer Schrecken, von diesem kryptischen Phänomen ausgeht.

Im Gegensatz dazu sind bei Hemingway ansatzweise Erklärungsmuster vorzufinden, die sich auf der literalen Textebene vordergründig für eine Schuld Ole Andresons anbieten. Mrs Bells potentiell mehrdeutiger Kommentar, "He was in the ring" (288), könnte implizieren, daß Andreson in dunkle Deals verstrickt ist, die mit dem Boxring zu tun haben. Auch die Verlautbarung aus dem Munde des Imbißbudenwirts, der Gejagte sei in linke Touren verwickelt ("double-crossed somebody", 289), gibt der Vermutung Raum, ein verschobener Boxkampf könnte dem Handlungsgeschehen der *story* vorausgegangen sein. Stellt man darüber hinaus in Rechnung, daß die Erzählung um das Gangsterduo Al und Max in der Prohibitionszeit spielt, wären Andresons Kontakte zu einem Alkohol-Schmugglerring denkbar. Diese hypothetischen Anhaltspunkte, die ein etwaiges Motiv für die bevorstehende Exekution abgeben könnten, liefern freilich keine epistemologischen Sicherheiten. Festzustehen scheint lediglich "that [Andreson] must die for a mysterious transgression".[14]

Die Konfrontation mit dem Grotesken in Gestalt des *mort vivant* ist "awe-inspiring,"[15] wie Meindl dies am Beispiel Bartlebys demonstriert hat. Das ehrfürchtige Erschauern, das der Notar angesichts seines enigmatischen Kanzleischreibers verspürt, findet bei Hemingway in Nicks Fassungslosigkeit am Erzählausklang ein ähnlich zu veranschlagendes Echo. Die unergründ-

---

[14] Wirt Williams, *The Tragic Art of Ernest Hemingway* (Baton Rouge, 1981), p. 95.

liche Lethargie im Verhalten des *mort vivant* wirkt auf den jungen Nick extrem verstörend. Die Konfrontation mit dem auf seinen Tod hinorientierten und jegliche konventionelle Rettungschance ausschlagenden Ole Andreson löst eine tiefgreifende und unerträgliche Gefühlskonfusion aus: "I can't stand to think about him waiting in the room and knowing he's going to get it. It's too damned *awful*" [289, meine Hervorhebung]. Nicks Reaktion dokumentiert die erkenntniskritische Lücke, die sich im Rezipienten breitmacht, wenn über das nicht hinlänglich zu kategorisierende Chimärische der Kausalzusammenhang zwischen vermeintlicher Prämisse und vorhersehbarer Konklusion nicht mehr greift. Nicks ohnmächtiges "Erschauern" *vis à vis* des Grotesken, wie im sinnschweren "awful" suggestiv mitgesetzt, ist als psychische Reaktion dem bei Wolfgang Kayser verzeichneten "Erstaunen als ratlose Beklommenheit" wesensverwandt. Es ist Ausdruck dessen, was Kayser als "das sich einmischende Grauen angesichts der zerbrechenden Ordnungen" namhaft gemacht hat.[16]

3. Schatz in "A Day's Wait"

Die Konfrontation mit dem *mort vivant*, wie sie in "A Pursuit Race" und "The Killers" strukturbildend ist, läßt sich auch anhand von "A Day's Wait" gleichsam im Miniaturformat veranschaulichen, ohne deshalb an Eindringlichkeit einzubüßen. Ein Vater, zugleich der Ich-Erzähler, berichtet in einer Art Erlebnisprotokoll von seinem neunjährigen Sohn "Schatz", der an einer Grippe erkrankt ist und in der Folge fest daran glaubt, an seinem Fieber sterben zu müssen. Der narrative Reiz dieser Vater-Sohn-Geschichte besteht im Zusammentreffen des erwachsenen Ich-Erzählers mit dem Neunjährigen,

---

[15] Siehe *American Fiction and the Metaphysics of the Grotesque*, p. 70.

der als "lebender Toter" den Part des Chimärischen besetzt. Chimären sind Gefüge des Anders-Werdens und nicht des Identisch-Seins. Der Junge verändert sich in seinen Wesenszügen und ist für seinen Vater mit einem Mal nicht mehr der "Alte". Von besonderem Interesse ist die Reaktion des Vaters auf das Befremdliche, das sich der Einordnung in bereitstehende Parameter entzieht. Daher Hemingways Option für die Ich-Erzählsituation.

Formal ist die Geschichte von einem dreiteiligen Aufbau bestimmt: Die Teile eins und drei spielen im geschlossenen Krankenzimmer, während der Mittelteil in der freien Natur situiert ist. "Schatz" klagt über Kopfschmerzen und wird von seinem Vater ins Bett geschickt. Ein Arzt diagnostiziert eine fiebrige Erkältung und stellt grippesenkende Mittel bereit. Die Zeit bis zum Mittag verbringt der Vater am Krankenbett seines Sohnes, dessen eigentümlich passives Verhalten dem Erwachsenen ein Rätsel ist. Daraufhin geht der Vater auf Wachteljagd. Zurück am Krankenbett, erfährt er, daß sein Sohn stundenlang unter Todesangst gelitten hat, da er die Temperaturskalen von Celsius und Fahrenheit verwechselte. Die Temperaturangabe von 102 Grad nahm der Junge als sicheres Todesurteil.

Die Geschichte kreist um die Hilflosigkeit des Vaters angesichts des Unerklärlichen, an dem die Kategorien seiner Welterklärung versagen. Für ihn ist Schatz lediglich von einer simplen Grippe befallen, während das Kind sich am Rande des Grabes wähnt. Bereits vor dem Arztbesuch zittert der Junge, sein Gesicht ist blaß, sein Gang schwach und unsicher. Die Geschichte setzt ein mit dem Motiv der freiwilligen Sequestration. Wie schon William Campbell und Ole Andreson schottet sich auch hier der *mort vivant* gegen die Außenwelt ab, was indirekt seinen voranschreitenden Weltverlust beglaubigt:

---

[16] Siehe *Das Groteske: Seine Gestalt in Malerei und Dichtung* (Reinbek, 1960), pp. 23, 39.

"He came into the room to shut the windows [...] He was shivering, his face was white, and he walked slowly as though it ached to move" (436). Später wird erneut an das Motiv der selbstgewählten räumlichen Isolation angeknüpft: "[T]he boy had refused to let any one come into the room." (348).

Die Wandlung zum lebenden Leichnam radikalisiert sich, nachdem der Arzt das Elternhaus mit der "fatalen" Diagnose von 102 Grad Fieber verlassen hat. "Schatz" verfällt in Apathie, ist leichenblaß mit Ringen unter den Augen und verharrt in völliger Reglosigkeit auf seinem vermeintlich prämortalen Krankenlager: "His face was very white and there were dark areas under his eyes. He lay still in the bed and seemed very detached from what was going on" (437). Selbst als der Vater ihm anbietet, eine Piratengeschichte aus seinem Lieblingsbuch vorzulesen, ändert diese wohlgemeinte Offerte nichts an der lähmenden Teilnahmslosigkeit des in seine Krankheit verkapselten Kindes.

Der Erwachsene vermag sich die für ihn absonderliche innere Erstarrung im Wesen des neunjährigen Fieberkranken nicht zu erklären ("It would have been natural for him to go to sleep, but when I looked up he was looking at the foot of the bed, looking very strangely", 437). Er verläßt, nachdem er dem Jungen eine fiebersenkende Arznei verabreicht hat, die sterile Hermetik des Krankenzimmers und begibt sich in den Erlebnisraum der offenen Natur. Die Schilderung der Jagdepisode des Mittelteils läßt sich funktional mit der Ohnmacht des Vaters verbinden, welche dieser in der Konfrontation mit dem Chimärischen vage empfindet. Hemingway skizziert zunächst die winterliche Szenerie und veranschaulicht in der Folge die Schwierigkeit des Vaters, sich auf dem spiegelglatten Terrain zu bewegen.

> I took the young Irish setter for a little walk up the road and along a frozen creek, but it was difficult to stand or walk on the glassy surface and the red dog slipped and slithered and I fell twice, hard, once dropping my gun and having it slide away over the ice (437).

Das von einer Eisschicht überzogene Areal als Signum lebensferner Stasis vereitelt den zielsicheren Zugriff des Jägers auf seine Umwelt. Die Jagdepisode gerät zum objektiven Korrelat für den Verlust an Sicherheit und Orientierung, den der Vater im gescheiterten Zwiegespräch mit seinem todbleichen Sohn erlitten hat. Das Ausgleiten des Vaters auf der Eisfläche versinnlicht die verspürte Desorientierung, die aus seiner Kollision mit dem grotesk anmutenden, ihn ratlos stimmenden Phänomen resultiert. Der Eindruck des Befremdlichen erwächst u.a. einer Dialogsequenz, in der die Polyvalenz des Personalpronomens "it" die Kommunikation zwischen Vater und Sohn "ausgleiten" läßt:

> "You don't have to stay in here with me, Papa, if it bothers you."
> "It doesn't bother me."
> "No, I mean you don't have to stay if it's going to bother you" (437).

Der Vater bezieht "it" auf das Warten am Krankenbett, der Junge auf seinen bevorstehenden Tod. Eine unüberbrückbare kommunikative Kluft ist entstanden, die sich auch nach der Rückkehr des Vaters weiter durchhält. Als Vehikel zur Erhellung der jeweils unterschiedlichen Gedankenkreise des gesunden Erwachsenen und des vermeintlich todkranken Knaben erscheint das doppeldeutige "it" auch im folgenden Dialogauszug: "'Don't think', I said. 'Just take it easy.' 'I'm taking it easy,' he said and looked straight ahead. He was evidently holding tight onto himself about something" (438).

Diese Dialogsequenzen illustrieren beispielhaft das "Glatteis", auf dem sich der erwachsene Ich-Erzähler in seinen Kommunikationsversuchen bewegt. Darüber hinaus lassen sich die Korrespondenzen zwischen der Schilderung des Naturbezirks und der Darstellung des Moribunden noch weiter vermehren. Der fahlen Gesichtsfarbe des Kindes ("white-faced") korrespondiert das Weiß der von Raureif übersäten Winterlandschaft. Auf lexikalischer Ebene fällt ferner die homonyme Verwendung des Wortes *flush* ins Auge, das zum einen das Aufscheuchen der Wachteln aus dem Unterholz bezeichnet und zum anderen die fieberroten Wangen des Kranken näher beschreibt: "It was necessary to jump on the ice-coated mounds of brush several times before they would flush" (437) – "with the tops of his cheeks flushed by the fever" (438).

Von seinem Spaziergang zurückgekehrt, findet der Vater den Kleinen unverändert vor – regungslos, teilnahmslos und mit stierem Blick die Bettkante fixierend: "I went up to him and found him in exactly the position I had left him, white-faced, [...] staring still, as he had stared, at the foot of the bed" (438). Das Grotesk-Chimärische tendiert dazu, Unterscheidungen durch Grenzübertretungen, durch die Mischung unterschiedlicher Kategorien, aufzuheben. Existentiell ambivalent auf der Schattenlinie zwischen Nichtmehr und Noch-nicht ist der *mort vivant* dem Grenzbereich *zwischen* Leben und Tod zugehörig. Entsprechend hat Linda Gajdusek den Neunjährigen, der sich in seiner Agonie völlig auf sich selbst zurückgezogen hat, als Inkarnation einer "deathlike inactivity"[17] gedeutet.

Das ins Innere des Jungen verlagerte Geschehen spricht damit größere, vom Erwachsenen nicht mehr rational auslotbare Tiefendimensionen an. Infolgedessen vollzieht sich die Lösung des hier inszenierten Konflikts für das Erzähler-Ich nicht in einem allmählichen Prozeß geistiger Klärung, sondern als

---

[17] Siehe "Up and Down: Making Connections in 'A Day's Wait'", in: Susan Beegel (ed.), *Hemingway's Neglected Short Fiction*, p. 297.

Blitz der Einsicht. Erst als der seelische Druck überhand nimmt, eröffnet sich dem Vater der Grund für die ihm unbegreifliche versteinerte Haltung des Jungen. Was "Schatz" in apathischem Fatalismus zu ertragen und dem Vater zu verheimlichen sucht, bricht am Höhe- und Wendepunkt der *story* unvermittelt aus dem Neunjährigen hervor: "About what time do you think I'm going to die?" (438). Dem Ich-Erzähler eröffnet sich in dieser Frage mit einem Schlag die lebensbedrohliche Dimension von Schatz' Verzweiflung. Die seelische Erschöpfung des Jungen am darauffolgenden Tag zeigt dem Erwachsenen an, welches Maß an psychischer Energie der vermeintlich Todgeweihte aufwenden mußte, um das abgründige Gefühl seiner Todesangst während des langen einsamen Wartens zu beherrschen.

4. George in "Cat in the Rain"

Eine abgemilderte Spielart des *mort vivant* präsentiert die schmale Erzählung "Cat in the Rain" aus der Sammlung *In Our Time*. Ein junges amerikanisches Paar, auf Reisen in Oberitalien, macht Zwischenstopp in einem namenlosen Badeort. George verharrt die ganze Zeit über lesend auf dem Hotelbett, während seine Partnerin an dem zur Darstellung gebrachten Regentag aus dem Hotelfenster schaut. Sie erblickt ein Kätzchen, das sich vor dem Regen unter einen Gartentisch geflüchtet hat. Als die junge Frau es zu sich ins Hotelzimmer holen will, erweist sich das ersehnte Tier als unauffindbar. In ihr Hotelzimmer zurückgekehrt, macht die Amerikanerin ihrem Unmut über ihre Beziehung Luft, die sich offensichtlich in einer Krise befindet. Die *story* endet damit, daß eine vom Hotelbesitzer geschickte Bedienstete eine große Schildpattkatze überbringt.

In seiner Studie *American Fiction and the Metaphysics of the Grotesque* konstatiert Dieter Meindl zum Aussagegehalt dieser Erzählung:

> A Hemingway story employing the grotesque is "Cat in the Rain," in which the American wife, tired of an uprooted and unfeminine 1920s existence and projecting her wish for a baby on a kitten, receives a big tortoise shell cat at the end. Here, the unresponsive husband, lying on the bed reading, functions as a grotesque impediment to life.[18]

Die für den *mort vivant* typische Verweigerungshaltung dem Leben gegenüber findet in Georges statischer Position auf dem Hotelbett ihren symbolischen Ausdruck: "The husband went on reading, lying propped up with the two pillows at the foot of the bed" (167). Während seine junge Ehefrau zwischen oben und unten, drinnen und draußen oszilliert, indem sie ihren Platz am Fenster im zweiten Stock des Hotels verläßt und sich in den Hotelgarten begibt,[19] verbleibt der wortkarge George die ganze Erzählung hindurch in horizontaler Ruhelage. Clarence Lindsay hat auf "the horizontal inertness of the American husband" hingewiesen und Georges auffällige Mattigkeit ("lassitude") und Erschöpfung bzw. Kraftlosigkeit ("effeteness") angesprochen.[20] Die *death-in-life*-Motivik ergänzt Darren Felty, der hinsichtlich der Hotelzimmerszene "a claustrophobic sense of isolation" veranschlagt sowie "an atmosphere of entrapment and alienation"[21] beobachtet.

---

[18] Dieter Meindl, *American Fiction and the Metaphysics of the Grotesque* (Columbia and London, 1996), p. 134.

[19] Über die Aktivität der Frau akzentuiert Hemingway implizit die Lebensabgewandtheit ihres Ehegatten: "Her craving is to break through the windowpane of abstracted observation to vital involvement and fulfillment of her female energies." Siehe Oddvar Holmesland, "Structuralism and Interpretation: Ernest Hemingway's 'Cat in the Rain'", in: Jackson Benson (ed.), *New Critical Approaches to the Short Stories of Ernest Hemingway* (Durham and London, 1990), p. 69.

[20] Siehe "Risking Nothing: American Romantics in 'Cat in the Rain'", *The Hemingway Review*, 17 (Fall 1997), 19, 22.

[21] Siehe "Spatial Confinement in Hemingway's 'Cat in the Rain'", *Studies in Short Fiction*, 34 (1997), 363.

Sinnfällig ermahnt George seine Frau "Don't get wet" (168), als sie sich aufmacht, das Kätzchen aus dem Regen zu sich zu holen. Der Kontakt mit dem traditionell lebensspendenden Element des Wassers ist für diesen *mort vivant* unerwünscht. Anders als seine Frau, welche die Brandung des Meeres und die Palmen vom Fenster aus in den Blick nimmt, bleibt George von der Außenwelt isoliert und auf die Sterilität seiner Lektüre konzentriert, die er auch seiner Partnerin anempfiehlt, als sie nörgelnd ihre vitalistischen Sehnsüchte äußert: "'Oh, shut up and get something to read,' George said. He was reading again" (170).

Das über die Homophonie im amerikanischen Englisch vermutlich intendierte Wortspiel "kitty-kiddie" legt den Schluß nahe, daß die Verbindung der jungen Amerikanerin mit ihrem indifferenten Lebenspartner kinderlos geblieben ist und infolgedessen das schutzbedürftige Kätzchen als Kindersatz dienen soll. Von der oberflächlichen, ungefestigten Hotelexistenz und dem tatenlosen Aufenthalt in fremden Zimmern fühlt sich die junge Frau angeödet. In ihrer Ehe mit George ist sie fern jedes festen Familienzusammenhalts und von allen aktiven Lebenszusammenhängen abgeschnitten. Nostalgisch hängt die Amerikanerin an den Werten der heimeligen Welt von ehedem mit ihren haltgebenden Verläßlichkeiten.

In dem Wunsch der jungen Protagonistin, sich die Haare lang wachsen zu lassen und sich damit von dem für die zwanziger Jahre typischen *bobtail* zu trennen, zeigt sich ihr Streben nach eindeutigen Identitäten und traditionellen Geschlechterrollen ("I get so tired of looking like a boy", 169). Die ihr eignende traditionsverhaftete Sicht bestimmt maßgeblich ihre Sympathie für den zuvorkommenden "padrone", einem würdevollen Hotelier alter Schule. Für George hingegen ist die von seiner Partnerin ersehnte Vorkriegswelt um

Familie, Kerzen und Tafelsilber ein Anachronismus. Dem Ideal der *womanly women*, die stilvoll-behagliche Häuslichkeit um sich verbreiten, vermag er nichts abzugewinnen.

Der Schluß der Erzählung bringt nur scheinbar eine Lösung des von der jungen Ehefrau empfundenen Dilemmas. Auf Anweisung des Hotelchefs überbringt das Zimmermädchen tatsächlich eine Katze, jedoch nicht das niedliche "kitty", sondern "a big tortoise-shell cat" (170). Die Entfremdungsproblematik, welche der Autor neben der literalen auch auf der Symbolebene subtil ausgestaltet, erfährt in der "falschen" Katze abschließend ihre Zuspitzung. Über das Motiv der überbrachten Schildpattkatze, auf deren biologische Besonderheit die Hemingwaykritik hingewiesen hat,[22] erhält die *death-in-life*-Thematik ihren suggestiven Schlußakzent.

VI.2. *The swamp* als chimärischer Raum in "Big Two-Hearted River"

Bernard McElroy hat in seiner Studie zum Grotesken die gefährdete Position des Individuums, wie sie in Texten der Moderne hervortritt, folgendermaßen ermittelt:

> Man is usually presented as living in a vast, indifferent, meaningless universe in which his actions are without significance beyond his own, limited, personal sphere. The physical world of his immediate surroundings is alien and hostile, directing its energies to overwhelming the individual, denying him a place and identity even remotely

---

[22] Siehe Warren Bennett, "The Poor Kitty and the Padrone and the Tortoise-shell Cat in 'Cat in the Rain'", in: Jackson Benson (ed.), p. 255: "The tortoise-shell however, is a variety of cat whose occurence is both accidental and extraordinary. Tortoise-shells do not naturally reproduce: that is, a female tortoise-shell will not reproduce tortoise-shell kittens and male tortoise-shells are sterile."

commensurate with his needs and aspirations, surrounding him on every side with violence and brutalisation, offering him values that have lost their credibility, manipulating and dehumanising him through vast, faceless institutions, the most ominous of which are science, technology and the socio-economic organisation.[23]

Hemingway kartographiert die von McElroy angesprochene fragile Position des Subjekts in der Moderne. Die Kluft zwischen aktiver Selbstverwirklichung des autonomen einzelnen und unbeherrschbaren repressiven Kräften, die im Krieg ihre extreme Ausprägung erfahren, ist eine Konstante im Werk dieses Autors.[24] An Nick Adams, dem verirrten und verwirrten Repräsentanten der von Gertrude Stein als "lost generation" bezeichneten Expatriierten, veranschaulicht Hemingway die Folgen von Isolation und Exil, um dann auf der Grundlage festumrissener Riten und Rituale die Rückkehr zum Elementaren als Mittel einer Revitalisierung vorzuschlagen.

Die zweiteilige Erzählung "Big Two-Hearted River" zeigt Nick Adams, der nach seiner Verwicklung in das Kriegsgeschehen in Europa[25] nach Michigan

---

[23] Bernard McElroy, *Fiction of the Modern Grotesque* (London, 1989), p. 17.
[24] Hier nur einige Beispiele: In der Erzählung "In Another Country" hat Nick Adams bezeichnenderweise seinen Separatfrieden geschlossen, den Hemingway bereits in der sechsten Vignette von *In Our Time* anklingen läßt: "Senta, Rinaldi. Senta. You and me, we've made a separate peace" (139). Nicks Separierung von gesellschaftlich vermittelten Wertinhalten betrifft auch das Religiöse. "Nick sat against the wall of the church where they had dragged him to be clear of machine-gun fire in the street" (139). Die Kirche vermag im Chaos des Bombenangriffs weder Trost noch Sicherheit zu vermitteln. Für Harold Krebs, den Kriegsheimkehrer aus "Soldier's Home", erweisen sich die Wertstützen der bürgerlichen Gesellschaft – Familie, Arbeit, Religion – als nicht mehr verbindlich. Krebs weiß sich vom spirituellen Heil ausgeschlossen, wie er seiner gläubigen Mutter deutlich macht: "I'm not in His Kingdom" (151). Frederic Henry hat in *A Farewell to Arms* die Zivilisation als Schlachthof erlebt und distanziert sich von einer Gesellschaft, welche die Kriegserfahrung als patriotisches und gleichsam religiöses Erlebnis auszugeben bemüht ist: "I had seen nothing sacred, and the things that were glorious had no glory and the sacrifices were like the stockyards at Chicago if nothing was done with the meat except to bury it" (*A Farewell to Arms*, p. 185).
[25] In *A Moveable Feast* hat Hemingway angemerkt, daß Nicks Kriegserfahrung der Aspekt sei, der in "Big Two-Hearted River" auf der Literalebene ausgespart ist: "The story was about coming back from the war but there was no mention of the war in it." Siehe *A Moveable Feast* (New York, 1964), p. 76. In diesem Zusammenhang ist betont worden, daß die Rituale des Kriegs-heimkehrers am Big Two-Hearted River darauf ausgelegt sind, sein durch die Kriegserlebnisse traumatisiertes

heimgekehrt ist und eine mehrtägige Angeltour am Großen Doppelherzigen Strom unternimmt. In der *story* ist Nick um die alten Grundlagen seines Selbstverständnisses bemüht und findet diese in der Einfachheit des intuitiven naturnahen Erlebens. Im freien Raum mit seiner Assoziation des Unverdorbenen, Eigentlichen und Direkten schert Nick aus dem Nexus gesellschaftlicher Zwänge aus; er entflieht der unübersehbaren und beängstigenden Komplexität der Zivilisationswelt, welche die Integrität des Individuums bedroht. In diesem außergesellschaftlichen Bereich folgt er seinem persönlichen Verhaltenskodex und ist nicht mehr Erdulder eines übermächtigen anonymen (Kriegs-)Geschehens. In diesem ursprünglichen Bezirk trifft Nick seine freien, keiner gesellschaftlichen Konvention verpflichteten Entscheidungen, die sich allein an der Natur als Norm orientieren, etwa während des Aufbaus seines Zeltes, bei der Zubereitung seiner Mahlzeiten und beim Forellenfischen.

Andererseits birgt auch die Natur in der topographisch betitelten Geschichte "Big Two-Hearted River" ihre andere, unkalkulierbare Seite. Der von Nick absolvierte Kursus hat seinen Anfang am Oberlauf des Flusses. Die Route führt den Protagonisten schließlich bis zu einem Sumpfwald am Unterlauf, der für Nick ein *déjà vu*-Erlebnis darstellen dürfte. Gespenstisch lauert "the swamp" bereits in "The Battler" zu beiden Seiten des Schienenstrangs, auf dem sich der jugendliche "hobo" fortbewegt, bevor ihn sein Weg zum

---

Bewußtsein zu therapieren, um so seine innere Balance zurückzuerlangen. Das Destruktionspotential der Zivilisation, welches die kollektive Katastrophe des Krieges herbeiführte, indiziert sich symbolisch in dem durch eine Feuersbrunst ausgelöschten Ort Seney. Die durch das Zerstörungswerk hervorgerufenen Schäden betreffen gleichermaßen den durch die kollektive Katastrophe versehrten Protagonisten, dessen Psyche so geschwärzt erscheint wie die verbrannte Erde dieser Geisterstadt.

monströs zugerichteten, von temporären Wahnsinnsattacken befallenen Ex-Boxer Ad Francis und seinem chimärisch schillernden schwarzen Begleiter führt.

Mit dem Sumpfwalddickicht in "Big Two-Hearted River" setzt Hemingway ein verweisungskräftiges Bild ans Ende von *In Our Time*, welches das Geschehen über die mimetische Bezugsebene hinaus in die unbewußten Schichten des Inneren verlagert und damit nicht mehr eindeutig auslotbare Tiefendimensionen anspricht. Nick zaudert, in das unwegsame Sumpfgelände vorzudringen:

> Nick did not want to go in there now. He felt a reaction against deep wading with the water deepening up under his armpits to hook big trout in places impossible to land them. [...] in the fast deep water, in the half light, the fishing would be tragic (231).

Im Bild des Sumpfes blendet Hemingway die Motive von Licht und Finsternis ineinander. Dieser dämmrige Bereich ist gefährlich, denn er hat Stromschnellen und Untiefen. Er ist konzipiert als Raum, in dessen tückischem Morast der Angler jederzeit einzusinken droht. Licht dringt lediglich "in patches" (231) durch das Blattwerk der ausladenden Zedern, was dazu führt, daß dieser Bezirk in seinem Halbdunkel der haltgebenden Eigenschaften des Eindeutigen und Fixierbaren entbehrt. Paul Civello trägt dem "chimärischen" Charakter des "swamp" Rechnung, wenn er erklärt, daß hier Unterscheidungen nicht mehr greifen, weil differenzbildende kategoriale Merkmale gleichsam in einer Schnittmenge aufgehoben sind. Aufgrund der Schwierigkeit, das Chimärische einer geläufigen Klassifizierung zuzuweisen, stellt es eine Gefahr für jede auf Entmischung ausgelegte Systematik dar:

With its "fast deep water" and "half light", the swamp seems to suggest the dark uncontrollable side of nature – the violent side that continually threatens to "overflow its channels." It is a place where distinctions are lost, a place of half water and half land, of "half light", a place where the "solid" branches obliterate any distinguishing features.[26]

In der Konfrontation mit dem Sumpf fühlt sich Nick zugleich "erschreckt" und "angezogen". Diese eigentümliche Gefühlsambivalenz macht die Rezeptionsseite des Grotesk-Chimärischen aus, das im Sumpfwald seine im eigentlichen Wortsinne "unheimliche" Gestalt gewinnt. Larry Grimes notiert zu Nicks angespannter innerer Situation:

> But for all his courage [...] his terror of the swamp overrides his fascination with it. The swamp is a place of shadows, a place of unknowns with a fast and changing current. To stand stooped-over in a tricky current is dangerous indeed, so Nick prefers the good place [...] where he can stand firm and erect.[27]

Anders als noch beim Aufbau seines Zeltlagers kann sich Nick im "swamp" nicht mehr als autonom Handelnder erfahren, als "code-hero", der die Regeln des Wanderns, Campierens und Fischfangs kennt und einzuhalten vermag. Nicks Reaktion nach dem Einrichten seines Zeltlagers im ersten Teil der Erzählung versinnlicht den Primat eigenständigen Handelns, der für sein traumatisiertes Bewußtsein unerläßlich ist:

> Now things were done. There had been this to do. Now it was done. He had made his camp. He was settled. Nothing could touch him. It was a good place to camp. He was there, in the good place. He was in his home where he had made it (215).

Über die Aktivitäten des Campierens transformiert Nick die ihn umgebende Wirklichkeit, indem er seiner Umgebung eine intentionale Struktur aufprägt.

---

[26] Paul Civello, "Hemingways 'Primitivism': Archetypical Patterns in 'Big Two-Hearted River'", *The Hemingway Review,* 13 (Fall 1993), 13.

Die knappen, stakkatohaften Sätze vermitteln die strenge Kontrolle, die Nick seinem Denken auferlegt. Die ausschließliche Hingabe an die mechanische Abfolge der einzelnen Handlungen dient dem Ex-Kombattanten als *defensive manoeuver*, um sich vor der Infiltration des Denkens zu schützen und sich im Verlauf seiner therapeutischen Aktionsmuster[28] als *master of his environment* zu erfahren.

Das Gefühl der handlungsorientierten Erfüllung in der Natur droht dann in Enttäuschung umzuschlagen, wenn Nick an der selbstgewählten Aufgabe scheitert und sich Kräften ausgesetzt sieht, die außerhalb seines Dominanzbereiches liegen. Die Gefahr, zum Spielball dieser Gewalten zu werden, erscheint am Ausgang der Kurzgeschichte über das chimärische Raumsymbol des "swamp" in zentraler Ausprägung. Der Protagonist scheut sich, solchermaßen ungesichertes Terrain zu betreten, evoziert es doch "psychic and existential terrors Nick can barely face."[29] Nick, dem das Wasser durch seine verstörenden Erfahrungen auf privaten und öffentlichen *battlefields* – etwa die Tyrannei der Mutter ("Now I Lay Me"), die ungewollte Vaterschaft und der Streit mit Helen ("Cross-Country Snow"), seine physischen und psychischen Kriegsschäden ("Chapter VI", "In Another Country", "A Way You'll Never Be") – ohnehin schon bis zum Halse steht, hat hinlänglich erfahren, daß der scheinsolide Grund unter seinen Füßen jederzeit nachgeben kann.[30]

---

[27] Larry Grimes, *The Religious Design of Hemingway's Early Fiction* (Ann Arbor, 1985), p. 52.
[28] Die Hemingwaykritik hat die therapeutische Funktion der Angeltour plausibel erhärtet. Vgl. u.a. Peter Griffin, *Less Than a Treason: Hemingway in Paris* (Oxford, 1990), p. 84: "Nick has prepared himself, in the old-fashioned way, for healing. He has created a natural, healthy order in life. He has reestablished his connection with the sensate world." Thomas Strychacz spricht von "a mind fragile with shock as it attempts to construct new grounds for a sane existence." Siehe "*In Our Time*, Out of Season," in: Scott Donaldson (ed.) *The Cambridge Companion to Ernest Hemingway* (Cambridge, 1996), p. 81.
[29] Thomas Strychacz, "*In Our Time*, Out of Season", p. 84.
[30] "It is his ability to suggest [...] that each moment of man's existence is passed on the edge of an unthinkable void, and that for no reason at all, the ground may give way at any time. Such is the precarious position of Nick in 'Big Two-Hearted River,' who walks the edge of chaos, testing each

Nick Adams muß mit zunehmendem Alter die Hybris der in "Indian Camp" beanspruchten "immortality" mit der desillusionierenden Einsicht in das Verstricktsein in den biologischen Kreislauf ersetzen und damit die ontologische Grenze des Todes in seinen Lebensentwurf einbinden. Wie die *Unterwelt* des "Indianerlagers" ist auch der *untere* sumpfige Flußlauf widersprüchlich konnotiert. Er repräsentiert einen Bezirk, der durch seine Fruchtbarkeits- und Todesassoziationen die mehrdimensionale Vorstellung von Ende und Neuanfang zu evozieren vermag. Nick weiß um die Risiken, die im Zwielicht des Sumpfwaldes drohen, wo er im fruchtbaren und auch gefährlichen Schlamm einsinkt und sich nur gebückt durch das weitverzweigte Geäst bewegen kann.

"The swamp" droht Nicks Gefühle zu sehr hochzutreiben und seine innere Spannung außerordentlich zu aktivieren. In diesem Gewässer zu fischen, ist "a tragic adventure"[31] (231), da sich inmitten der üppig wuchernden Vegetation die Leine verfangen und selbst der sachkundige Angler die großen Forellen nicht einbringen könnte, aus deren Fang ihm lebensspendende Impulse erwachsen. Der Mißerfolg auf dem grotesken Terrain des Chimärischen käme auf der weiterweisenden Erzählebene einem existentiellen Scheitern gleich, das einzugestehen der Rekonvaleszent zu diesem Zeitpunkt nicht imstande ist. Die Konfrontation mit den zugleich glückverheißenden wie auch risikobefrachteten Unwägbarkeiten des Sumpfgeländes bleibt für den Protagonisten als Aussicht bestehen, wird aber im Schlußsatz von Hemingways "Big Two-Hearted River" faktisch ins Zukünf-

---

moment much as a tightrope walker tests his footing, step by perilous step". Siehe Jackson Benson, *Hemingway: The Writer's Art of Self-Defense* (Minneapolis, 1969) p. 137.

[31] Fredrik Brøgger betont mit Recht, daß die Empfindung des Tragischen angesichts des "swamp" aus der Verschränkung von Komplexität und Ungewißheit erwächst: "Nick fears complication and disorder, projected here by deepening water, the lack of landing sites, the overgrowth, and the scarcity of light. Complexity equals uncertainty, which equals tragedy." Siehe "Whose Nature?:

Schlußsatz von Hemingways "Big Two-Hearted River" faktisch ins Zukünftige hinausgeschoben: "There were plenty of days coming when he could fish the swamp" (232).

VII. Das Groteske und seine Affinität zu benachbarten Kategorien

Es ist eine der Aufgaben, aber auch eines der bisweilen überstrapazierten Steckenpferde der Literaturwissenschaft, gattungsmäßige Differenzierungen vorzunehmen und terminologische Grenzen zu ziehen. Bei der Erscheinungsform des Grotesken sind kategorische Zuweisungen im Sinne des unverrückbar Gültigen nur bedingt sinnvoll, die "reine Groteske" ist eine *contradictio in adjecto*. Gerade sein unreiner, sein "chimärischer" Charakter, prägt auch den selbstreferentiellen Groteske-Begriff. Statt klassifikatorischer Festlegungen, die aufs Eindeutige und Unverwechselbare zielen, erscheint vielmehr die fließende Grenze, der Überschneidungs- und Mischtypus für das Groteske substantiell. Im Sinne von Präzisierungsbedürfnissen wird im folgenden freilich nicht auf jegliche Differenzierungsversuche verzichtet, die vorgeschlagenen Kategorisierungen erfolgen allerdings im Sinne eines Mittelwegs, der die Bedingtheit theoretischer Grenzziehungen berücksichtigt.

Die **Satire** ist ein Text, der mit den Mitteln einer oft ausgeprägten aggressiven Komik Mißstände jeglicher Art aufdeckt und verspottet. Im wesentlichen handelt es sich dabei um eine Verbindung von Komik und Kritik, wobei die ironische Bloßstellung des Gegners als Waffe und Wirkungsmittel im Dienste der kritischen Intention eingesetzt wird. Ausgestattet mit dem bitteren Humor des Satirikers rechnet Hemingway in "A Natural History of the Dead" mit frühen Naturkundlern des 18. und 19. Jahrhunderts ebenso ab wie mit den "New Humanists" um Irving Babbitt und Paul Elmer More sowie ihrer geistigen Jüngerschaft. In Form einer parodistischen Stilmontage von religiöser Erbauungsrhetorik und vorgeblich neutraler Wissenschaftssprache rückt Hemingways "Naturgeschichte" den Tod in seiner grotesk-komischen Variante in den Blick.

Die Grenzen zwischen Satire und **Parodie** sind, wie dies die neuere Forschung akzentuiert, durchaus fließend,[1] auch wenn die Parodie stärker auf die Intertextualitätsrelation setzt. Die Parodie (etymologisch ein "Bei-, Neben- oder Gegengesang") bezieht sich auf eine Vorlage, die sie partiell wiederholt und gleichzeitig abwandelt. Verzerrt wird dergestalt, daß eine komische Diskrepanz zwischen Original und Parodie bzw. zwischen den wiederholenden und variierenden Textpassagen innerhalb der Parodie entsteht. Die auf die Trias von Hölle, Fegefeuer, Paradies hinkonzipierte Tektonik von Dantes *Divina Commedia* wird von Hemingway in "The Light of the World" in grotesker Form instrumentalisiert, um über die Inkongruenz zwischen Bezugstext und Adaption die Profanierung spiritueller Ideale namhaft zu machen.

Der Modus des **Tragikomischen**, wie er sich im teils lächerlichen, teils mitleiderregenden Stierkampfveteranen von "The Undefeated" artikuliert, fügt sich ins Repertoire des Grotesken ein, da hier das Neben-, Mit- und Ineinander-Verwobensein tragischer und komischer Elemente virulent ist. Diese verfließende Bipolarität des Tragikomischen widerspricht den Normen und der Systematik einer auf klaren Distinktionen bedachten klassischen und klassizistischen Gattungspoetik. Der für Hemingway *idealiter* tragische Stierkampf läuft in dieser Erzählung Gefahr, ins Grotesk-Komische abzugleiten, da Manuel Garcias unglückliche Kampfesführung die sinnspendende Bewährung in der Arena kompromittiert. Im Gegensatz zur "Groteske" allerdings weigert sich die Tragikomödie tendenziell, die Welt derart zu verzerren, daß sie nur schwer als die eigene wiedererkennbar ist.

---

[1] Siehe u.a. Frank Wünsch, *Die Parodie: Zu Definition und Typologie* (Hamburg, 1999), p. 9f., 31f.

In der alptraumhaften Welt des zum **Absurden** gesteigerten Grotesken bestürzt und beunruhigt der Verlust endgültiger Gewißheiten und sinnvoller Ziele. Die Spannung zwischen subjektivem Sinnverlangen und objektiver Sinnverweigerung konturiert den dramaturgischen Kern von "The Killers", wie dies der Initiationsheld Nick Adams in seiner Ohnmacht angesichts eines ihn physisch wie psychisch überwältigenden, von der Anti-Logik des Absurden geprägten Geschehens zu erkennen gibt. Von der Desillusionierung des Menschen, der seine Zuversicht, in einem *ad harmoniam* gefügten Kosmos zu existieren, endgültig hat aufgeben müssen, handelt "A Clean, Well-Lighted Place". Ein alter, als Protagonist auftretender spanischer Kellner sieht sich einer als unaufhebbar fixierten Finsternis gegenüber, welche als totalisierte Manifestation des Grotesken die Widerstandshaltung des Menschen gegenüber dem ontologischen Nichts herausfordert.

VII. 1. Das Groteske und die Satire: "A Natural History of the Dead"

"A Natural History of the Dead" wurde von Hemingway zunächst als "Chapter 12" in *Death in the Afternoon* (1932) veröffentlicht und später in die Sammlung *Winner Take Nothing* (1933) integriert. Das Textstück hat formalchimärischen Charakter; es besteht aus einem Essay-Teil, an den sich eine knappe, nur dreiseitige *story* anschließt.[2]

---

[2] Susan Beegel sieht im textchimärischen Zwitterstatus von "A Natural History of the Dead" ("half satirical essay and half fiction") einen Grund für die geringe Beachtung, die dieser Text in der Literaturkritik erfahren hat: "One reason for critical neglect of "A Natural History of the Dead" may be its curious double identity, which defies generic classification." Siehe "'That Always Absent Something Else': 'A Natural History of the Dead' and Its Discarded Coda," in: Jackson Benson (ed.), *New Critical Approaches to the Short Stories of Ernest Hemingway* (Durham and London, 1990), p. 74.

Der Essay-Teil birgt satirische Energie, wenn der mit dem Autor identische Sprecher seine Beobachtungen auf dem Schlachtfeld des Krieges mit der Lektüre von Naturhistorikern früherer Tage abgleicht. Satiretypisch zielt Hemingway auf die rationale und engagierte Demonstration der Ergebnisse kritischer Analyse. In der erklärten Absicht, "to furnish the reader with a few rational and interesting facts about the dead" (440), verkoppelt der Autor die christlich-humanistische Position, die angesichts einer ihrer Lehre hohnsprechenden Empirie vor der Kapitulation steht, mit der Erfahrung des Krieges und einer gegen die eigene Gattung gerichteten Destruktivität. Im Visier der satirischen Intention stehen mit Mungo Park und Gilbert White zwei Naturkundler des achtzehnten, mit Bishop Edward Stanley und W. H. Hudson zwei Vertreter des neunzehnten Jahrhunderts.

In der satirischen Perspektive, so läßt sich verallgemeinern, kontrastiert eine deformierte und deshalb korrekturbedürftige Anschauung mit der Sicht des Kritikers, der mit Ablehnung auf die Bedrohung seines als rechtmäßig erkannten eigenen Maßstabs reagiert. Moralischer Anspruch und deformierte Weltsicht befinden sich hier zumindest potentiell noch im Gleichgewicht, da der Weg zur bessernden Veränderung noch weitgehend frei erscheint. In seiner Struktur ist das satirische Sinnmodell bipolar: Es besteht aus einem Deformationspol, der die kritisierten Verhaltensweisen als Schema enthält, und etabliert auf der anderen Seite den korrektiven Wertpol.[3] Das Schema beinhaltet den Bestand konventionell akzeptierter Anschauungen, seine Korrektur gründet in der Verweigerung der als unzeitgemäß und realitätsverfälschend eingestuften Sichtweisen.

---

[3] Vgl. hierzu die theoretischen Ausführungen bei Gerhard Hoffmann, "Perspektiven der Sinnstiftung: Das Satirische, das Groteske, das Absurde und ihre Reduktion zur 'freien Komik' durch Spiel und Ironie," in: *Der zeitgenössische amerikanische Roman von der Moderne bis zur Postmoderne*, Bd.1, herausgegeben von Gerhard Hoffmann (München, 1988), p. 232 ff.

In "A Natural History of the Dead" unterzieht der Sprecher die Gültigkeit der christlich-humanistischen Haltung eines Mungo Park und Bishop Stanley einem ironischen *debunking*. Parallel dazu steht die Demontage der aus der Verknüpfung von Weltbild und Sprachstil resultierenden "Rhetorik", mit der die frühen Naturhistoriker metaphernreich und klischeehaft die sie umgebende Welt interpretieren.

Satirisch mokant imitiert Hemingway charakteristische Stilmerkmale der *natural histories*, wie sie etwa in der rhetorischen Frage eines Bishop Stanley ausgeprägt sind. Von religiöser Zuversicht und unverbrüchlichem Optimismus getragen, verspricht dieser naturbegeisterte Kirchenmann die Stärkung christlicher Kardinaltugenden durch das Studium von Botanik und Tierwelt: "With a disposition to wonder and adore in like manner [...] can any branch of Natural History be studied without increasing that faith, love and hope which we also, every one of us, need in our journey through the wilderness of life?" (440f.)

Die expositorische Prosa der frühen Naturkundler parodierend, tritt der Satiriker an, um mit nicht minder beflissener Akribie naturkundlich Wissenswertes über "the random violence and grotesque deaths which mark modern warfare"[4] ausfindig zu machen. In radikaler Opposition zur Annahme eines unverrückbar Guten in einem wohlgeordneten Kosmos basiert Hemingways satirische Handreichung auf dem Wertpol ungefilterter, da nicht durch humanistische Sinnansprüche zensierter Wirklichkeitserfahrung. Die Beschreibung der Toten gewinnt dabei einen bewußt morbiden Anstrich, der sich unter der Maske positivistischer "Naturbetrachtung" ironisch rechtfertigt. So beispielsweise im Farbenspiel der Haut des Kaukasiers, die im Progress

---

[4] Siehe Peter Messent, *Ernest Hemingway* (London, 1992), p. 137.

postmortaler Metamorphose "from white to yellow, to yellow-green, to black" wechsle, wobei unter Hitzeeinwirkung der Körper "a visible tar-like iridescence" (443) aufweise. Wo Wachstum und Entwicklung einer existenten pflanzlichen oder tierischen Spezies das Interesse des Naturliebhabers früherer Tage beherrschte, lenkt der Autor nun sein Augenmerk auf die sich am verwesenden Körper vollziehende dimensionale Ausweitung:

> The dead grow larger each day until sometimes they grow too big for their uniforms, filling these until they seem blown tight enough to burst. The individual members may increase in girth to an unbelievable extent and faces fill as tight and as globular as balloons (443).

Die monströsen, "to an unbelievable extent" geblähten Körper der Kriegstoten sprengen die "Uniform", so daß sich im Motiv entregelter Körperlichkeit gleichsam die "formsprengende" Kapazität des Grotesken bildhaft ausdrückt. Neben der Motivik der postmortalen Riesen macht sich in "A Natural History of the Dead" auch deren inverse Variante geltend: die zwergenhafte Verkleinerung in Form der Regression zum Kleinkind. Deutlich wird dies an einem von der spanischen Grippe befallenen Kranken, der nach dem Ableben seine unverwechselbar frühkindliche Signatur hinterläßt: "[A]t the end he turns to be a little child again, though with his manly force, and fills the sheets as full as any diaper with one vast, final, yellow cataract that flows and dribbles on after he's gone" (445).

In der Rolle des vorurteilsfreien Naturalisten räumt der Erzähler auf mit anthropozentrischen Versionen der Natur, welche die segensreiche Allianz von göttlicher Vorsehung und menschlichem Schicksal postulieren. Hemingway kontert die viktorianische Abstraktion des Menschen als *imago Dei* ("those formed in His own image", 444) mit konkreten, die Kriegsopfer betreffenden Fakten: die Hitze, der Leichengestank, die Fliegen und die aufschlußreichen Positionen der geplünderten Toten. Die Weltanschauung der

Genteel Tradition steht in der von Hemingway vorgelegten Naturgeschichte der Toten zur Ausmusterung an. Was diese Tradition der amerikanischen Kultur- und Geistesgeschichte in ihrer Vorliebe für das Gelehrte, Feinsinnige und Fromme als darstellungsunwürdig stigmatisiert, wertet der Verfasser der "Natural History of the Dead" zum eigentlichen Thema auf. Anstelle moralischer und literarischer Ideale, die das gedämpfte Innuendo der Drastik des Körperlichen vorziehen, setzt Hemingway auf Präzision. Wo der den Werten der Vorkriegsära verhaftete "self-called Humanist" (445) – die satirische Stoßkraft zielt auf die Anhänger des von Irving Babbitt und Paul Elmer More begründeten "New Humanism" – in seiner Frontstellung gegen den literarischen Naturalismus ethische Aspekte am Menschsein hervorhebt, schildert Hemingway ungeschminkt das, was im Krieg zum Tragen kommt: blinde Gewalt und ein entwürdigender Tod, der das menschliche Subjekt in grotesker Weise fragmentiert, verdinglicht und ver"tiert".

An die Stelle der vom Naturkundler analysierten, in ihre organischen Bestandteile zerlegten Pflanze tritt bei Hemingway die real erlittene Fragmentierung des Menschen, die anatomische Grenzen nicht kennt.[5] Nach der Explosion einer Munitionsfabrik verbleibt von den vorgeblich nach Gottes Ebenbild Geschaffenen ein anonymes, in "detached bits" (442) zersprengtes Etwas, das in Form von Partikeln aus einem Stacheldraht herauszulösen und einzusammeln ist[6] (442). Zerstückelung korrespondiert mit Verdinglichung: Der vom Verfasser ins Bild gerückte Kriegsteilnehmer trägt ein Stück Eisen oder Stahl im zerborstenen Schädel ("a skull broken in and iron in the brain",

---

[5] "We agreed too that the picking up of the fragments had been an extraordinary business; it being amazing that the human body should be blown into pieces which exploded along no anantomical lines, but rather divided as capriciously as the fragmentation in the burst of a high explosive shell" (443).
[6] "I remember that after we had searched quite thoroughly for the complete dead we collected fragments. Many of these were detached from a heavy, barbed-wire fence ..." (442).

444). Zu dem Befund der Reifikation gesellt sich das Motiv des Chimärischen. Bisweilen verwischt bei den Leichen die Grenze zwischen Humanem und Animalem: Eine Traube von Maden besetzt die Stelle des menschlichen Mundes ("a half pint of maggots working where their mouths have been", 445). Die Schilderung einer bestialischen Wirklichkeit ("men die like animals", 444) bricht mit der wohligen Fiktion eines humanistisch vereinnahmten Kosmos, in dem *realiter* weder der "innere Adel" des Menschen noch eine wie auch immer geartete metaphysische Sinngebung auszumachen ist.

Die unechte Aura transparent zu machen, gilt es auch hinsichtlich der verwendeten Sprache, in der sich der intellektuelle Habitus der vom Verfasser kritisierten Zielgruppe ausdrückt. Hemingways stilistisches Markenzeichen der lapidaren, faktentreuen Wirklichkeitsübermittlung kontrastiert diametral mit der humanistisch deformierten "Rhetorik". Deren sprachliche Abstraktionen und Redeklischees werden wiederholt als die Realität verfälschend bloßgestellt und scheitern folglich am Kriterium eines illusionslosen Realismus.

Auf literarischer Ebene verhält sich "A Natural History of the Dead" in mancher Hinsicht äquivalent zu Goyas Radierungen *Disasters of War*.[7] Bei

---

[7] Was bei Hans Sedlmayr in seiner Einschätzung Goyas auf den Begriff gebracht wird – Goya zeige "mit aller Brutalität den Menschen nicht mehr als Ebenbild Gottes, sondern entmenscht, und, wenn er tot ist, als Kadaver, den man wegwirft" – liest sich wie eine Paraphrase Hemingwayscher Motivik in "A Natural History of the Dead". Siehe *Verlust der Mitte: Die bildende Kunst des 19. und 20. Jahrhunderts als Symptom und Symbol der Zeit* (Gütersloh, 1983), p. 128. Hemingway sieht wie Goya Kriegs- und Grenzsituationen im Schlaglicht sadistischer Übergriffe, wobei die Qual und das Quälen mit klinischer Konsequenz geschildert wird. Hemingway leuchtet die Grausamkeit des Krieges gleichsam mit einem *flashlight* aus und sieht sich hierin als Schriftsteller dem bildenden Künstler Goya wesensverwandt. In seinem Stil der Folgerichtigkeit, der Härte und der Konturstrenge scharf gezogener Linien mit klar abgesetzten, oft ausgesparten Flächen steht er Goyas Kunst der Graphik besonders nahe. Ebenso in der auf Brennpunkte konzentrierten Diagnose des Schrecklichen, die der spanische Maler in den Episoden der *Desastres* in aufreihender Kon-

beiden Künstlern figuriert die Hölle nicht mehr als jenseitiger Bereich, der das Dieseits allenfalls sporadisch infiziert; sie ist säkularisiert und damit innerweltlich geworden. Auf diese Geistesverwandschaft im künstlerischen Anliegen deutet auch die Erwähnung der im Hafen von Smyrna verendenden Lasttiere ("The numbers of broken-legged mules and horses drowning in the shallow water called for a Goya to depict them", 441). Zudem wird die klischierte Phrase "to call for a Goya" mit reichlich schwarzem Humor *ad absurdum* geführt:

> Although, *speaking literally*, one can hardly say that they called for a Goya since there has only been one Goya, long dead, and it is extremely doubtful if these animals, were they able to call, would call for pictorial representation of their plight but, more likely would, if they were articulate, call for some one to alleviate their condition (441). [*Meine Hervorhebung*]

Die Strategie, sprachliche Absurdität durch das *Wörtlichnehmen* einer Redewendung zu produzieren, bricht mit der Sprachkonvention. Gegen diese Konvention verstößt, wer die metaphorische oder sprichwörtliche Fügung nicht gemäß ihrer übertragenen Bedeutung versteht und verwendet, sondern Signifikant und Signifikat "inversiv" handhabt. Über die Aufhebung der selbstverständlichen Abstraktion in der gewohnheitskonditionierten Weltsicht eröffnet der Autor unvermutet "verrückte" Inhalte. Er erschüttert und durchbricht damit die Enge eingefahrener Wahrnehmungsverhältnisse, Handlungsmuster und Denkgewohnheiten.

Die an den satirischen Essay angehängte Kurzgeschichte konkretisiert diesen Aspekt. Hemingways Kunstgriff besteht darin, so meine These, daß das Er-

---

sequenz vornimmt. Vgl. hierzu Rudolf Haas, "Hemingway und Goya: Beobachtungen und Bemerkungen," in: Maria Dietrich, Christoph Schöneich (eds.), *Studien zur englischen und amerikanischen Prosa nach dem ersten Weltkrieg* (Darmstadt, 1986), p. 140-51.

zählstück die verfälschende Metaphorik eines Naturkundlers wie Mungo Park zum Zweck der Ironisierung in konkrete Handlung transformiert. Im Essay-Teil sieht sich Mungo Park in der Ödnis der afrikanischen Wüste nach eigenen Worten dem Tode nahe. Kurz davor, sich ins Unvermeidliche zu schicken, "sticht ihm eine Moosblume ins Auge": "a small moss-flower of extraordinary beauty caught his eye" (440). Beim Anblick dieses kleinen Wunders der Botanik ist für den Ermatteten die fürsorgliche Hand des göttlichen Schöpfers epiphanisch präsent, und der eben noch Verzweifelte macht sich zuversichtlich auf die Weiterreise.

Der *story*-Teil von "A Natural History" satirisiert das sprichwörtliche Motiv des "Ins-Auge-Fallens", indem es hier konkret und buchstäblich wird. Das liebliche und formvollendete Pflänzchen hat vermutlich eine inverse Entsprechung im ätzenden Jod, das der diensthabende Stabsarzt einem Artillerieoffizier während eines eskalierenden Wortgefechts ins Gesicht schleudert.[8] Hemingway bringt mit dem "ins Auge fallenden" Antiseptikum ein im Vergleich zum Moosblümchen verklärungswidriges Motiv zur Darstellung, um die Unangemessenheit einer pathetischen Metaphorik beispielhaft zu markieren. Dieses gegenständlich operationalisierte Verkehrungsverhalten spiegelt die karikierte Metapher ("to catch one's eye") in konkreter Aktion gegenbildlich wider. Mungo Park gelangt durch die Moosblume zur erbaulichen Erkenntnis des Göttlichen; das in den Augen des Leutnants stechende Jod provoziert auf der Verweisungsebene die diametral andere Ein

---

[8] "Iodine" hängt aufgrund seiner Dämpfe wortgeschichtlich mit *violet*, "Veilchen", zusammen. Über diese Etymologie intendiert der Arztsohn Hemingway vermutlich einen sprachlichen Übertragungsprozeß, um die assoziative Verknüpfung zwischen der Moosblume und dem Jod herzustellen. Siehe Walter Skeat, *A Concise Etymological Dictionary of the Englisch Language* (New York, 1980), *s.v.* "iodine".

sicht in die Abwesenheit eines jeglichen sinnstiftenden Prinzips. Um dies zu veranschaulichen, empfiehlt sich der Rückgriff auf die Ausgangssituation des parabolischen *story*-Teils von "A Natural History".

In der auf den Essay folgenden Kurzerzählung kehrt das Groteske, das wortgeschichtlich aus der "Grotte" kommt, an seinen etymologischen Ort zurück. Ein Soldat mit zerschossenem Kopf ("a man whose head was broken as a flower-pot may be broken", 446) ist zusammen mit toten Kombattanten in einer Berghöhle gelagert. In der zur Leichenkammer umfunktionierten Grotte verharrt er, schwer atmend und dem Tode nahe, im Koma.

Die quälende Präsenz dieses Moribunden, der sich als "lebender Leichnam" chimärisch einer eindeutigen Klassifikation entzieht, ruft mit dem Leutnant einen selbsternannten Humanisten auf den Plan. Unter dem Siegel der Menschlichkeit tritt dieser gegen den pragmatischen Militärarzt an, vorgeblich um dem Soldaten unnötiges Leiden zu ersparen und *de facto*, um sich der prekären Renitenz des Grotesken endgültig zu entledigen: "I am a humane man. I will not let him suffer" (447). Die in der Satire des Essays entwickelte Wertpolarität zwischen einer verklärenden und einer krass realistischen Sicht ist hier in der Konfrontation des "humanen" Leutnants und des "abgeklärten" Stabsarztes fiktional umgesetzt. Die Forderung des Offiziers, dem Sterbenden eine Überdosis Morphium zu verabreichen, stößt beim Stabsarzt auf taube Ohren. Der Mediziner weigert sich, das zu Operationszwecken unabdingliche Narkotikum als Todesdroge zu verwenden, zumal der Moribunde ohne Bewußtsein ist und von daher aus medizinischer Sicht nicht leidet. Der Soldat in der Höhle stirbt wenig später und rechtfertigt damit die schonungslos realistische Auffassung des Arztes, der ohne Respekt gegenüber konventionell-humanistischen Imperativen auftritt. Indem er seinem hysterischen Angreifer Jod ins Gesicht schleudert, hält er ihn auf Distanz. Im Lichte des vorangegangenen satirischen Essays erfüllt das okular verabreichte "iodine" darüber hinaus wohl auch die Funktion, die humanistisch verblendete Sichtweise des Leutnants zu dekontaminieren:

> "It is nothing," said the doctor. "Your eyes will be all right. It is nothing. A dispute about nothing."
> "Ayee! Ayee! Ayee!" suddenly screamed the lieutenant. "You have blinded me! You have blinded me!" (449)

Neben der bagatellisierenden Konnotation dürfte auf der Metaebene des Textes "nothing" im inhaltsschweren Sinne des existentiellen *Nada* hinzutreten. Im Moment des "ins Auge fallenden" Antiseptikums weicht die humanistisch verzeichnende Optik einem höllischen Brennen, das in den vom "tear gas" entzündeten Augen des Militärarztes, der Tag und Nacht mit der Realität des Sterbenmüssens konfrontiert ist, suggestiv gespiegelt ist. Rezeptionsästhetisch soll Hemingways "A Natural History of the Dead" gleichermaßen augenöffnend wirken. Der vom amerikanischen Autor geschätzte Joseph Conrad hat ein vergleichbares Anliegen im "Preface" zu seiner Novelle *The Nigger of the Narcissus* (1897) so ausgedrückt: "My task which I am trying to achieve is, by the power of the written word to make you hear, to make you feel – it is, before all, to make you *see*."[9]

---

[9] Joseph Conrad, *Typhoon and Other Stories* (London, 1991), p.5.

VII. 2. Das Groteske und die Parodie: "The Light of the World"

Das Prosastück "The Light of the World" aus der Sammlung *Winner Take Nothing* bezieht sein ästhetisches Reiz- und Wirkungspotential maßgeblich aus dem Gefälle zwischen der religiösen Titelgebung und dem profanen Handlungsgeschehen. Über das instrumentalisierte Bibelzitat aus dem Matthäus- bzw. dem Johannesevangelium etabliert Hemingway einen spirituellen Erwartungshorizont,[10] den er in der Folge durch den Einsatz parodistischer Strategien gezielt unterläuft. Howard Hannum hat unter dem Aspekt der bereits über den Titel abgerufenen Intertextualität u.a. Hemingways literarische Bezugnahme auf das *Inferno* von Dantes *Divina Commedia* ins Spiel gebracht.[11] Eine eingehende Untersuchung der Tektonik von Hemingways *story* erhärtet und erweitert diesen Befund, da der amerikanische Autor offenbar nicht nur den Bereich der "Unterwelt", sondern zu Zwecken der Parodie das Bauprinzip von Dantes gesamtem Triptychon – Hölle, Fegefeuer, Paradies – anvisiert. Den wirkungsästhetischen Prozeß eines parodistischen Adaptionsverfahrens, welches den Quelltext zunächst entschlüsselt, ihn in der Parodie verzerrt und dann den aufmerksamen Leser als dekodierende Instanz erfordert, hat Margaret Rose wie folgt generalisiert:

> [T]he work to be parodied is 'decoded' by the parodist and offered again in a 'distorted' or changed form to another decoder, the reader of the parody, whose expectations for the original of the parodied work

---

[10] In Zusammenhang mit den für das Groteske typischen Inversionsstrategien sind die Bibelstellen in der Dissertation bereits besprochen worden. Vgl. IV.3, "Die Inversion der religiösen Heilsinstanz: Der Boxchampion als Christusfigur in 'The Light of the World.'"

[11] "He [Nick Adams] is in Hell. The lumberjacks, cook, and whores suggest The Carnal, who have betrayed reason to their appetites, in Dante's *Inferno*. With its pervading darkness, and the bar and station its only features, the whole landscape suggests the underworld." Siehe "Nick Adams and the Search for Light," in: Jackson Benson (ed.), *New Critical Approaches to the Short Stories of Ernest Hemingway* (Durham, 1990), p. 329.

may also be played upon and evoked and then transformed by the parodist as a part of the parody work.[12]

Vorbedingung des Parodieverständnisses ist aufgrund des Intertextualitätskriteriums die Kenntnis des Prätextes. Der Dreischritt von "Hölle", "Fegefeuer", "Paradies" markiert eine durch Normen und Traditionen bestimmte Konvention, auf die erst nach ihrer Konsolidierung parodistisch zugegriffen werden kann. Folglich sind gerade die Prozeduren zu erläutern, die in Hemingways parodistischer Bezugnahme auf die *Divina Commedia* zu dem Eindruck der Diskrepanz zwischen Vorlage und Adaption führen. Der amerikanische Verfasser überträgt Formelemente der *Göttlichen Komödie* auf einen betont niederen Gegenstand und ruft über die daraus resultierenden Konventionsbrüche die bei Margaret Rose betonten komischen "Verzerrungen" hervor.

Dabei wird die Referenz auf die triadische Tektonik der *Divina Commedia* keineswegs systematisch, sondern eher auf der Basis eines locker gehandhabten Anspielungsarsenals aufgerufen, dessen Elemente in der Folge näher zu bestimmen sind. "The Light of the World" behält die dem Neuen Testament und der *Divina Commedia* inhärente Wahrheit von Gnade und Erlösung als implizite metaphysische Norm bei. Diese Größe bildet den Maßstab für die Ironisierung der handelnden Figuren. Ironie und Parodie markieren mithin den eklatanten Abstand zwischen der religiös-spirituellen Weisung und dem konkreten, in der *story* dargestellten Verhalten der Akteure, die in grotesker Manier die Prostitution spiritueller Gehalte exponieren.

Der erste Teil der Erzählung mit dem symbolischen Bezugsort des *Inferno* als Handlungshintergrund läßt sich wie folgt resümieren: Nick Adams ist mit

---

[12] Siehe Margaret Rose, *Parody: Ancient, Modern and Post-Modern* (Cambridge, 1993), p. 39.

seinem Begleiter Tom irgendwo im winterlichen Michigan unterwegs. Nach Einbruch der Dunkelheit betreten die Jugendlichen die Kneipe eines abgelegenen Holzfällerortes und treffen auf die Feindseligkeit des Barkeepers, der umgehend die "free-lunch bowls" (384) mit Glasglocken verschließt. Die kostenlose Speisung ist offenkundig nur einer zahlungskräftigen Kundschaft vorbehalten. Die auffallendste Qualität an diesem Ort ist neben der spannungsgeladenen Atmosphäre die Assoziation des Gestanks. Die übelriechenden Schweinsfüße in der Terrine erweisen sich für Tom als ungenießbar. Im Gegenzug werden die beiden Jungen vom "bartender" als stinkende Landstreicher beschimpft: "'Your goddam pig's feet stink,' Tom said, and spit what he had in his mouth on the floor [...] 'You stink yourself,' the bartender said. 'All you punks stink'" (385).

Zum Motiv des Gestanks gesellt sich das Stoffelement physischer wie verbaler Gewalt. Daß an diesem ungastlichen Ort Auseinandersetzungen durchaus mit Waffengewalt gelöst werden, suggeriert die Geste des Thekenmannes, der mit einer Hand unter den Bartresen greift, während er die zwei ungebetenen Gäste mißtrauisch beäugt. Unmißverständlich legt er den beiden nahe, das Lokal zu verlassen: "You punks clear the hell out of here" (385). Läßt bereits die Drohung seitens des Barkeepers darauf schließen, daß der Verfasser in der Darstellung der Spelunke den Bezirk des *Inferno* metaphorisch abbildet,[13] so verdichtet des weiteren der von Tom ausgestoßene Fluch, "What the hell kind of place is this" (385), die infernalischen Konnotationen.

---

[13] In Anbetracht der höllischen Untertöne, die der Autor dieser Holzfällerkneipe beigibt, erscheint Nicks "nickel" (384) als durchaus angemessenes Zahlungsmittel. Die Münze suggeriert zum einen, daß es sich beim Ich-Erzähler tatsächlich um Nick Adams handelt. Interessant ist zum anderen der etymologische Bezug dieses Geldstücks auf den Bereich des Dämonischen, da *nickel* ursprünglich einen Kobold oder Dämon bezeichnete und mit "Old Nick", dem Teufel, in Relation steht. Siehe hierzu *Webster's Encyclopedic Unabridged Dictionary*, s.v. *nickel*.

Nick und Tom verlassen daraufhin die Holzfällersiedlung in Richtung des Bahnhofes. Der von den Jungen betretene Warteraum – traditionell Zwischenstation und Stätte des Übergangs – läßt sich als parodistisches *Purgatorio* auslegen. Im gut besuchten Fegefeuer von "The Light of the World" ist es heiß und rauchig: "It was crowded and hot from the stove and full of stale smoke" (385). Das Motiv ritueller Reinigung erhält hier seinen parodistischen Akzent u.a. in der Darstellung eines farbigen Homosexuellen, der dem Vernehmen nach seine Hände mit Limonensaft behandelt, um sie aufzuhellen.[14] Neben seinem Appell, den erforderlichen "Anstand" zu wahren, verstärken die wasserstoffblondierten Frisuren von drei der fünf hier angetroffenen Prostituierten den Aspekt des ironisierten Reinheitsstrebens.[15]

Dantes *Purgatorio* ist als Läuterungsberg zu begreifen, wo die Seelen der Geretteten ihre Sündenmakel hinwegsühnen, um damit den Aufstieg zum Gipfel, zum irdischen Paradies, vollziehen zu können. In Hemingways parodistischer Bearbeitung ist diese topographische Erhebung zwar nicht faktisch existent; die Metaphorik des "Mount Purgatory" scheint gleichwohl auf dem Wege verbaler Echos assoziativ in die Geschichte eingespielt. Das kann ein Heuhaufen sein, den es zu erklimmen gilt ("Must be like getting on top of a haymow", 386). Auch die unschmeichelhafte Verknüpfung der beleibten Alice mit einem "mountain of flesh" (386) bzw. einem "big mountain of pus" (390) trägt dazu bei, die Metaphorik des Berges im Bewußtsein des Lesers zu etablieren.

---

[14] "'He puts lemon juice on his hands,' the man said. 'He wouldn't get them in dishwater for anything. Look how white they are'" (386).
[15] Wasserstoffperoxid wirkt nach Auskunft des *Brockhaus* "bleichend, keimtötend und geruchbeseitigend". In der frühen Erzählung "Indian Camp" verwendet Dr. Adams dieses Präparat zu Zwecken der Desinfektion.

Die Technik der parodistischen Inversion greift hier insofern, als die Konnotationen von "Fleischkloß" und "Eiterbeule" dem Streben nach Reinheit diametral entgegenstehen. Der strategische Umkehreffekt kommt ferner auch dann zum Tragen, wenn Alices Berufsgenossin als "a spitfire [...] a regular little spitfire" (387) bezeichnet wird. Das mit Peroxide verknüpfte Bild suggeriert sie keineswegs als die ehrfürchtig in den Flammen Sühnende, sondern betont an ihr das in diesem Kontext unangemessene handelnde Agens.

Der Bezirk in Dantes *Purgatorio*, der das dominante Element des Läuterungsberges mit dem des Fegefeuers in Kombination aufweist, gelangt im 26. Gesang zur Darstellung. In diesem Sektor treten bezeichnenderweise die Sodomiten und Hermaphroditen in Erscheinung, die sich im Flammenbad von der Sünde der Wollust reinigen. Diese besteht bei den Sodomiten in der gleichgeschlechtlichen sexuellen Orientierung, bei den Hermaphroditen in der als gleichermaßen widernatürlich aufgefaßten Neigung, sich ohne Maß der heterosexuellen Lust hinzugeben. Hemingways parodistisches Verfahren zeigt sich u.a. im Personal von "The Light of the World", zumal dieses in Anlehnung an die Dante-Folie ähnlich einschlägige Charakteristika aufweist.

Bühnenreif ist die sich alsbald entspinnende Debatte zweier monströs übergewichtiger Huren (Alice und Peroxide), welche darüber in Streit geraten, wer den von ihnen glorifizierten Boxer Ketchel bedient habe. Alice kann aus der Optik des Initiationshelden Nick Adams als Sympathieträgerin punkten. Sie erscheint am Ausklang der Erzählung sanft und verletzlich, in ihrer vorgeblichen Verehrung des gottgleichen Boxers beinahe demutsvoll. Das Bestehen dieser grotesk fettleibigen Prostituierten auf ihre Reinheit ("I'm clean", 390) sowie der unter Berufung auf Jesus und die Gottesmutter vorgebrachte Wahrheitsanspruch des von ihr Berichteten nehmen den unerfahrenen Nick offenbar so stark für sie ein, daß er ihrer Ausstrahlung zu erliegen droht.

Von der "lovely voice" (391) dieser des "Heiligseins" verdächtigen Schwergewichtsdirne beseelt, erblickt Nick Adams in Alice mehr als die profane Gestalt einer Prostituierten. In ironischer Analogie zur wahren spirituellen Anmut, wie sie in Dantes Beatrice zur Vollendung findet, vereinigt die nahezu irreal wirkende Alice – "You couldn't believe she was real when you looked at her" (386) – in ihrer Fleischesfülle die heilige Dreizahl: "She was as big as three women" (391). Beatrice empfängt den jungen Dante am Ausgang des *Purgatorio* mit ihrem "heiligen Lächeln", um ihn in das Reich des ewigen Lichts zu führen. Der Romanist Karl Vossler hat die entsprechenden Verse aus dem 32. Gesang des *Fegefeuers* folgendermaßen übertragen:

> So hingenommen waren meine Augen,
> ein Dürsten von zehn Jahren mir zu stillen,
> daß alle anderen Sinne jetzt erlagen.
> Nach rechts und links die Blicke abgesperrt,
> gleichgültig gegen andres: nur *ihr* Lächeln,
> das heilige, bannte mich mit altem Zauber.[16]

Auch der Verfasser von "The Light of the World" evoziert aus Nicks jugendlich verklärter Perspektive ein vergleichbar liebreizendes Antlitz, das ihn zum Mitgehen animiert: "[S]he smiled and she had about the prettiest face I ever saw. She had a pretty face and a nice smooth skin and a lovely voice and she was nice all right and really friendly" (391). Dante begibt sich hoffnungsfroh in die Obhut der in grenzenloser Schönheit geschauten Heilsbringerin. Nick Adams, einer parodierten *visio beatifica* teilhaftig, ist in seiner Ergriffenheit nahe daran, dem Klang der sanften Prostituiertenstimme nachzugeben: "Tom saw me looking at her and he said: 'Come on. Let's go.' 'Goodbye,' said Alice. She certainly had a nice voice. 'Goodbye,' I said" (391).

---

[16] Siehe *Die Göttliche Komödie* (München, 1986), p. 348.

Aus dem grotesken Gegenspiel von spirituellen Kategorien und ihren profanen Surrogaten bezieht Hemingway seine parodistischen Effekte. Was in Dantes Triptychon außerordentlich war, ist in "The Light of the World" banal und schäbig. Dies gilt schließlich auch und vor allem für den Raum des *Paradiso*, den der amerikanische Autor im Sinne des von ihm favorisierten *iceberg principle* über die Technik der Evokation entwirft. Das Nick Adams in Aussicht stehende *Paradiso* ist beschienen vom "light of the world", dem Rotlicht des ambulanten Gewerbes. Hemingways Auslassungstechnik überträgt Nicks metaphorischen Aufstieg ins profane Paradies des Bordells dem Visualisierungsvermögen des Lesers. Diesen sich anbahnenden Eintritt ins Reich der Seligen weiß Tom, die archetypische Mentorfigur, letztlich zu umgehen. Während Vergil bei Dante den Schützling vertrauensvoll dem Geleit der schönen Dame überstellt, wirkt Nicks älterer Begleiter dem Einlaß ins Rotlichtparadies entgegen.[17] Tom und Nick verlassen daraufhin das unheilige Zwischenreich des Warteraumes und setzen in "The Light of the World" ihre nächtliche Wanderung im faktischen wie spirituellen Dunkel fort.

Die Analyse verdeutlicht, daß die Struktur der Parodie durch die Tektonik des Originals mitbestimmt ist, selbst wenn – wie in Hemingways kupierter Version – die Station des Paradieses textlich nicht ausgestaltet ist und nur als Evokation mitschwingt. Auf der in "The Light of the World" vermittelten Etappe von Nick Adams' Initiationsreise erwartet den Auserwählten eben

---

[17] Die abschließende Frage des homosexuellen Kochs, "Which way are you boys going?" wird von Tom mit der Absage, "The other way from you" (391), mokant quittiert. Das Motiv nimmt vermutlich Bezug auf Dantes Sodomiten, die mit den Hermaphroditen im Fegefeuer des bereits erwähnten 26. Canto sühnen und sich entgegen der üblichen Laufrichtung bewegen.
Die englische Übertragung von C.H. Sisson, *The Divine Comedy* (London, 1981), p. 311, läßt die mögliche Anspielung Hemingways auf diese Dante-Stelle hervortreten:
For along the middle of the burning track
Came people facing the opposite way from the others,
And they made me pause and look with wonder.

nicht die grazile, heilsbringende Frauengestalt, sondern eine parodistisch verzerrte Wuchtbrumme, die ihn mit schöner Nächstenliebe ausnehmen würde. Die Dante-Vorlage dient Hemingway damit als strukturelles Medium für eine nicht auf sie selbst zurückweisende kritische Intention; der Prätext veranschaulicht vielmehr die an Nicks Umgebung konstatierte Posen- und Maskenhaftigkeit, über die das Religiöse simonistisch (zu weltlichen Zwecken) dienstbar gemacht wird. Gerade durch das implizite Wechselspiel zwischen dem Bezugstext und seiner parodistischen Brechung kann der Autor den falschen Anspruch der von Nick Adams Angetroffenen entlarven und zugleich seinem Initiationshelden in einer Mischung aus Sympathie und ironischer Abstandnahme begegnen. Bringt der Rezipient die Folie für eine Semantisierung des Erzählstückes ein, so wird sie zum Resonanzraum, der das groteske Geschehen von "The Light of the World" beleuchtet, kommentiert und für den Leser ästhetisch genußfähig werden läßt.

VII.3. Das Groteske und das Tragikomische: "The Undefeated"

Rezeptionsgeschichtlich ist Hemingways Erzählung "The Undefeated" von den Interpreten nahezu einmütig dem Einzugsbereich der Tragödie zugeschlagen worden. Insbesondere nach Philip Youngs wegweisender Studie, *Ernest Hemingway: A Reconsideration* (1952), die den sogenannten "code hero" als Deutungskategorie verwendet, schien die Nachhaltigkeit, mit der sich der Protagonist dieses Stierkämpferstücks gegen sein Schicksal stemmt, die Nähe zum Tragischen zu rechtfertigen. "Nearly every study of the story states or implies the critical and evaluative terms of tragedy"[18] bilanziert Paul

---

[18] Siehe *A Reader's Guide to the Short Stories of Ernest Hemingway* (Boston, 1989), p. 107.

Smith in seinem 1989 erschienenen Kompendium zu Hemingways Kurzprosawerk. Neben dieser konventionellen Lesart, wie sie beispielsweise auch Wirt Williams in *The Tragic Art of Ernest Hemingway* vertritt,[19] steht in neueren Studien das Bemühen, den lange Zeit vernachlässigten komischen Aspekten der *story* gerecht zu werden. Dies versucht John Howell, wenn er bei aller konzedierten Tapferkeit des alternden Matadoren dessen unfreiwillig komische Qualitäten, "his accidental burlesque,"[20] ins textanalytische Blickfeld rückt und zu dem Schluß kommt: "Essentially he is not a code hero [...] but a comic hero."[21] Weder die tragische noch die komische Lesart, welche die intrinsische Bipolarität des Stierkämpfers leugnen und diese ästhetische Disharmonie in einem neutralen Stilbereich aufzuheben versuchen, dürften freilich einen exklusiven Geltungsanspruch rechtfertigen. Von Interesse erscheint vielmehr, wie der Autor die *Integration* komischer und tragischer Effekte bewerkstelligt. Der Akzent des Erkenntnisinteresses liegt damit auf der als hybrid veranschlagten dramatischen Erscheinung, die "The Undefeated" eher dem Zwischengenre tragikomischer Verschmelzung zuweisen dürfte als den sich ausschließenden Kategorien des "nur" Komischen oder Tragischen.

Wolfgang Kayser hat auf die Affinität des Tragikomischen und Grotesken aufmerksam gemacht: "Ein neues Wort stellt sich dicht neben grotesk: Tragikomödie".[22] Im Grotesken koalieren die heiterkomische und die ernst-

---

[19] Williams sieht "The Undefeated" als "pure, unreduced tragedy." Die *story* habe nicht nur "the demanded magnitude, statement, and impact of authentic tragedy," sondern biete darüber hinaus über die Hamartia des Stierkampfveterans "the elevating quality that gives him redemption, transcendence, and heroic identity." *The Tragic Art of Ernest Hemingway* (Baton Rouge and London, 1983), p. 90f.
[20] Siehe "Hemingway and Chaplin: Monkey Business in 'The Undefeated,'" *Studies in Short Fiction*, 27 (1990), 94.
[21] *Ibid.*, 96.
[22] Wolfgang Kayser, *Das Groteske: Seine Gestalt in Malerei und Dichtung* (Reinbek, 1960), p. 40.

tragische Gestaltungsebene; "als Dekomposition der Dichotomie Tragödie/Komödie, der Gattungsordnung, die dem Theater seit seinen antiken Anfängen eingeschrieben ist, ist das Tragikomische grotesk."[23] Die in dieser klassischen Unterscheidung gründenden Rezeptionserwartungen scheitern am Gestus des Tragikomischen, denn es mischt Ernst und Spaß zur grotesken Gefühlsambivalenz. Dementsprechend stellt sich eine Erfahrung ein, die in der Gleichzeitigkeit und Identität des Schmerzlich-Ernsten und des Lächerlichen Gestalt gewinnt, wie im alternden Stierkämpfer Manuel Garcia von "The Undefeated". Die *story* zeichnet ein Bild von der Vergeblichkeit des vielleicht törichten und dennoch für den Protagonisten lebenswichtigen Bemühens, in der Welt der *corrida* noch einmal aktiv Fuß zu fassen, auch wenn diese ihm schon seit längerem unaufhaltsam entgleitet.

"The Undefeated" wurde 1925 in deutscher Übersetzung erstveröffentlicht (in *Der Querschnitt*), dann im Herbst/Winter des gleichen Jahres in der Originalfassung in *This Quarter* publiziert und schließlich 1927 als Auftaktgeschichte in *Men Without Women* gesammelt. Die Erzählung ist in ihrem Aufbau zweiteilig angelegt. Das Geschehen im einleitenden Teil umfaßt die Mittagszeit eines heißen Tages bis zum Spätnachmittag. Dargestellt wird der Besuch des Matadoren Manuel Garcia bei seinem Stierkampfpromoter Retana, es folgt das Gespräch mit den Kellnern eines Cafés und die Unterredung mit dem ehemaligen Picador Zurito, der mit Manuel nach wie vor freundschaftlich verbunden ist. Der im Hauptteil geschilderte Stierkampf findet am späten Abend des darauffolgenden Tages statt.

Manuel Garcias Glanzzeit liegt länger zurück. Der Torero ist aus dem Hospital entlassen worden, wo er eine schwere Beinverwundung auskurierte,

---

[23] Peter Fuß, *Das Groteske: Ein Medium des kulturellen Wandels* (Köln, 2001), p. 116 (Fußnote

die er sich in der einzigen von ihm in diesem Jahr bestrittenen *corrida* zugezogen hatte. Im Wissen, daß er einen *has been* wie Manuel billig unter Vertrag bekommt, verweigert der Stierkampfveranstalter ein lukratives Engagement für den prestigeträchtigen Kampf am Nachmittag; Manuel zieht nicht mehr und muß daher als Ersatzmann in einer zweitklassigen Nachtvorstellung ("a nocturnal") einspringen. Die für den Veteranen enttäuschenden Konditionen zeigen sich neben der beleidigend-mageren Gage ferner auch darin, daß er auf zwei nur mäßige Stiere treffen wird, welche von den Gutachtern aufgrund ihrer normunterschreitenden physischen Statur nicht für den Nachmittag freigegeben werden. Manuels nächtlicher Auftritt als Matador findet nach den sogenannten "Charlie Chaplins" statt, die als komische Parodie und Clownerie zur Volksbelustigung dienen und damit ein Schauspiel degradieren, das Hemingway in seiner *aficion* schon früh in den Rang einer klassischen Tragödie[24] erhoben hat.

Der einleitende Teil dient hauptsächlich dazu, den aufs Tragikomische hinweisenden Statusverlust des alternden "Tragödienhelden" sichtbar werden zu lassen. Die beiläufige Frage des Kellners, der den ehemals Gefeierten demütigenderweise in die Riege der chaplinesken Matadoren eingruppiert ("You in the Charlie Chaplins?" 240) verdient unter diesem Aspekt ebenso Beachtung wie der schwerwiegende Kommentar des Freundes Zurito: "You're too old"

---

19).

[24] Während seiner Journalistentätigkeit für den *Toronto Star* überschreibt Hemingway einen von ihm verfaßten Artikel mit "Bull Fighting is not a Sport – it is a Tragedy" (*Toronto Star Weekly*, Oct. 20, 1923). In seinem Brief an den Freund William D. Horne vom 18. Juli 1923 berichtet Hemingway vom Stierkampf in Pamplona und vermerkt: "It isn't just brutal like they always told us. It's a tragedy – and the most beautiful thing I've ever seen and takes more guts and skill and guts again than anything possibly could." Siehe *Ernest Hemingway: Selected Letters 1917-1961*, ed. Carlos Baker (New York, 1981), p. 88. An Ezra Pound schreibt der Autor am 19. Juli 1924 aus Burguete, die Arena sei "the only remaining place where valor and art can combine for success" (*Selected Letters*, p. 119). Auch die berühmte Formel "grace under pressure", wie vom Hemingwayschen *code hero* sinnbildhaft verkörpert, ist bei ihrer ersten Erwähnung (Brief an Scott Fitzgerald, 20. April, 1926) an den Stierkampf gekoppelt.

(243). Doch für Manuel ist die *corrida* die einzige Möglichkeit der Sinnerfüllung; er verschließt sich der Einsicht in seine mit zunehmendem Alter schwindende Physis. Der Ex-Picador Zurito, der sich – anders als Manuel – aus Altersgründen aus dem Geschäft zurückgezogen hat, willigt schließlich ein, bei dem Kampf zu assistieren. Allerdings ringt er dem alten Torero das Versprechen ab, sich von der *coleta*, dem Zopf des Stierkämpfers, zu trennen, sollte die Vorstellung ein Mißerfolg werden.

In "The Undefeated" erfolgt die Begegnung mit der im Stier verkörperten Gefahr im Rahmen eines festumrissenenen Verhaltenskodex, wobei sich die Inkongruenz zwischen dem hohen "code" des Stierkämpferhelden und der auf Zweitniveau abgesunkenen Veranstaltung als Wirkungsprinzip durchhält. Bereits Manuel Garcias elaborierte Widmung des Stiers mit der Verneigung vor der Loge des Präsidenten, den er in der Schwärze der Nacht nicht sieht, und dem Publikum, das längst nicht so großmütig ist, wie Manuels Formel evoziert ("I dedicate this bull to you, Mr. President, and to the public of Madrid, the most intelligent and generous of the world", 257) will nicht recht passen. Die Erhabenheit der rhetorischen Formel – für einen tragischen *death in the afternoon* wäre sie angemessen – ist im Rahmen des Nachtkampfs zu lang ausgefallen. Manuel weiß um die Diskrepanz zwischen der feierlichen Länge seiner Ansprache im ausgeleuchteten Areal des Rings und dem verminderten Status dieses Nachtstücks: "It was a little long for noctural use" (257).

Der von Hemingway zur Erzielung der synthetisch-tragikomischen Wirkung benutzte Kunstgriff liegt darin, daß die würdevolle Aura des über die Manifestationen des "code" evozierten Stierkampfrituals in der Folge durch burleske, mit Charlie Chaplin assoziierte Manierismen gebrochen wird. Der "code" schlägt sich in der Sprache nieder, beispielsweise in den einschlägigen *termini technici* des Stierkampfes ("pase de pecho", "faena", "muleta", "banderillo", "cuadrilla" etc.). Manuel hat die Bewegungsabläufe nach wie vor verinnerlicht, welche die hohe Kunst des Stierkampfes ausmachen:

> "He thought in bull-fight terms [...] His instincts and his knowledge worked automatically, and his brain worked slowly and in words. He knew all about bulls. He did not have to think about them. He just did the right thing. His eyes noted things and his body performed the necessary measures without thought. If he thought about it, he would be gone" (260).

Zwar erfüllt Manuel das Ritual und erlegt den Stier, aber vor dem endgültigen Todesstoß versagt er fünfmal, weil er die *estocada* blamablerweise nicht sauber ausführen kann. Daran knüpfen sich die tragikomischen Züge des Protagonisten, welche ihn in die Nähe der von Charlie Chaplin verkörperten Filmfigur stellen. "Charlie", der kleine Mann mit dem bleichen Gesicht und der zu engen Jacke, der knappen Melone, dem Spazierstöckchen und den Pluderhosen, war zur Zeit der Abfassung von "The Undefeated" die sicherlich bekannteste Figur des aufkommenden Kinos. Ausgestattet mit dem Habitus des Heruntergekommenen, der auf teils lächerliche, teils rührende Weise einen Rest von Würde bewahren will, ist er eine Figur, die an der Ungerechtigkeit der Welt leidet und sich in ihrer Sehnsucht nach Erfüllung trotz aller Kümmernisse nicht unterkriegen läßt.

Der Protagonist von "The Undefeated" gibt sich zu keiner Zeit geschlagen – trotz aller Strapazen des unglückseligen Kampfverlaufs. Bei Manuels erster Attacke trifft sein Degen auf das Rückgrat des Stiers, prallt ab und fliegt dem Torero aus der Hand. Garcia verliert bei diesem Manöver das Gleichgewicht, landet chaplinesk auf dem Hosenboden und imitiert in seinem Bemühen, sich den Stier durch das Gestrampel seiner Beine vom Leib zu halten, unwillkürlich eine gängige Vaudeville-Nummer: "Kicking like a man keeping a ball in the air, Manuel kept the bull from getting a clean thrust at him" (261).

Auch die weiteren Versuche, den Todesstoß anzubringen, ziehen unfreiwillige Kapriolen nach sich. Nicht nur der Stier wird über Gebühr malträtiert, auch die Ausrüstung des Matadoren wird in Mitleidenschaft gezogen und kommt Manuel sogar abhanden. Das Kostüm weist unübersehbare Schäden auf, ein Ärmel ist bereits abgerissen. Zum wiederholten Male muß der ins Schwitzen geratene Stierkampfveteran seinen Degen, der permanent auf das Schulterblatt des Bullen zu treffen scheint, in Form biegen. Einen zweiten Degen bringt Manuel ebenfalls nicht ins Ziel. In hohem Bogen fliegt das Gerät aus seiner Hand in die Zuschauermenge, die damit in das Spektakel einbezogen ist. Physisch überfordert, kann Manuel seine als verbindlich empfundene Verhaltensmaxime "corto y derecho" ("short and straight") nicht mehr handelnd umsetzen. Ihm fehlt es an der klassischen Ästhetik der Bewegungsabläufe, der "absolute purity of line in his movements", durch die das Stierkämpferidol Pedro Romero in *The Sun Also Rises* (168) besticht.

Von einer "emotional and spiritual intensity" sowie der "pure, classic beauty that can be produced by a man, an animal and a piece of scarlet serge draped over a stick"[25] kann in der glücklosen Kampfesführung des Matadors von

---

[25] Siehe *Death in the Afternoon* (New York, 1960), p. 207. In diesem Werk hat Hemingway den Kern der idealen Stierkampferfahrung in einer stilistisch bestechenden Textpassage festgehalten. Er beschreibt die *faena* als Serie von Manövern, welche dem lethalen Degenstoß vorangehen. Dieser "moment of truth" bewirkt im Betrachter – ähnlich wie in der klassischen Tragödie – eine Katharsis: "The faena that takes a man out of himself and makes him feel immortal while it is proceeding, that gives him an ecstasy, that is, while momentary, as profound as any religious ecstasy; moving all the people in the ring together and increasing in emotional intensity as it proceeds, carrying the bullfighter with it, he playing on the crowd through the bull and being moved as it responds in a growing ecstasy of ordered, formal, passionate, increasing disregard for death that leaves you, when it is over, and the death administered to the animal that has made it

"The Undefeated" keine Rede sein. Der Stierkampf des kompetenten, aber angejahrten Garcia gerät zur Posse, das graziöse *pas de deux* mit dem im Stier verkörperten Tode rutscht ins Groteske aus. Manuel, gedemütigt von den Mißfallensbekundungen der Menge, gerät darüber hinaus auch noch ins Taumeln, stolpert über eins der in den Ring geworfenen Kissen und wird vom Bullen an der Hüfte durchbohrt.

Am Erzählausklang findet sich Manuel in eben der Institution wieder, die er bei seinem Eintritt in die *story* verlassen hatte: die Krankenstation. Bei aller Ausdauer im Kampfeswillen weist dieser "Unbesiegte" komische Züge auf, die es rechtfertigen könnten, daß der Freund Zurito dem verletzten Veteranen am Ende der Geschichte die *coleta* abschneidet und damit das eingangs gegebene Versprechen einfordert. Andererseits macht Hemingways Erzählung deutlich, daß man über die "Unbeugsamkeit" dieses Helden nicht nur lachen, sondern auch jenes Mitgefühl empfinden kann, auf das üblicherweise die Figuren der Tragödie Anspruch haben. In "The Undefeated" trifft der Schmerz nicht einen flachen, mit der mitleidlosen Überlegenheit des Satirikers entworfenen Charakter. Mit Manuel Garcia begegnet dem Leser eine durchaus mit Sympathie gezeichnete Figur, deren auf den Stierkampf gerichtete Berufung ausdrücklich gegen die Gewinnsucht des Veranstalters, die Inkompetenz und Bequemlichkeit des anwesenden Zeitungskritikers und nicht zuletzt gegen die johlende Zuschauermenge absticht.

---

possible, *as empty, as changed and as sad as any major emotion will leave you"* [meine Hervorhebung]. Siehe *Death in the Afternoon*, p. 206-7.

VII. 4. Das Groteske und das Absurde: "The Killers" und "A Clean, Well-Lighted Place"

Die Grunderfahrung existentieller und epistemologischer Diskrepanzen, wie sie sich im Anschauungsmodus des Grotesken vermitteln, erhält über die Kategorie des Absurden ihre schärfste Zuspitzung. Wie das Groteske ist auch der über die Termini Absurdität/absurd ausgedrückte Befund relational zu definieren. Absurdität muß auf das Sinnsystem bezogen werden, das durch sie in Frage gestellt wird. Erst vor der Folie eines anerkannten Systems von Vorstellungen und Erwartungen, Werten und Normen kann etwas als unangemessen, widersinnig, paradox oder sinnentleert erscheinen.

War die Welt in der Satire noch als eingrenzbare und damit potentiell korrigierbare Deformation dargestellt, so scheint die Prämisse der ihr innewohnenden Konsistenz im absurdistischen Kontext abgeschafft. Hier zeigt sich die Welt als ethisches und logisches Chaos, in dessen Bannkreis der Glaube an die Vernunft des Menschen nicht mehr greift, da Sinngefüge wie Rationalität und Zweckgerichtetheit als irrelevant entwertet sind und keinen Ordnungszusammenhang mehr garantieren. Auf literarischer Ebene (wie in Hemingways "The Killers" und "A Clean, Well-Lighted Place" zu veranschaulichen) manifestiert sich von daher das Bestreben, das Bewußtsein der Grund- und Bodenlosigkeit des menschlichen Daseins und der Unzulänglichkeit rationaler Anschauungsformen durch den bewußten Verzicht auf Vernunftgründe und diskursives Denken zum Ausdruck zu bringen.

Neben der Außerkraftsetzung der logischen Kohärenz und der sprachlichen Ordnungsstrukturen (beispielsweise im Verstoß gegen die Sprachkonvention, wenn durch das Wörtlichnehmen einer Redewendung der Signifikant von dem konventionellen Signifikaten gelöst wird und sich damit der kanonisierten Bedeutung gegenüber querstellt) tritt das Gefühl existentieller Sinn- und Hoffnungslosigkeit im Zerfall der religiös-kosmologischen Ordnung. Ursprünglich instituiert, um die aus dem Wissen um die eigene Endlichkeit resultierende Fragwürdigkeit menschlichen Seins zu kompensieren, sollte die metaphysische Rechtfertigung dem Handeln einen letzten Sinn verbürgen. Der Verlust des Glaubens an die Auferstehung und das ewige Leben – und damit an die Garanten eines über den Tod als Dementi aller Sinnhaftigkeit hinausreichenden Lebensinhalts – verschärft die Kontingenzerfahrung und bewirkt die existentielle Absurdität.

Als Bruch mit einer Ordnungskonvention, die auf sprachliche Logik und dem Prinzip der Kausalität als Regeln der Erkenntnisordnung setzt bzw. auf der religiösen Kosmologie als Sinngarant gründet, avanciert die Gegeninstanz des Absurden zu einer Extremform des Grotesken. So argumentiert u.a. Peter Fuß, wenn er das Absurde "als Destruktion der fundamentalen Möglichkeitsbedingung *jeder* kulturellen Formation" und damit als "Steigerung des Grotesken" auffaßt: "Das Groteske und das Absurde entsprechen einander, sofern beide einen aus der Dekomposition von Momenten der kulturellen Ordnung resultierenden Zustand darstellen. Ihr Unterschied ist bloß quantitativ, das Groteske dekomponiert konkrete Bedeutungsrelationen, das Absurde die Möglichkeit des Bedeutens überhaupt."[26]

Groteskes und Absurdes erweisen sich in ihrem Dekompositionspotential strukturell homolog, sie verhalten sich zueinander wie das Teil zum Ganzen. Als Einzelfall zeigt und bewirkt das Groteske "metonymisch" die Sinn-Destruktion, die sich im Absurden totalisiert. Auf das Merkmal der Vollständigkeit des Sinn-Entzuges, welcher das Absurde quantitativ über das

---

[26] Siehe *Das Groteske* (Köln, 2001), p. 140.

Groteske hinaustreibt, hebt auch Gerhard Hoffmann ab, wenn er schreibt: "Das Groteske verschmilzt damit in der Form der totalen Groteske mit dem Absurden zu einem [...] Bild einer totalen, sowohl individuellen wie auch sozialen und metaphysischen Sinnleere."[27]

Robert Fleming hat "The Killers" mit den Stücken der Absurden Dramatiker in Verbindung gebracht und faßt den Leseeindruck wie folgt: "[T]he reader may feel that the story is akin to an absurdist drama, and in a sense this is what Hemingway presents."[28] Rovit und Brenner sprechen von "machined and absurd terror"[29] in dieser Erzählung. Arthur Waldhorn sieht Affinitäten zu Kafkas Romanfragment *Der Prozeß* (1925), wo sich Josef K. plötzlich in ein Verfahren verstrickt sieht, ohne daß er die Anklage oder die Ankläger kennt und nach anfänglichen untauglichen Versuchen, in das Geschehen einzugreifen, seiner Hinrichtung resignativ keinen Widerstand mehr entgegensetzt. Zu Hemingways Berufskillern notiert Waldhorn: "As ridiculous and unreal as Kafka's expressionistic 'undertakers' in *The Trial*, their purpose is as serious and sinister."[30]

Die Aktion von "The Killers" hat die Gestalt der Verfremdung einer scheinbar vertrauten, alltäglichen Welt durch den Einbruch latenter zerstörerischer Kräfte, ohne daß eine transparente Motivation vorliegt. Als durchgängiges Wirkungsprinzip ist die *story* von Mechanismen der Desorientierung bestimmt, da die Schein/Sein-Ambivalenz konsequent durchge-

---

[27] Siehe "Perspektiven der Sinnstiftung: Das Satirische, das Groteske, das Absurde und ihre Reduktion zur 'freien Komik' durch Spiel und Ironie," in: Gerhard Hoffmann (ed.), *Der zeitgenössische amerikanische Roman von der Moderne bis zur Postmoderne*, Bd. 1 (München, 1988), p. 252.
[28] Siehe "Hemingway's 'The Killers': The Map and the Territory", in Jackson Benson (ed.), *New Critical Approaches to the Short Stories of Ernest Hemingway* (Durham and London, 1990), p. 310.
[29] Siehe *Ernest Hemingway: Revised Edition* (Boston, 1986), p. 98.
[30] Siehe *A Reader's Guide to Ernest Hemingway* (New York, 1972), p. 61.

halten ist und damit das Bewußtsein von Orientierungsdefiziten, Insekurität und Erkenntnisaporien aktiviert. Steven Carter umreißt die sich in dieser Erzählung abzeichnende Bewußtseinslage: "The slippery world of the story is comprised of mutually exclusive and mutually interdependant appearances, in which oppositions, doublings and epistemological erasures are the norm. In the end, Hemingway has cut the phenomenological ground out from under virtually everyone – Al, Max, Nick, George, Sam, Mrs. Bell, Ole Andreson, and, of course, the reader, who also finds him- or herself lost in a cloud of agnostic unknowing."[31] Die Erzählung zielt in ihren strukturellen Komponenten auf die Erwartungsenttäuschung des Lesers, insofern als bereits der reißerische, auf einen handlungsgeladenen "Thriller" deutende Titel hinter dem Anspruch des Werkes zurückbleibt.

"Henry's lunchroom", eine Imbißstation in der Kleinstadt Summit im Umkreis von Chicago, ist teilweiser Handlungsschauplatz der Erzählung. Auf den Inhaber des Kleinrestaurants, der immerhin über den Schriftzug ausgewiesen ist, wartet der Leser jedoch vergeblich. Der Mann hinter dem Imbißtresen heißt George. Ursprünglich eine Bar, fungiert "Henry's" nunmehr zweckentfremdet als Imbißstube ohne Alkoholausschank – die *story* spielt während der Prohibition: "Henry's had been made over from a saloon into a lunch-counter" (282). Auch beim zweiten Handlungsschauplatz tritt das Stellvertretermotiv auf. Bleibt Henry, der eigentliche Besitzer der Imbißstube, als Nullpräsenz ungreifbar, so verhält sich dies ebenso im Fall von Mrs. Hirsch, der Pensionschefin von "Hirsch's rooming-house", in dem sich Ole Andreson eingemietet hat. Abermals erweisen sich vermeintliche Tatsachen als Halbwahrheiten. Nick Adams vermutet in der ihm öffnenden

---

[31] Siehe "Interrogating The Mirror: Double-Crossings in Hemingway's 'The Killers'", *Acta Neophilologica*, 30 (1979), 68.

Dame Mrs. Hirsch, diese jedoch korrigiert ihn später dahingehend, daß sie nicht die Eigentümerin, sondern lediglich die Hausverwalterin sei und Mrs. Bell heiße – ein Mißverständnis.

Daß das geschriebene Wort keine verläßlichen Auskünfte bietet, zeigt sich nicht nur im Motiv der verschobenen Identitäten. Als in der ersten Szene der Erzählung die Killer von der Speisekarte bestellen, ist das auf dem "menu" faktisch Verzeichnete als Option nicht zu bekommen, da es erst zu einem späteren Zeitpunkt zubereitet wird. Das Klima zunehmender Desorientierung verdichtet sich durch die Diskrepanz zwischen faktischer Zeit und der über die Wanduhr des Lokals angezeigten Zeit: "'It's twenty minutes fast,' he [George] explains" (279). Ungereimtheiten prägen auch den Ablauf des weiteren Geschehens, ohne daß der Leser vorerst vom Mordkomplott gegen den ehemaligen Preisboxer Ole Andreson erfährt. Al ordert "ham and eggs", sein Kollege Max "bacon and eggs" (280). Als die Teller gebracht und die Gerichte serviert werden, wechselt die Zuordnung der Speisen und ihrer Konsumenten chiastisch: Max greift sich das Schinkengericht, Al verzehrt den Speck.

Die von Hemingway in sein Konversationsstück eingelegte Regieanweisung zur äußeren Erscheinung der Gangster verstärkt den Eindruck des Zwiespältigen und latent Bedrohlichen. Beide Gäste, die sich in ihrer Austauschbarkeit wie späte Söhne von Shakespeares Rosenkrantz und Guildenstern ausnehmen,[32] sind wie Zwillinge gekleidet ("they were dressed like twins," 280). Die Uniformierung ihres Aufzugs scheint zunächst die Seriosität von

---

[32] Siehe Steven Carter, "Rosencrantz and Guildenstern are alive: A Note on Al and Max in Ernest Hemingway's 'The Killers,'" *The Hemingway Review*, 17 (1997), 68-71. Beide Höflinge sind ontologisch auswechselbare Doppelgänger:
Claudius: "Thanks, Rosencrantz and gentle Guildenstern.
Gertrude: "Thanks, Guildenstern and gentle Rosencrantz. (*Hamlet*, II.ii. 33-34.)

Geschäftsleuten anzuzeigen: steifer Hut, zweireihiger Überzieher, Seidenschal und Handschuhe, die absonderlicherweise auch während des Essens anbehalten werden. Die Nähe zum Grotesken und Zwielichtigen wirkt zu diesem Zeitpunkt beunruhigend, während sie später, beim Verlassen des Lokals, lächerlich wirkt: die vornehmen Herrschaften, unter deren zu engen "overcoats" sich beunruhigenderweise Schußwaffen mit professionell verkürzten Läufen verbergen, gleichen einem "vaudeville team" (285). Die Widersprüchlichkeit zwischen der Erscheinung respektabler Bürger und dem Auftrag von kaltblütigen Berufsverbrechern läuft aus in der Trivialität eines launigen Varieté-Programms. Der "death in the afternoon" findet nicht statt. Diese Vorstellung ist bis auf weiteres verschoben.

Verwirrend, ja schockierend ist die Beiläufigkeit, mit der das Schreckliche in der Feststellung eskaliert, "We're going to kill a Swede" (283). Das ist aus dem Blickwinkel der Gangster keine moralische, sondern eher eine praktische Frage. Die Evokation des Grausigen geschieht durch das unvermittelte, gleichsam hautnahe Nebeneinander von trivialer Alltagswirklichkeit und tödlicher Gewalt. Der Gestus innerer Unbeteiligtheit, mit dem die sich im "lunchroom" eingenisteten Killer ihrem Opfer auflauern, wirkt unheimlich: "Inside the kitchen [George] saw Al, his derby hat tipped back, sitting on a stool beside the wicket with the muzzle of a sawed-off shotgun resting on the ledge" (284). In der Maske der Normalität vermittelt sich sukzessive ein mit Präzision und unterkühlter Distanz inszeniertes Ritual der Gewalt. In der beiläufig annoncierten Mordmission der sinistren Gäste ist, wie Kuno Schumann betont, "ästhetische Form und erschreckender Inhalt zu einer Ästhetik des Makabren verschmolzen."[33]

---

[33] Siehe "The Killers", in: Karl Heinz Göller, Gerhard Hoffmann (eds.), *Die amerikanische Kurzgeschichte* (Düsseldorf, 1972), p. 270.

Hemingways Erzählung vermeidet in ihrer dissonant angelegten Motivik alles, was einer rationalen Erklärung Vorschub leisten könnte. Hier macht sich ein Bewußtsein geltend, das sein Mißtrauen gegenüber logischer Verstandeserkenntnis abgesehen vom Arsenal disparater Stoffelemente auch in der verwendeten Sprache und damit auf formaler Ebene anschaulich werden läßt. Die weitgehend dramatische Form der *story* – 80% ihres Umfangs besteht aus Dialogen – bricht logische Diskursiviät in einem Rhythmus an leerlaufenden Wiederholungen auf. Der Terror fortschreitender Schikane, welcher den ersten Erzählteil in der Imbißstube bestimmt, verbindet sich mit einer eigentümlich beklemmenden Komik, die neben der karikaturhaften Figurenzeichnung der Gangster und dem Verlust der Situationskontrolle seitens des Restaurantleiters auch über die Charakteristik repetitiver Sprachmuster evoziert wird.

Durch den *in medias res*-Einsatz ohne Umschweife in die *story* hineingenommen, beschleicht den Leser bereits in der ersten Dialogsequenz das Gefühl des Sonderbaren. Nachdem die zwei "feinen Herren" die gewöhnliche Imbißbude betreten haben, lassen sie den Barmann, der sich konventionell nach ihrem Essenswunsch erkundigt, verbal "auflaufen":

> The door of Henry's lunch-room opened and two men came in. They sat down at the counter.
> "What's your's?" George asked them.
> "I don't know," one of the men said. "What do you want to eat, Al?"
> "I don't know," said Al. "I don't know what I want to eat" (279)

Das Verhalten der gedungenen Mörder vermittelt die (deplazierte) Attitüde von Gästen, die ein Restaurant von vermeintlich gehobener Klasse betreten und sich angesichts der kulinarischen Vielfalt nicht zu entscheiden vermögen. In Anbetracht des beschränkten Angebots an Gerichten einer Imbißstube wirkt die affichierte Unsicherheit der Männer befremdlich. In Kombination mit der unterdimensionierten Oberbekleidung der chaplinesk ausstaffierten Gäste spielt die mechanische Emphase des "I don't know" über das verbale Echo aus dem Munde des identisch gekleideten "Zwillings" einen skurrilen, irreal wirkenden Impuls in die Alltagsbanalität ein. Hinzu tritt, wie Schlepper dies zurecht herausstellt, die Wiederholung des überflüssigen Syntagmas "want to eat", das in seiner Wiederaufnahme durch den zweiten Sprecher gegen umgangssprachliche Konventionen verstößt.[34] Gemessen an der Elle der referentiellen Botschaft erhält die scheinbar belanglose Mitteilung über die Unschlüssigkeit der beiden Besucher ein das normale Maß überschreitendes Gewicht.

Das Gefühl vagen Unbehagens intensiviert sich, als Max unsinnigerweise ein Gericht ordert, das gar nicht auf der von George referierten Liste verfügbarer Speisen erscheint, und infolge der nicht realisierbaren Bestellung verbal ausfällig zu werden droht ("Everything we want's the dinner, eh? That's the way you work it", 280). Paradoxerweise löst gerade Georges konziliantes Bemühen, mit seinen unvernünftigen Gästen vernünftig umzugehen, sprachlich vermittelte Aggression aus. Nachdem sich Al und Max über die ihnen bis vor kurzem offenbar noch völlig unbekannte Stadt Summit mokieren, entspinnt sich folgender Dialog, in dem Al darauf aus ist, dem Imbißstubenwirt den Schneid abzukaufen:

"What do you do here nights?" Al asked.
"They eat the dinner," his friend said. "They all come here and eat the big dinner."
"That's right," George said.
"So you think that's right?" Al asked George (280).

---

[34] Siehe Wolfgang Schlepper, "Hemingway's 'The Killers': An Absurd Happening," *Literatur in Wissenschaft und Unterricht,* 10 (1977), 106 f.

Mit voller Absicht versteht Al die konventionell höfliche Zustimmung ("That's right") wörtlich. Der Ganove manipuliert Georges neutrale Floskel, indem er ihr einen in diesem Kontext intentionsfremden, wertenden Charakter unterschiebt. Unvermittelt kehrt sich das George im Munde umgedrehte Wort gegen ihn selbst.[35]

In das linguistische Provokationsinstrumentarium der Killer reiht sich ferner die auf Nick und George gemünzte Etikettierung "bright boy" ein mit ihrer despektierlichen, weil verniedlichenden Konnotation. Diese Bezeichnung erscheint in absurder Quantität (27 mal auf nur 6 Textseiten). Sprache fungiert, wie für Theaterstücke des Absurden nicht unüblich (Pinters *comedies of menace* oder auch Ionescos Anti-Stück *La Leçon* sind illustre Beispiele), als Waffe im Dienste blanken Terrors, gleichsam als verbale Keule. Die daraus resultierende Verdinglichung der sprachlichen Äußerung hat einschüchternde und unterjochende Funktion. Diese Form der Gewaltausübung durch eine Sprache, die mundtot machen soll, geht sinnfällig der brutalen Fesselung und Knebelung von Nick Adams und dem Negerkoch Sam voraus.

An das Merkmal der verdinglichten Sprache knüpft sich die Deformation des Dialogs zum bloßen Sprachmechanismus, welcher die sinnvermittelnde Funktion der sprachlichen Äußerung zerstört. Die dingliche Mechanik einer Rede, die absurd in sich selber kreist, manifestiert sich am eindringlichsten in dem Moment, da George die marionettenhaft agierenden Gangster auf den "Sinn" der von ihnen inszenierten Manöver anspricht:

---

[35] Dieser Mechanismus offenbart sich ein weiteres Mal in einer ähnlich gelagerten Dialogpassage:
George laughed.
"You don't have to laugh," Max said to him. "You don't have to laugh at all, see?"
"All right," said George.
"So he thinks it's all right." Max turned to Al. "He thinks it's all right. That's a good one" (281).

"What's it all about?"
"Hey, Al," Max called, "bright boy wants to know what it's all about."
"Why don't you tell him?" Al's voice came from the kitchen.
"What do you think it's all about?"
"I don't know."
"What do you think?" [...]
"I wouldn't say."
"Hey, Al, bright boy says he wouldn'd say what he thinks it's all about" (282-3).

Banalität, Verknappung und Wiederholung in den Dialogen zeigen unmittelbar den Mangel an "Aussage" an, und liefern damit ein Bewußtsein der geistigen und psychischen Substanzlosigkeit der Berufskiller.[36] Der hanebüchene Aspekt dieses mit mechanischer Präzision ablaufenden Rituals ist die leidenschaftslose, im moralischen Vakuum angesiedelte Anonymität des Geschehens. Die Frage nach dem "Warum" ("'What's the idea?' Nick asked.") erscheint aus dieser Perspektive geradezu absurd und wird mit dem lakonischen Statement "There isn't any idea" (281) erledigt. In ihrer zynisch-abgebrühten Neutralität erscheinen die Gangsterzwillinge – bei einer die Topikalität der Prohibitionsära überschreitenden Lesart – als personifizierte Agenten einer namenlosen Macht,[37] welche die Sinnlosigkeit des Todes und damit das Inhumane schlechthin verkörpert. Schlepper bindet das Fehlen eines offenkundigen Motivs für das Mordkomplott in den Referenzbereich des Absurden ein, wenn er schreibt:

> Absence of explanation is a characteristic feature of this story, not merely with respect to particulars of the dialogue or the background, but also to the mainspring of the plot as a whole, and this is the chief

---

[36] Grebstein bezeichnet deren Vorgehen treffenderweise als "mechanical behaviour of robots." Siehe *Hemingway's Craft* (Carbondale and Edwardsville, 1973), p. 110.
[37] "He never had a chance to do anything to us. He never even seen us [...] We're killing him for a friend. Just to oblige a friend, bright boy" (283).

> element 'The Killers' shares with the Theatre of the Absurd [...]: A world that functions mysteriously outside our conscious control, must appear absurd.[38]

An den in "The Killers" vermittelten Befund existentieller Haltlosigkeit knüpft sich die Frage nach Reaktionsweisen angesichts des Schockierenden. Der schwarze Koch Sam will nach Vogel-Strauß-Manier nichts weiter hören ("I don't even listen to it", 288). Der Imbißstubenwirt George geht zur Tagesordnung über, schnappt sich sein Spültuch, wischt die Tische ab und empfiehlt Denkverzicht ("You better not think about it", 289). Nick schließlich faßt nach seiner gescheiterten Mission, Ole Andreson vor dem ihm bestimmten Schicksal zu bewahren, den Entschluß, sich dem Schauerlich-Irrationalen durch einen Ortswechsel zu entziehen: "It's an awful thing," Nick said [...] "I'm going to get out of this town" (289).

Der gejagte Andreson sieht sich außerstande, den Tod in seinen Lebensentwurf zu integrieren und dadurch Freiheit gegenüber seiner *conditio* zu gewinnen. Konfrontiert mit seiner vermauerten Zukunft kann die Abschottung des apathisch auf die "wall" fixierten Boxers vor der Außenwelt keine positive Lösung zeitigen. Mit dem Auftreten des alten Kellners in "A Clean, Well-Lighted Place" setzt Hemingway demgegenüber einen veränderten Akzent. Die in *Scribner's Magazine* (März 1933) abgedruckte und noch im gleichen Jahr in die Kurzgeschichtensequenz *Winner Take Nothing* integrierte Erzählung macht die Haltung angesichts des Absurd-Grotesken zum eigenständigen Thema. Ähnlich wie Ole Andreson ("waiting in the room and knowing that he's going to get it", 289) inkarniert der hier auftretende "old waiter" die vereinzelte Existenz, begreift aber das Skandalon todgeweihten

---

[38] Siehe "Hemingway's 'The Killers': An Absurd Happening," 109.

menschlichen Seins nicht als zu erleidendes Faszinosum, sondern vermag der Auseinandersetzung mit der Absurdität eine sinnspendende, wenngleich zu jeder Zeit bedrohte Dimension abzugewinnen.

Skizzenhaft vergröbert lassen sich die geistesgeschichtlichen Implikationen, wie sie für "A Clean, Well-Lighted Place" in Teilen der kritischen Literatur reklamiert wurden, wie folgt fassen: Das nach dem ersten Weltkrieg ins Bewußtsein gedrungene Gefühl der Auflösung jener Ordnungsgefüge politischer, gesellschaftlicher und moralischer Art, deren göttliche Sanktionierung bislang verbindlich war, nimmt dem einzelnen das harmonistische Vertrautheits- und Geborgenheitsgefühl. Der Glaube an eine objektive, "vernünftige" Ordnung der Welt, an der der Mensch nur teilzuhaben braucht, wechselt mit der Erkenntnis, daß der einzelne ort- und heimatlos existiert, radikal auf sich selbst zurückgeworfen ist und von daher die Welt von seinem Selbst her neu strukturieren muß. Er ist gefordert, sich zu entwerfen in einer Situation, die er nur in beschränktem Maß beeinflussen kann, die ihn in seinen Möglichkeiten beengt und ihm seine Endlichkeit schmerzlich bewußt macht. Diese Grunderfahrung der Moderne – die Hemingwaykritik hat in diesem Kontext auf die philosophischen Positionen Kierkegaards, Heideggers und der französischen Existentialisten hingewiesen[39] – findet in "A Clean, Well-Lighted Place" künstlerischen Ausdruck in der Einrichtung des hell erleuchteten Cafés als Bastion gegenüber omnipräsenter Finsternis.

---

[39] Siehe u.a. William Barrett, *Time of Need, Forms of Imagination in the Twentieth Century* (New York, 1972), p. 83-92; Steven K. Hoffman, "*Nada* and the Clean, Well-Lighted Place: The Unity of Hemingway's Short Fiction," in: Jackson Benson (ed.), *New Critical Approaches to the Short Stories of Ernest Hemingway* (Durham and London, 1990), p. 172-91. Vgl. ferner Klaus Lubbers, der hinsichtlich des entgötterten Himmels aus John Killingers Pionierstudie *Hemingway and the Dead Gods* (Lexington, 1960) zitiert: Am überzeugendsten wirken nach Lubbers "noch solche [weitergehenden Deutungsversuche], die den "nada"-Begriff verstehen als 'basically the Nothingness of the existentialist, the strange, the unknowable, impending threat of nihilation, the *Nichts* of Heidegger, the *néant* of Sartre, and the *nada* of Unanumo'." Siehe *Die amerikanische Kurzgeschichte*, eds. Karl Heinz Göller und Gerhard Hoffmann (Düsseldorf, 1972), p. 284. War

"A Clean, Well-Lighted Place" zeigt die Konfrontation des Menschen mit Alter, Einsamkeit und Tod vor der Folie einer Welterfahrung, die keinerlei prästabilierte Sinngebung zu verraten scheint, wodurch die Frage nach der Reaktion auf dieses Sinnvakuum in den Vordergrund tritt. Steven K. Hoffman hat hierauf hingewiesen: "[B]ecause *nada* appears to dominate 'A Clean, Well-Lighted Place,' it has been easy to miss the fact that the story is not about *nada* per se but the various available human responses to it. As a literary artist, Hemingway was generally less concerned with speculative metaphysics than with modes of practical conduct within certain a priori conditions."[40]

Angesichts der Ausweg- und Heillosigkeit menschlicher Existenz inmitten der Absurdität eines nächtlichen *nada* steht der alternde Kellner in "A Clean, Well-Lighted Place" buchstäblich vor dem Nichts, auf das er zu reagieren hat. In seinem gebrochenen Verhältnis zur Welt erfährt der Protagonist Verzweiflung und Angst, existiert er ohne apriorischen Sinn: "It was not fear or dread. It was a nothing that he knew too well" (382f.). Während Furcht sich auf konkrete Personen, Ereignisse oder Gegenstände etc. bezieht, ist das Gefühl metaphysischer Angst in der Konfrontation mit dem Nichts als allumfassende Gestimmtheit zu verstehen, die synchron mit der Nichtigkeitserkenntnis eintritt und von ihr nicht mehr zu trennen ist. "The nothing is everywhere," vermerken Rovit und Brenner,

---

die herkömmliche Soll-Ethik darauf bedacht, die Unanfechtbarkeit bestehender Werte einsichtig zu machen und das Tun der Menschen diesen Einichten zu unterwerfen, so fordert eine neue Ethik die individuelle Verantwortlichkeit des Menschen. Die Zuspitzung der Frage, welche Orientierungslinien für menschliches Handeln angesichts des Absurden überhaupt noch Geltung haben können, wird schließlich von der Philosophie des französischen Existentialismus formuliert, welche die alte Ethik mit ihren Pflichten und Imperativen suspendiert und stattdessen "Ethik statt Theodizee" zur neuen Maxime erhebt.

[40] Siehe Steven Hoffman, p. 173.

so huge, terrible, overbearing, inevitable, and omnipresent that, once experienced, it can never be forgotten. It is characterized by an absence of order, an absence of light, an absence of meaning. It is, in pure and ominous terms, the chaos of nonmeaning – primordial and ineffaceable – which, for Hemingway, exists in its most concentrated and terrifying form at the point of the still moment of time in which the human will is challenged to respond.[41]

Das luzide Bewußtsein des alten Kellners macht das von ihm geführte helle Café als existentiellen Fluchtpunkt zu einem ethisch-moralischen Anliegen. Angesichts der auf ein Minimum geschrumpften Wirkungsmöglichkeiten gegenüber dem als ontologisch prästabiliert aufgefaßten finsteren Chaos[42] symbolisiert das saubere, elektrisch beleuchtete Lokal als unerläßlicher Eckwert menschlichen Existierens das Bedürfnis, zumindest in bescheidenem Maße die Wirklichkeit akontingent zu formen: "It was all nothing and a man was nothing too. It was only that and light was all it needed and a certain cleanness and order" (383). In diesen Gedanken des alternden *waiter* manifestiert sich seine Tendenz, die als kontingent erlebte Realität, welche den Menschen einzig auf die Seinsweise des *Wartens* festzulegen scheint, zumindest ansatzweise mit Sinn zu versehen.

In Abgrenzung zur Ungeduld des jungen "waiter who was in a hurry" (382)[43] – das evozierte Paradoxon des "beschleunigten Wartens" wirkt hier besonders

---

[41] Siehe Earl Rovit and Gerry Brenner, *Ernest Hemingway* (Boston, 1986), p. 94.
[42] Hoffman spricht von "the absolute power of chance and circumstance to negate individual free will and the entropic tendency toward ontological disorder that perpetually looms over man's tenuous personal sense of order." Siehe "*Nada* and the Clean, Well-Lighted Place," 174.
[43] Der junge "waiter" *agiert* – in Opposition zu dem etwa achtzigjährigen Klienten und dem "old waiter", die beide durch das Motiv des Alterns einander angenähert sind – unterhalb dieser Bewußtseinsschwelle. Der junge Ober lebt im (schein)soliden Koordinatensystem des "Bürgerlichen", das sich im Öffentlichen auf geregelte Arbeitszeiten und im Privaten auf eine gediegene Ehegemeinschaft gründet. Er sieht seine Legitimation neben seiner Jugend in einer Tätigkeit, die ihm seinen unverlierbaren Ort zuweist und damit die Desolidarisierung von dem "a-sozialen" verwitweten Trinker bedingt: "I wish he would go home. He has no regard for those who must work" (381). Im Sozialen reklamiert der "young waiter" – im Gegensatz zum nunmehr part-

entlarvend – ist sich der "unhurried waiter" (381) der ethisch-moralischen Verantwortung für seinen Kundenstamm bewußt, mit dem ihn ein verstehendes Mitgefühl eint: "Each night I am reluctant to close up because there may be some one who needs the café" (382). Exponent dieser Klientel ist ein alter, gehörloser Witwer, der zu später Stunde das Café aufsucht und dort regelmäßig seinen Brandy trinkt. Nach einem fehlgeschlagenen Selbstmordversuch[44] ist für den Alten das gut beleuchtete Café existentieller Fluchtort, denn, nach dem Tod seiner Ehefrau auf sich alleingestellt, ist der durch seine Taubheit zusätzlich isolierte Alte der Verzweiflung anheimgefallen:

> "Last week he tried to commit suicide," one waiter said.
> "Why?"
> "He was in despair."
> "What about?"
> "Nothing" (379).

Das vermutlich vom "old waiter" in einem inhaltsschweren Sinn verwendete "Nothing" läßt sich gleichsetzen mit *nada*, der Abwesenheit einer sinnstiftenden metaphysischen Kraft. Daß der alte Kellner sich nicht monadisch in dieser desillusionierenden Einsicht verliert, sondern ihr sozialaktive Impulse abgewinnt, macht seine Größe aus. Der "old waiter" wendet sich gegen die als ontologisch aufgefaßte Heillosigkeit des Daseins, trotz des Wissens,

---

nerlosen "old man" und zum "old waiter" – seinen festen Platz in dem Glauben, daß die einsame Ehefrau bereits sehnsüchtig auf ihn "wartet": "He's lonely. I'm not lonely. I have a wife waiting in bed for me" (380). Sinnfällig verweigert sich der jüngere Kellner allen Anspielungen seitens des älteren Kollegen, die seine stramme Selbstsicherheit ("I have confidence. I am all confidence, 382) unterminieren könnten. Auf der Verweisungsebene schottet er sich gegen jeglichen "Un-Sinn" ab ("Stop talking nonsense", 382) und bleibt der Scheinsubstantialität vermeintlich grundsolider Wert-Apriorismen verhaftet.

[44] Der Selbstmord des alten Stammgastes – eine Tat, die aus katholischer Sicht das Seelenheil gefährdet – war von seiner Nichte vereitelt worden, deren Handeln kontrastiv das grundlegende Vertrauen in eine gesicherte Ordnung spiegelt. Spanien hält als Hochburg des Katholizismus moralische Direktiven bereit, die im Rahmen transzendenter Kausalität und Finalität die Existenz auf ein sinnvolles Ziel hin rechtfertigen.

daß sie irreparabel präsent bleibt. Diese im Klima der Absurdität verhalten praktizierte Solidarität gegenüber seinem Kundenkreis verleiht dem alten Kellner Würde und Statur.

Fern aller Teleologie erkennt der "old waiter" sich als transzendental heimatlos in einem allen menschlichen Belangen gegenüber indifferenten Universum. Die metaphysische Auflehnung des Obers konturiert sich in seiner nihilistischen Parodie auf das *Vaterunser* und das *Ave Maria*, die in der Monotonie eines endlos wiederholten *nada* alle göttlich-moralischen Richtwerte *ad absurdum* führt. Kenneth Johnston vermerkt in seinem Kommentar: "As he parodies the Lord's Prayer and the Hail Mary, he substitutes *nada* for every important word in the prayers: "father," "heaven," "hallowed" are nothing; "Mary," "grace," and "the Lord" are nothing too. It is a total, devastating denial of belief."[45] Ihre sinnfällige Ausprägung erhält diese metaphysische Revolte, wenn der alte Kellner auf seinem Heimweg an einer Bodega haltmacht:

> "What's yours?" asked the barman.
> "Nada."
> "Otro loco mas," said the barman and turned away.
> "A little cup," said the waiter (383).

Der "old waiter" – wie alle auf der nächtlichen Bildfläche auftretenden Figuren ist auch er namenlos – stellt sich nicht nur der Anonymität eines halt und orientierungswidrigen *nada*. Als willentliche Multiplikation des Absurden verlangt er sogar danach: "winner take nothing". Eine "vernünftige" Bestellung verbietet sich in Anbetracht des Dunkels "unvernünftiger" Absurdität. Die Quittung für solch unkonventionelles Auftreten erfolgt postwendend in der psychopathologischen Marginalisierung ("loco"). Der vermeintlich schrullige Alte sieht sich in die Riege der "Verrückten" und Nichtzurechnungsfähigen verwiesen – eine durchaus übliche Praxis seitens der Vertreter kerngesunder Lebenstauglichkeit im Umgang mit grotesker Normdevianz. Die Tasse starken Kaffees aus der Bodega wird den "old waiter" für den Rest der Nacht vor dem Einschlafen bewahren: "After all, he said to himself, it is probably only insomnia. Many must have it" (383). Das für den Autor typische Stilmittel der Untertreibung tönt über die hier erkennbare Ausweitungstendenz die tiefempfundene Grundlosigkeit menschlicher Existenz antiklimaktisch ins Unpathetische ab. Die groteske Gleichung von *Winner Take Nothing*, gemäß derer der Hemingwaysche Sieger leer ausgeht, findet im "old waiter" ihren vielleicht bewegendsten Manifestationsträger.

---

[45] Siehe *The Tip of the Iceberg: Hemingway and the Short Story* (Greenwood, 1987), p. 163.

VIII. Ausblick auf das Romanwerk

Neben seinen bedeutenden *short stories*, die Hemingway vornehmlich in den zwanziger Jahren zu einem der wichtigsten Verteter der klassischen Moderne in der amerikanischen Literatur machen, steht in dieser Dekade das stark beachtete Frühwerk des Romanciers: *The Sun Also Rises* (1926) und *A Farewell to Arms* (1929). Nach den großen literarischen Würfen der Kurzgeschichtensequenz *In Our Time* (1925) und den beiden genannten Langtexten weist Hemingways Schaffen in der mittleren bzw. späten Phase nach Ansicht der Kritik eine eher absteigende Linie auf. *For Whom the Bell Tolls* (1940) findet zwar durchaus Anerkennung; ähnliches gilt für die Novelle *The Old Man and the Sea* (1952). Gemessen an der Produktion in den "Twenties" fällt die positive Würdigung dieser Werke allerdings zurückhaltender aus, während das kritische Votum zu *To Have and Have Not* (1937) bzw. *Across the River and Into the Trees* (1950) weitgehend negativ fixiert ist.

Betrachtet man das Romanwerk in seiner chronologischen Abfolge, so macht sich der Eindruck geltend, daß der Gegendiskurs des Grotesken, der zahlreichen Kurzgeschichten ihre hintergründige Schattierung verleiht, in der epischen Langform ungleich schwächer ausgeprägt ist. Insbesondere ab den dreißiger Jahren zeigt das Werk stilistische sowie thematische Akzentverlagerungen, die darauf abzielen, den versehrten, ramponierten, derangierten, fragmentierten Anti-Helden der frühen Schaffensphase durch fiktionale Akteure zu kontern, die – anders als ihre Vorläufer – mit wachsender Autorität und Kontrolle zu agieren verstehen. Erzielte Hemingway seine hohe künstlerische Wirkung bislang, indem er die unsichere, instabile, gebrochene Position des einzelnen in der Moderne ausmißt, so macht sich in der Präsen tation späterer Romanfiguren ein in seiner Individualität und Identität gefeierter Heldentypus geltend, der in aktiver Selbstbehauptung der (ver)störenden Charakteristika des Grotesken ermangelt.

In den zentralen Romanen aus den zwanziger Jahren, *The Sun Also Rises* und *A Farewell to Arms,* ist die Thematik individueller Verwundbarkeit unter den säkularisierten, reifizierten Bedingungen der Moderne deutlich ausgeprägt. Von *grotesques* im strengen Wortsinne läßt sich im Falle von Jake Barnes und Frederic Henry nur mit Einschränkungen sprechen. Zwar vereinigen beide Figuren auf sich die Motivik des versehrten Körpers und der flottierenden Individualität, die sie der Riege der *grotesques* annähert. Andererseits treten beide als Ich-Erzähler auf, deren lakonische Diktion ein Bemühen um Kontrolle und Disziplin vermittelt, welches dem Modus des Grotesken in seiner Vorliebe für das Zügellose und Regelwidrige entgegenarbeitet.

Durch eine Kriegsverletzung impotent geworden, hat Jake Barnes Teil an der sterilen Welt amerikanischer *expatriates,* deren entwurzelte Existenz sich weitgehend in Pariser Cafés und Bars abspielt. Die Genitalverletzung, welche sich Jake an der italienischen "joke front" (*SAR* 31) zugezogen hat, empfindet er als grotesken Witz: "Of all the ways to be wounded. I suppose it was funny" (*SAR* 30). Für die Inkohärenz in seiner Persönlichkeit ist diese Wunde maßgeblich verantwortlich. Bei Tage vermag Jake die Spannung, in der er zu Brett Ashley und ihrem hedonistischen Freundeskreis lebt, zwar meist zu überspielen. Doch in der Nacht wird sie für ihn im Alleinsein immer wieder akut. Eruptive Ausbrüche sentimentalen Selbstmitleids wechseln mit dem vermeintlich abgebrühten und dennoch schmerzlichen Wissen um die Unmöglichkeit einer erfüllenden Verbindung. Direkte Hinweise auf Jakes groteske Wunde bietet der Text allerdings kaum; der Bericht wird vielmehr abgeschattet durch Andeutungen und Suggestionen in das vom Erzähler-Ich Unterdrückte, Nicht-Gesagte und dennoch unterschwellig Gemeinte. Hier ist die Sensibilität des Lesers aufgerufen, insofern der Text die Einbildungskraft des Rezipienten mit Anweisungen ausstattet, sich das vorzustellen, was der Bericht aufgrund der erzählperspektivischen Ausrichtung verkürzt oder verdeckt.

Die emotionale Zerrissenheit und der Versuch sie zu bändigen, wie der Roman dies am versehrten Protagonisten auf personaler Ebene durchspielt, hat ein motivisches Korrelat in der Darstellung der Fiesta mit ihrer Dialektik von anarchischer Triebentfaltung und kontrolliertem Stierkampfritual. Das anarchische Potential der spanischen Festwoche manifestiert sich in seinem die konventionelle Ordnung zerstörenden explosiven Ausbruch: "At noon of Sunday, the 6th of July, the fiesta exploded [...]" (*SAR* 152). Die Fiesta setzt Assoziationen frei, wie Michail Bachtin sie in seiner Ausdeutung des Grotesken am Karneval festmacht.[1] Den lustvoll-fröhlichen Aspekt der Übertreibung und Übertretung konventioneller Normen deutet Bachtin als Effekt einer vom Grotesken bewirkten Befreiung von herrschenden Zwängen innerhalb des temporären karnevalistischen Ausstandes. Übermaß und Überfluß kennzeichnen diese irreal anmutende Welt im einwöchigen Ausnahmezustand des Festes.[2] Von allen Seiten drängen Feiernde ins dionysische Gewimmel. Im optisch-akustischen Rausch dröhnen die Trommeln, schrillen die Pfeifen und Rohrflöten; "great giants, cigar-store Indians, thirty feet high" und ihre monströs unterdimensionierten Gegenparts ("dwarfs moving with

---

[1] Vgl. Michail Bachtin, *Rabelais und seine Welt: Volkskultur als Gegenkultur* (Frankfurt am Main, 1998), insbes. drittes Kapitel ("Volkstümlich-festliche Formen und Motive"), p. 238-319.
[2] "The dancing kept up, the drinking kept up, the noise went on. The things that happened could only have happened during a fiesta. Everything became quite unreal finally and it seemed as though nothing could have any consequences. It seemed out of place to think of consequences during the fiesta" (*SAR* 154).

their whacking bladders through the crowd", *SAR* 155) mischen sich in den ekstatischen Taumel. Hierarchische Unterschiede und Schranken sind aufgehoben inmitten der enthusiasmierten Menge: "Everybody had his arms on everybody else's shoulders, and they were all singing (*SAR* 157).

Jake Barnes bleibt passiv registrierender Augenzeuge an der Peripherie des Exzesses. Nicht das grotesk-anarchische Chaos ist seine Sache, sondern das Streben nach Kontrolle, Disziplin und Kunst, die er im ästhetisch vollendeten Bewegungsrepertoire des Matadoren sinnbildhaft angelegt findet: "Romero never made any contortions, always it was straight and pure and natural in line [...] Romero's bull-fighting gave real emotion, because he kept the absolute purity of line in his movements" (*SAR* 168). Am Ende ist Jake bemüht, zur *purity* in Form einer illusionslosen Wirklichkeitssicht durchzustoßen: Selbstdisziplin statt larmoyantes Selbstmitleid, Zügelung der Affekte statt groteske Exuberanz.

Hemingways frühe literarische Protagonisten stehen in einem historischen Umfeld, das sie in nur sehr geringem Maße sinngebend zu beeinflussen vermögen. Nick Adams, Jake Barnes oder Frederic Henry sind Anti-Helden, die sich nicht oder kaum handelnd definieren. Als Opfer gesellschaftlicher und historischer Zustände, die den einzelnen fragmentieren und ihn ohnmächtig erscheinen lassen, stoßen diesen Protagonisten eher Dinge zu, als daß sie selbst zu Auslösern von Geschehnissen avancieren. Die Identität von Frederic Henry, dem Amerikaner in italienischer Uniform in *A Farewell to Arms*, ist bezeichnenderweise ungefestigt und provisorisch: Heißt er Federico Enrico oder invers Enrico Federico? Sein Freund Rinaldi nennt ihn durchgängig "baby", die Krankenschwester Catherine Barkley wie auch u.a. der Priester bezeichnen ihn als "good", "poor" oder auch als "silly boy". Für Catherine inkarniert der Protagonist zumindest zeitweilig ihren gefallenen

Verlobten. Der italienische Barbier im Hospital hält ihn für einen Österreicher, und auf dem Rückzug wird der Flüchtende von der Militärpolizei fälschlicherweise als deutscher Agitator angesehen. Während er desertiert, entfernt Frederic die Offizierssterne an seiner Uniform, um seine frühere Identität abzustreifen: Er ist nunmehr weder Offzier noch Zivilist. In der Schweiz leben er und Catherine unter falscher Signatur: zunächst als Verwandte, dann als Eheleute. In Montreux stößt sich Frederic Henry an seiner Identität als bärtiger Boxer, in Lausanne schlüpft er in einen Arztkittel und sieht sich als "fake doctor with a beard" (*FA* 319). Zu Frederic Henrys Akkumulation von Nicht-Identitäten, welche die Einheit des Subjekts eher dissoziiert als konstituiert, bemerkt Michael Reynolds treffend:

> The reader is constantly discovering what Frederic is not, or Frederic is continually being mistaken for someone he is not [...] In the final account the reader knows Frederic by negatives. He is not an Italian. He is not an Austrian. He is not a hero. He is not a German infiltrator, he abandons his identity as an officer, but he is not yet a civilian. He is neither Catherine's cousin nor her husband. He is not a boxer, and he is not a doctor. *Such a piling-up of negative identification must finally produce a non-heroic figure.*[3] [Meine Hervorhebung]

Nach der Publikation von *A Farewell To Arms* läßt sich ein formaler wie auch thematischer Richtungswechsel in Hemingways Romanwerk ausmachen. *To Have and Have Not* (1937), an der "hard-boiled fiction" der dreißiger Jahre orientiert, zeigt den in seiner Individualität und Identität gestärkten bzw. gefeierten einzelnen. Die Konzeption des formal höchst uneinheitlichen Textes um Harry Morgan, der als Angelführer in den Gewässern zwischen Key West und Havanna seinen Unterhalt verdient, um in der Folge Alkohol zu schmuggeln und Schleuseraktivitäten nachzugehen, fällt in die Zeit der zunehmenden Selbststilisierung des Autors. Tragende Säulen von

Hemingways medienorientierter Selbstvermarktung waren bekanntermaßen die öffentlichen Rollen des Großwildjägers und Stierkampfexperten, des trinkenden Raufbolds und Vollblutmachos – Posen, die er seit Beginn der Dekade immer nachdrücklicher pflegte. Gerade im Fall von Harry Morgan, dessen Namen bezeichnenderweise an einen Freibeuterhelden des 19. Jahrhunderts erinnert, sind maskulin-individualistische Züge prominent ausgeprägt. Sein hartgesottener Pragmatismus, seine Geschicklichkeit im Umgang mit Angelrute und Schußwaffe, Verwegenheit und Willensstärke in existentiellen Extremsituationen und nicht zuletzt die ihm von seiner Ehefrau Marie attestierte sexuelle Potenz – all diese Eigenschaften lassen ihn in den Augen des Lesers als Gestalt von überdimensionalem Status erscheinen.

In dem 1940 vorgelegten Bürgerkriegsroman *For Whom the Bell Tolls* bringt Hemingway mit Robert Jordan eine ungleich komplexer konzipierte Heldenfigur auf die literarische Bühne. Das zehnte Kapitel des Romans bietet Pilars Bericht über das Gemetzel an den Faschisten, der als *short story* in den Roman eingelegt ist und das Groteske in seiner abstoßenden und häßlichen Manifestation vorführt. Die Ereignisse der Massakergeschichte erstrecken sich über einen Tag, von den frühen Morgenstunden bis in die Nacht. Im Anschluß an die Erstürmung einer Kaserne der Guardia Civil und die Hinrichtung der überlebenden Verteidiger durch Pablo und seine Gefolgsleute tritt die plastische Schilderung des an den Männern des Dorfes vollzogenen Tötungsrituals. Einzelne der im Rathaus festgesetzten Faschisten sehen sich über den Dorfplatz bis zu einem steilen Abhang getrieben, um schließlich 300 Fuß tief in einen Fluß zu stürzen.

---

[3] Siehe *Hemingway's First War: The Making of "A Farewell to Arms"* (Princeton, N.J., 1974), pp. 255, 257.

Die Szene legt die groteske Inversion einer harmlosen Festzeremonie nahe, wie Kurt Müller dies in seiner Analyse der Massakergeschichte gezeigt hat.[4] Vermittelt die einleitende Beschreibung des Dorfplatzes zunächst den Eindruck eines intakten *rural idyll*, innerhalb dessen der Brunnen als traditionelles Requisit der Fruchtbarkeit und des Lebens im Rahmen einer vermeintlich umfassenden natürlichen Ordnung fungiert, so ist auch die nachfolgend geschilderte Vorbereitung des Tötungsrituals auf groteske Weise geprägt von bildhaften Motiven einer friedlichen Festtagsstimmung. Pilar zieht explizit Parallelen zu harmlos-sportiven Unterhaltungen wie einem Amateurstierkampf, einem Tauziehen zweier Parteien und einem Verfolgungsradfahren, schließlich auch zu einer religiösen Prozession, die sich in dem von den Schaulustigen gebildeten schmalen Korridor ihren Weg bahnt.

Hemingways Parodie auf traditionelle Ernte- und Fruchtbarkeitsrituale wird virulent, wenn die von Pablo angeleiteten Bauern – untermalt vom sanften Plätschern des Brunnenwassers – mit traditionellen landwirtschaftlichen Werkzeugen wie Dreschflegel, Hirtenknüppeln, Ochsenziemern, Holzforken, Sicheln und Rübenmessern auf ihre Opfer eindreschen. Daß die Ausführenden hierzu die für die Feldarbeit vorgesehene Kleidung tragen bzw. ihren Sonntags- bzw. Festtagsanzug angelegt haben, dient der Verstärkung des ironisch gewendeten Motivkomplexes von Tod und Erneuerung: "'We thresh fascists today,' said one, 'and out of the chaff comes the freedom of this pueblo'" (*FWBT* 107). Über peinlich genaue Detailschilderung bringt der Autor in der Folge den Umschlag ins anarchische Chaos zur Anschauung. Proportional zum Alkoholkonsum der Meute steigert sich auch ihre Bereitschaft zur Grausamkeit. Die vormals geordneten Reihen lösen sich immer mehr auf. Die Betrunkenen gewinnen die Oberhand, so daß die Szene in ei-

---

[4] Siehe *Ernest Hemingway: Der Mensch, der Schriftsteller, das Werk* (Darmstadt, 1999), p. 143-48.

nem wilden Blutrausch kulminiert, als Pablo die Tür zu dem Raum freigibt, in dem die restlichen Inhaftierten beten, und sie der bestialischen Mordlust des Mobs überläßt.

So wichtig diese narrative Einlagerung in ihrem grotesken Potential für den existentiellen Lernprozeß des Protagonisten Robert Jordan sein mag, Jordan selbst verkörpert groteskefreie, heroische Qualitäten, wie sie sich im autonomen Handeln (insbesondere die Verkabelung und Sprengung der Brücke hinter den feindlichen Linien) sowie in seinem "Opfertod" aussagen. Das politische Engagement für die Sache der Republik verbindet sich mit der konkreten persönlichen Verantwortung für die einzelnen Mitglieder der Gruppe. Die Entscheidung für den eigenen Opfertod bedeutet gleichzeitig einen Akt der Versöhnung mit der eigenen Vergangenheit insofern Jordan durch seine Tapferkeit das für ihn schmähliche Versagen seines Vaters sühnt, der Selbstmord begangen hatte.

Wie Peter Messent mit Recht bemerkt hat, signalisieren *To Have and Have Not* wie auch *For Whom the Bell Tolls* einen Paradigmenwechsel in der Präsentation der Zentralfiguren, da die seelische Brüchigkeit der frühen Anti-Helden zunehmend aufgewogen wird durch "a celebration of individualism and inner-directed and coherent selfhood."[5] Offensichtlich läßt Hemingway in diesen Texten den Mythos des eigenständigen und handlungsmächtigen Individuums wiederaufleben, den die Kurzgeschichten und frühen Romane erfolgreich dekonstruiert hatten. Die Spätschriften *Across the River and Into the Trees* (1950) wie auch *The Old Man and the Sea* (1952) setzen diese Tendenz fort. Hemingways Venedig-Roman mit seinem auf drei Tage komprimierten Geschehen ist, wie Charles Oliver betont, "the story of a man

---

[5] Peter Messent, *Ernest Hemingway* (London, 1992), p. 75.

struggling heroically to control the terms of his own impending death."⁶ Colonel Cantwell, der von einem tödlichen Herzleiden gezeichnete Kriegsveteran, besucht mit Venedig die Stadt seiner Erinnerungen. Er verbringt seine letzten Tage teils bei der Entenjagd, teils in der Gesellschaft Renatas, seiner neunzehnjährigen Geliebten aristokratischer Herkunft. Diese Unternehmungen sind sorgfältig inszenierte "Todesvorbereitungsrituale" (Kurt Müller), die dem Oberst eine würdige Passage ins Reich des Todes ermöglichen. *Across the River and Into the Trees* präsentiert mit Colonel Cantwell eine gefestigte Heldenfigur: "Cantwell's knowledge of art, of the military 'trade', of hunting, of food and of people, all combine to make his life into a set of fixed responses – ways of controlling and mastering the world in which he moves."⁷

Der Kurzroman *The Old Man and the Sea* wurde unmittelbar nach seinem Erscheinen 1952 als Meisterwerk gefeiert, brachte seinem Autor den Pulitzer-Preis ein und war maßgeblich für die Zuerkennung des Nobelpreises 1954. Bezeichnend ist der Verzicht auf Stilmittel des Grotesken in der Darstellung des hier auftretenden kubanischen Fischers und seines einsamen Kampfes inmitten des Golfstroms. Individualitäts- und Identitätsproblematik, Orientierungs- und Sinnkrisen, Wert- und Ordnungsaporien wie an grotesken Figuren des Kurzgeschichtenwerks ablesbar, fehlen in diesem gemessen am Aspekt literarischer Breitenwirkung wohl erfolgreichsten Hemingwaytext.

Ähnlich wie Robert Jordan, der am Ausgang des Bürgerkriegsromans auf dem Waldboden liegend "completely integrated" (*FWBT* 471) sein unabänderliches Ende erwartet, ist auch Santiago "an obviously heroic figure and

---

⁶ Siehe "Hemingway's Study of Impending Death: *Across the River and Into the Trees*," *Hemingway in Italy and other Essays*, ed. Robert Lewis (New York, 1990), p. 144.
⁷ Siehe Peter Messent, p. 78.

one who is integrated with his world."⁸ Marginalisierung als konstituierender Faktor des grotesken Wirk- und Gestaltungsspektrums ist ersetzt durch das Motiv der *integration*, hier in Form der Einbettung des Individuums in die Natur – einem in Anbetracht der Modernitätsentwicklung gleichsam archaischen, ursprünglichen Lebens- und Erfahrungsraum. Mit Hilfe zahlreicher in den Text eingestreuter Reflexionen knüpft der Verfasser Beziehungen zwischen Santiago, dessen Augen symbolstark die Farbe des Meeres aufweisen (*OMS* 10), und seiner natürlichen Umgebung. Die Seevögel liefern dem Fischer Hinweise, wo er seine Köder zu versenken hat, und den Kurs des Marlins bestimmt dieser kundige Jäger "from watching the stars" (*OMS* 47). Der imposante Fisch ist ebenbürtiger Herausforderer und brüderlicher Freund ("Never have I seen a greater, or more beautiful, or a calmer or more noble thing than you, brother", *OMS* 92). Der Fischer weiß sich mit dem Tier als seinem Schicksalsgefährten verbunden und stellt die gegenständliche Welt in eine universale Ordnung, als deren Teil auch er sich versteht. Dem entspricht die Beschreibung des Meeres als der Arena, in der sich der kräftezehrende Kampf vollzieht. Für Santiago ist es "*la mar*, which is what people call her in Spanish when they love her" (*OMS* 29). Bickford Sylvester betont den ordnungsaffirmierenden Strukturzug im Handeln und in der Persönlichkeit des Protagonisten und stellt fest "that in his struggle with the great marlin Santiago reaffirms once again, as he has so often before, humanity's necessary connection with nature's order."⁹

Groteske, auf Erkenntnisskepsis und Ordnungsverlust hindeutende Phänomene sind textimmanent getilgt zugunsten "klassischer" Attribute aus dem Hemingwayschen Tugendkanon: stoische Tapferkeit, physisches Durch-

---

[8] Siehe Messent, *ibid.*
[9] Siehe "The Cuban Context of *The Old Man and the Sea*," in: *The Cambridge Companion to Ernest Hemingway*, ed. Scott Donaldson (Cambridge, 1996), p. 250.

haltevermögen sowie der kundige Umgang mit Boot und Harpune bedingen die heroische Aura dieser einsamen Kämpfergestalt, welche der Autor zur Apotheose menschlicher Größe stilisiert. Im Verlauf seines zwei Tage und zwei Nächte andauernden Ringens mit dem Schwertfisch sind es die Selbst- und Zwiegespräche mit imaginierten Dialogpartnern, die den Willen des Protagonisten zur *endurance* anspornen. Als Mittel der Situationsbewältigung und Sinnstiftung vergegenwärtigt er sich wiederholt den für ihn vorbildhaften Baseballchampion Joe DiMaggio, benutzt Gebets- und religiöse Beschwörungsformeln, ruft sich Erinnerungen an vergangene Bewährungsproben wach und reflektiert über seine Rolle als Vorbildgestalt für den ihn bewundernden Fischerjungen Manolin. Überdies – so will es die z.T. penetrant wirkende Symbolisierungstechnik des Autors – vereinigt diese Heldenfigur mit ihrem spirituell konnotierten Namen auf sich eine religiös überhöhte Passionsmetaphorik. Am Ende der Hemingwayschen Fabel ist Santiago zwar "zerstört", bleibt aber in seiner Bereitschaft, sich dem Kampf um seine Existenz zu stellen, moralisch "unbesiegt", wie dies die griffige Sentenz belegt, gemäß derer "a man can be destroyed but not defeated" (*OMS* 103). Nachdem sein Fang zur Beute der Haie geworden ist, bewahrt dieser wohl bekannteste Hemingway-Held gerade in der stoischen Hinnahme seiner Niederlage eine ebenso publikumswirksame wie verkaufsfördernde Würde und Integrität. Santiago markiert mithin in seiner Konsolidierung dieser überzeitlichen, tragenden Werte idealtypisch den Gegenpol zum Grotesken.

IX. Schlußwort

Mit der vorliegenden Dissertation ist eine Neulektüre von Hemingways Kurzgeschichtenwerk intendiert, dessen groteskes Potential bislang nur unzureichend in der Forschungsliteratur berücksichtigt wurde. Neben anderen ausgewiesenen Stimmen hat Susan Beegel als Herausgeberin des *Hemingway Review* die Aufhebung dieses Defizits angemahnt. Lohnend erschien ein solches Anliegen nicht zuletzt deshalb, da nach den von Wolfgang Kayser und Michail Bachtin vorgelegten Pionierarbeiten zum Grotesken nunmehr mit Peter Fuß' ambitioniertem Kompendium *Das Groteske: Ein Medium des kulturellen Wandels* (2001) eine literaturtheoretische Bestandsaufnahme zu diesem Untersuchungsgegenstand vorliegt. Was aus der gesellschaftlichen Wertediskussion ausgeschlossen, was als Unerlaubtes verschwiegen und gemieden wurde, kehrt nach neuesten Forschungstheorien unweigerlich in die Sphäre konventioneller Ordnung zurück. Metaphorisch gesprochen, entwickelt das bei seiner Austreibung entstandene Vakuum einen Sog, der das Marginalisierte aus seiner Rand- und Exilposition zurück ins Zentrum zieht. Bei seinem Wiedereintritt wird das vormals Ausgeschlossene zum Grotesken.

Indem das Groteske Sachverhalte verkehrt und in Frage stellt, die bis dahin als klar fixierte Dichotomien, als religiös, soziokulturell oder tradiert-geschichtliche Sicherheiten nicht diskutabel waren, schafft es Mehrdeutigkeiten, welche die Verbindlichkeit der bisherigen Ordo untergraben. Disproportionalitäten und Asymmetrien, die aus der Verzerrung bzw. Verformung dargestellter Phänomene erwachsen und damit ästhetische Festschreibungen aufbrechen bzw. ästhetischen Normierungstendenzen entgegenwirken, zielen über den grotesken Effekt darauf hin, die Begrenztheit des Eindeutigen herauszuheben und dadurch ihre Überschreitbarkeit zu suggerieren. Wenn scheinbar unverträgliche, weil heterogene oder gar gegensätzliche Kategorien miteinander koalieren, dann liegt über die hieraus resultierenden Unentscheidbarkeitszonen eine Liquidation starrer Taxonomien vor, da der Rezipient gleichsam zwischen die unterschiedlichen Spannungspole rückt und dabei auf gleichwertige Alternativen trifft, welche fließend ineinander übergehen. Der auf Variabilität und Entgrenzung ausgerichteten Tendenz des Grotesken war von daher auch hinsichtlich benachbarter Kategorien Rechnung zu tragen, so daß die Empfänglichkeit des Satirischen, der Parodie oder des Tragikomischen für groteske Mechanismen in einem gesonderten Kapitel aufgezeigt und anhand von "A Natural History of the Dead", "The Light of the World" und "The Undefeated" konkretisiert wurde. Die Analyse von "The Killers" und "A Clean, Well-Lighted Place" war von der Absicht geleitet, dem Grotesken in seiner totalisierten Ausdrucksform nachzugehen, wenn es sich zum Absurden hin öffnet.

Zur Differenzierung bei der Wesensbestimmung des zu untersuchenden Phänomens diente die Trias grotesker Ausdrucksmittel, die sich in der Invertierung, in der Monstrositas- und der Chimärenkonzeption erschließt. All die Repräsentanten des Normwidrigen, wie sie in Hemingways Galerie grotesker Figuren auftreten, sind darauf ausgelegt, verkrustete Orientierungsstrukturen der Sprach-, Erkenntnis-, Verhaltens- und Geschmacksordnung aufzuweichen und damit das zu unterminieren, was dem gesellschaftlich-moralischen Konsens unterworfen ist. Hemingways Programmstück zu *In Our Time*, "On the Quai at Smyrna", erwies sich bei sorgfältiger Analyse als in hohem Grade inversionscodiert. Auch "Indian Camp" sowie "The Doctor and the Doctor's Wife" bergen auf intratextueller Ebene sowie in ihrer spiegelbildlichen Ausrichtung verkehrungsspezifische Muster, welche die grundsätzliche Reversibilität herrschender Wertesysteme suggerieren. Als ausgewiesener Inversionsexperte ließ sich mit dem sozial deklassierten Peduzzi ein in "Out of Season" vorgestellter Pikaro identifizieren, dessen Zugehörigkeit zur Schelmen- und Narrenriege ein verkehrungsfreudiges Bewußtsein geradezu fordert. Wie über das Groteske anvisierte Wertimplikate in Fluß geraten, bezeugten in der Sphäre des Religiösen "The Light of the World" und "Today is Friday" – Stücke, die über ihre unverträgliche Koppelung von spirituellem Heilsgeschehen mit boxsportlichem Championat provozieren.

Die in monströs besetzten Körpern vollzogene quantitative Dekomposition des Maßes wie auch seine qualitative Dekomposition in Form des Chimärischen bilden – gemessen an klassizistischen Stabilisatoren – jeweils eigengesetzliche, in ihrer Normdevianz irritierende Erscheinungsformen. Die Erzählung "An Alpine Idyll" vermittelte über die textimmanente Umsetzung der Marginalität, der Liquidation sowie der Dekomposition geradezu exemplarisch den Nachweis über die dem Phänomen des Grotesken eignenden Spezifika. Die Manifestationsform des Monströs-Grotesken ließ sich zudem an weiteren Stücken aufzeigen, in denen physische Entstellungen virulent sowie die Präsentation von Innerkörperlichem thematisch war. An Erzählungen wie u.a. "The Capital of the World", "God Rest You Merry, Gentlemen", "Fathers and Sons", "The Snows of Kilimanjaro" konnten zum einen die Variationen des physischen Extremismus als Dementi einer klassizistisch-vorbildlichen, weil unversehrten Körpersilhouette analysiert werden, zum anderen wurden die dissonanten Implikate monströser Physis mit den konkurrierenden Groteskeauffassungen von Kayser und Bachtin abgeglichen.

Hinsichtlich des Chimärischen bleibt festzuhalten, daß Hemingway diese Manifestationsart des Grotesken nicht auf literaler, sondern auf figuraler

Textebene gestaltet, wie dies etwa an den Spielarten des *mort vivant*, in dem sich die widerstreitenden Assoziationen des noch Lebenden und des bereits Toten überlagern, aufgewiesen wurde. Hemingways Prosa zeigt eine Tendenz zur oxymoral zugespitzten Präsentation, welche die für das Chimärische kennzeichnende ungelöste Spannung zwischen disparaten Elementen evoziert: Der *mort vivant* als Verkörperung des Weder-noch und des Sowohl-als-auch überschießt in seinem qualitativen Mehrwert, den die Koexistenz des Disparaten beschert, das taxonomische, auf Vereindeutigung ausgelegte Kategorisierungsraster.

In seiner entgrenzenden Eigenart, in der "resistance to rules or fixed categories" (Frances Connelly), dynamisiert das Groteske; es setzt kreative Reserven frei, es macht neue Lösungsversuche und Entscheidungen möglich und nötig. Was Hemingway in seinen groteskehaltigen Erzählungen um Verrückte *à la* Ad Francis, um physisch Deformierte wie Frau Olz und "lebende Leichname" wie William Campbell zu Papier bringt, ist bei eingehender Betrachtung längst nicht so abseitig wie dies zunächst scheinen mag; es ist vielmehr wahrhaftig, und eben deshalb "verrückt" es die Parameter frohgemuter Normalität so weit, daß immer wieder etwas von der fatalen Legitimation des "Absonderlichen" und etwas von der drallen Überheblichkeit des "Kerngesunden" zum Vorschein kommt.

Mit der Textauswahl, wie sie in der Dissertation vorgenommen wurde, war nicht beabsichtigt, Hemingway zu einem "Groteske-Autor" zu machen. Hemingway schreibt keine Grotesken, wohl aber Erzählungen, die groteske –

und für eine traditionsverhaftete Leserschaft nachweislich befremdliche[10] – Strukturzüge aufweisen.

In der Verarbeitung grotesker Wirkungselemente hat Hemingway das Medium der Kurzprosa gegenüber der epischen Großform, die auf den Dialog mit einem breiteren Publikum ausgerichtet ist und anderen Strukturgesetzen gehorcht, präferiert. Daß sich der experimentelle Charakter Hemingwayschen Schreibens auf dem Terrain der Kurzerzählung nachhaltiger ausprägen konnte als auf dem der Langform mag neben den Gesetzen des literarischen Marktes auch in der Gattung selbst begründet sein. In weit stärkerem Maße als der auf zeitliche Ausdehnung und räumliche Breite angelegte Roman fordert das der Gattung *short story* inhärente Merkmal umfangmäßiger Beschränkung die experimentelle Erprobung von Techniken der Kompression: dies beispielsweise durch *in medias res*-Einsatz, Verzicht auf narrative Übergänge vermittels Juxtaposition, Abwertung des ausgestalteten *plot* zugunsten des inneren Handlungsgeschehens mit offenem Schluß, durch das stilistische Bemühen um lakonisch-präzise Darstellung (das scharfe, visuelle Bild) sowie durch die notwendige Reduktion der Wirklichkeit auf sinnhaltige Einzelmomente, welche dem Alltäglichen einen suggestiven, zeichenhaften Charakter verleihen.

Die Konzentration in räumlicher, zeitlicher und handlungsmäßiger Hinsicht, wie sie die moderne *short story* ausmacht, scheint die *intensity* des grotesken Phänomens in besonderem Maße zu begünstigen. Das Groteske stört und zer-

---

[10] Hemingways Schwester Marcelline erinnert sich an die verständnislose Reaktion der Eltern aus dem friedlichen Oak Park im Mittleren Westen auf Teile von *In Our Time*: "Both of them, very obviously, were shocked and horrified at some of the contents [...] Daddy was so incensed that a son of his would so far forget his Christian training that he could use the subject matter and vulgar expressions this book contained that he wrapped and returned all six copies to the Three Mountains Press in Paris [...] He would not tolerate such filth in his home, Dad declared." Marcelline Hemingway Sanford, *At the Hemingways: A Family Portrait* (Boston, 1961), p. 219.

stört in seinem Provokationswert tradierte Anschauungen und Verhaltensformen; es dekomponiert die Normen der Allgemeinverbindlichkeit, macht damit die Wirklichkeit mehrdeutig und kann im Spannungsfeld von Tradition und Innovation utopisches Potential freisetzen: das Groteske als Sprengsatz nach vorn. Die kompakte und verdichtete Prosaform, die Hemingways reduktionistischem Stilideal entgegenkommt, ist für diesen Autor das kongeniale Medium, um die Aura eines so nachdrücklichen Phänomens wie des Grotesken zu evozieren und damit eine für die literarische Moderne kennzeichnende Absage an das Endgültige und Zweifelsfreie zu spiegeln.

Die Dissertation hat gezeigt, daß sich das groteske Stoffelement weitaus beharrlicher durch die Kurzepik Hemingways zieht, als es die sporadischen Verlautbarungen seitens der Kritik bislang vermuten ließen. Beabsichtigt war eine differenzierte Standortbestimmung des Autors, indem forschungsgeschichtlich geschmähte Prosastücke ebenso wie "etablierte" Texte des sogenannten "Hemingway canon" über den Nachweis des Grotesken neu verhandelt wurden. Dies nicht zuletzt deshalb, um für eine Erweiterung des Kanons zu plädieren. Ergänzungsbedürftig erscheinen die traditionell abgesteckten Wegmarken in der ästhetischen Diskussion, die Hemingways literarisches Werk vom Modus des Grotesken absetzen, wie bei Rovit und Brenner der Fall, wenn diese Kritiker feststellen:

> The great majority of modern heroes in literature are purposely grotesque – picaresque saints, rebels, victims, and underground men of all shapes and colors. Their individual value as artistic achievements and embodiments of viable life attitudes is undeniable, but dignity is a quality largely beyond their grasp. Hemingway's attempts to retain the ideal of dignity without falsifying the ignobility of the modern human

condition (that impulse in his work that leads many commentators to associate his beliefs with those of classical Stoicism) is one of his signal triumphs as a modern writer.[11]

Daß die hier vorgenommene Wertung für Texte wie etwa *The Old Man and the Sea* ihre Berechtigung hat, sei unbestritten. Das erkenntniskritische Manko dieses in der akademischen Kritik gängigen Votums wird gleichwohl dann deutlich, wenn Erzählungen zur Analyse anstehen, die sich der behenden Einordnung ins klassische Vorverständnis widersetzen. So beispielweise, wenn die für Hemingways Protagonisten oftmals reklamierte Orientierung an der sittlichen Norm abgezirkelter Erfahrungsregeln entfällt. Für einen Autor, als dessen Markenzeichen gemeinhin die Evokation respektabler Signalwerte wie *dignity, control, endurance, purity* oder *grace under pressure* gilt, melden sich Manifestationsträger des Grotesken in einer Variationsdichte zu Wort, die sich wohl kaum als unmaßgebliche Kaprice beiseite schieben läßt. Stetig wiederkehrende Züge der Normdevianz bringen das Bedrohungs- und Auflösungspotential, welches das regelwidrige Phänomen des Grotesken in Kollision mit verbürgten Strukturen freisetzt, nachhaltig zur Anschauung und deuten damit die Relativität der jeweiligen Ordnung an. Alles andere als eine *quantité négligeable* ist das Groteske eine Größe, welche in Hemingways narrativem Kanon auch weiterhin der kritischen Analyse und Würdigung bedarf, weil sie das notwendige Komplement zu verengenden, die klassizistischen Aspekte in der Erzählkunst dieses Autors über Gebühr festschreibenden Lesarten abgibt.

---

[11] Siehe Earl Rovit, Gerry Brenner, *Ernest Hemingway: Revised Edition* (Boston, 1986), p. 48.

X. Literaturnachweis

A. Textausgaben

Conrad. Joseph. *The Nigger of the "Narcissus"*. In: *Typhoon and Other Stories*. London: Everyman, 1991. Pp. 1-127.

Dante. *Die Göttliche Kömödie*. Übers. Karl Vossler. München: Piper, 1986.

------. *The Divine Comedy*. Trans. C.H. Sisson. London: Pan, 1981.

Hawthorne, Nathaniel. "The Celestial Railroad." *Nathaniel Hawthorne: Selected Tales and Sketches*. Ed. Hyatt Waggoner. New York: Holt, Rinehart & Winston, 1970. Pp. 474-492.

Hemingway, Ernest. *The Collected Stories*. Ed. James Fenton. London: Everyman, 1995.

------. *Death in the Afternoon*. New York: Scribner's 1960.

------. *A Farewell to Arms*. New York: Scribner's 1969.

------. *For Whom the Bell Tolls*. New York: Scribner's, 1968.

------. *Green Hills of Africa*. New York: Scribner's, 1963.

------. *To Have and Have Not*. New York: Scribner's, 1970.

------. *A Moveable Feast*. New York: Scribner's 1964.

------. *The Old Man and the Sea*. New York: Scribner's 1952.

------. *Selected Letters 1917-1961*. Ed. Carlos Baker. New York: Scribner's, 1981.

------. *The Short Stories*. New York: Scribner's, 1966.

------. *The Sun Also Rises*. New York: Scribner's, 1954.

Hemingway Sanford, Marcelline. *At the Hemingways: A Family Portrait*. Boston: Atlantic-Little, 1961.

The Holy Bible. London: Hodder & Stoughton, 1986.

Lesskow. Nikolaj. "Der Toupetkünstler". *Meistererzählungen*. Zürich: Manesse, 1989. Pp. 421-57.

Melville, Herman. "Bartleby". *The Penguin Book of American Short Stories*. Ed. James Cochrane. Harmondsworth: Penguin, 1983. Pp. 75-112.

---------------------. "Benito Cereno". *Great Short Works of Herman Melville*. Ed. Warner Berthoff. New York: Harper & Row, 1969. Pp. 238-315.

B. Sekundärliteratur zu Hemingway

Baker, Carlos. *Ernest Hemingway: A Life Story*. New York: Discus, 1980.

----------------. *Hemingway: The Writer as Artist*. Princeton, N.J.: Princeton University Press, 1973.

Barbour, James. "'The Light of the World': The Real Ketchel and the Real Light." *Studies in Short Fiction*, 13 (1976), 17-23.

Beegel, Susan. Ed. *Hemingway's Neglected Short Fiction: New Perspectives*. Tuscaloosa and London: The University of Alabama Press, 1992.

----------------. "'That Always Absent Something Else': 'A Natural History of the Dead' and its Discarded Coda." In: Jackson Benson. Ed. *New Critical Approaches to the Short Stories of Ernest Hemingway*. Durham, 1990. Pp. 73-95.

Bennett, Warren. "The Poor Kitty and the Padrone and the Tortoise-shell Cat in 'Cat in the Rain.'" In: Jackson Benson. Ed. *New Critical Approaches to the Short Stories of Ernest Hemingway*. Durham, 1990. Pp. 245-56.

Benson, Jackson. *Hemingway: The Writer's Art of Self-Defense*. Minneapolis: University of Minnesota Press, 1969.

----------------. Ed. *New Critical Approaches to the Short Stories of Ernest Hemingway*. Durham and London: Duke University Press, 1990.

Brøgger, Fredrik. "Whose Nature?: Differing Narrative Perspectives in Hemingway's 'Big Two-Hearted River.'" In: Robert Fleming. Ed. *Hemingway and the Natural World*. Moscow, Idaho, 1999. Pp. 19-29.

Bruccoli, Matthew. "'The Light of the World': Stan Ketchel as 'My Sweet Christ.'" *Fitzgerald/Hemingway Annual* (1969), 125-27.

Carter, Steven. "Interrogating the Mirror: Double-Crossings in Hemingway's 'The Killers.'" *Acta Neophilologica*, 30 (1979), 67-72.

----------------. "Rosencrantz and Guildenstern are Alive: a Note on Al and Max in Ernest Hemingway's 'The Killers.'" *The Hemingway Review*, 17 (1997), 68-71.

Civello, Paul. "Hemingway's 'Primitivism': Archetypal Patterns in 'Big Two-Hearted River." *The Hemingway Review*, 13 (1993), 1-16.

Cooper, Stephen. "Illusion and Reality: 'The Capital of the World.'" In: Susan Beegel. Ed. *Hemingway's Neglected Short Fiction*. Tuscaloosa and London, 1992. Pp. 303-311.

Davis, Cynthia. "Contagion as Metaphor." *American Literary History*, 14 (2002), 828-36.

DeFalco, Joseph. *The Hero in Hemingway's Short Stories*. Pittsburgh: University of Pittsburgh Press, 1963.

Dietrich, Maria; Christoph Schöneich. Eds. *Studien zur englischen und amerikanischen Prosa nach dem 1. Weltkrieg*. Darmstadt: Wissenschaftliche Buchgesellschaft, 1986.

Donaldson, Scott. *By Force of Will: The Life and Art of Ernest Hemingway*. New York: Viking, 1977.

----------------. Ed. *The Cambridge Companion to Ernest Hemingway*. Cambridge: Cambridge University Press, 1996.

----------------. Ed. *New Essays on "A Farewell to Arms"*. Cambridge: Cambridge University Press, 1990.

Felty, Darren. "Spatial Confinement in Hemingway's 'Cat in the Rain.'" *Studies in Short Fiction*, 34 (1997), 363-69.

Fiedler, Leslie. *Love and Death in the American Novel*. New York: Stein & Day, 1973.

Fleming, Robert. "Dismantling the Code: Hemingway's 'A Man of the World.'" *The Hemingway Review*, 11 (1992), 6-9.

----------------. *The Face in the Mirror: Hemingway's Writers*. Tuscaloosa and London: The University of Alabama Press, 1994.

----------------. "Hemingway's 'The Killers': The Map and the Territory." In: Jackson Benson. Ed. *New Critical Approaches to the Short Stories of Ernest Hemingway*. Durham, 1990. Pp. 309-313.

----------------. Ed. *Hemingway and the Natural World*. Moscow, Idaho: University of Idaho Press, 1999.

Flora, Joseph. *Hemingway's Nick Adams*. Baton Rouge and London: Louisiana State University Press, 1982.

----------------. "'Today is Friday' and the Pattern of *Men Without Women*." *The Hemingway Review*, 13 (1993), 17-35.

Freese, Peter. *Die Initiationsreise: Studien zum jugendlichen Helden im modernen amerikanischen Roman*. Neumünster: Wachholtz, 1971.

Gajdusek, Linda. "Up and Down: Making Connections in 'A Day's Wait.'" *Hemingway's Neglected Short Fiction: New Perspectives*. Ed. Susan Beegel. Pp. 291-302.

Gajdusek, Robert. "False Fathers, Doctors and the Caesarean Dilemma: Metaphor as Structure in Hemingway's *In Our Time*." *North Dakota Quarterly*, 65 (1998), 53-61.

----------------. "'An Alpine Idyll': The Sun-Struck Mountain Vision and the Necessary Valley Journey." In: Susan Beegel. Ed. *Hemingway's Neglected Short Fiction: New Perspectives*. Tuscaloosa and London, 1992. Pp. 163-183.

Galinski, Heinz und Klaus Lubbers. *Zwei Klassiker der amerikanischen Kurzgeschichte: Poe und Hemingway*. Frankfurt am Main: Diesterweg, 1978.

Gerogiannis, Nicholas. "Nick Adams on the Road: 'The Battler' as Hemingway's Man on the Hill." In: Michael Reynolds. Ed. *Critical Essays on Ernest Hemingway's "In Our Time"*. Boston, 1983. Pp. 176-88.

Grebstein, Sheldon Norman. *Hemingway's Craft*. Carbondale and Edwardsville: Southern Illinois University Press, 1973.

Griffin, Peter. *Hemingway: The Early Years*. Oxford: Oxford University Press, 1985.

----------------. *Less Than a Treason*. Oxford: Oxford University Press, 1990.

Grimes, Larry. *The Religious Design of Hemingway's Early Fiction*. Ann Arbor: UMI Research Press, 1993.

Haas, Rudolf. "Hemingway und Goya: Beobachtungen und Bemerkungen." In: Maria Dietrich und Christoph Schöneich. Eds. *Studien zur englischen und amerikanischen Prosa nach dem ersten Weltkrieg*. Darmstadt, 1986. Pp. 140-51.

Hannum, Howard. "Hemingway's Tales of 'The Real Dark.'" In: Susan Beegel. Ed. *Hemingway's Neglected Short Fiction*. Tuscaloosa and London, 1992. Pp. 339-50.

----------------. "Nick Adams and the Search for Light." In: Jackson Benson. Ed. *New Critical Approaches to the Short Stories of Ernest Hemingway*. Durham, 1990. Pp. 321-330.
----------------. "'Scared sick looking at it': A Reading of Nick Adams in the Published Stories." *Twentieth Century Literature*, 47,1 (2001), 92-113.

Harrington, Gary. "Hemingway's 'God Rest You Merry, Gentlemen.'" *Explicator*, 52 (1993), 51-53.

Hoffman, Stephen K. "*Nada* and the 'Clean, Well-Lighted Place': The Unity of Hemingway's Short Fiction." In: Jackson Benson. Ed. *New Critical Approaches to the Short Stories of Ernest Hemingway*. Durham, 1990. Pp. 172-91.

Hoffmann, Gerhard. "Perspektiven der Sinnstiftung: das Satirische, das Groteske, das Absurde und ihre Reduktion zur 'freien Komik' durch Spiel und Ironie." In: Gerhard Hoffmann. Ed. *Der zeitgenössische amerikanische Roman: von der Moderne zur Postmoderne* I. München: Fink, 1988. Pp. 225-307.

Holmesland, Oddvar. "Structuralism and Interpretation: Ernest Hemingway's 'Cat in the Rain.'" In: Jackson Benson. Ed. *New Critical Approaches to the Short Stories of Ernest Hemingway*. Durham, 1990. Pp. 58-72.

Hovey, Richard. *Hemingway: The Inward Terrain*. Seattle: University of Washington Press, 1968.

Howell, John. "Hemingway and Chaplin: Monkey Business in 'The Undefeated.'" *Studies in Short Fiction*, 27 (1990), 89-97.

Johnston, Kenneth. *The Tip of the Iceberg: Hemingway and the Short Story*. Greenwood: Penkevill, 1987.

Kanjo, Eugene. "Hemingway's Dark Comedy of Knowing and Imagining: 'A Pursuit Race.'" *North Dakota Quarterly*, 65 (1998), 127-35.

Killinger, John. *Hemingway and the Dead Gods: A Study in Existentialism*. Lexington: University of Kentucky Press, 1960.

Kruse, Horst. "Ernest Hemingways Kunst der Allegorie: Zeitgenössische, literarische und biblische Anspielungen in 'God Rest You Merry, Gentlemen.'" *Jahrbuch für Amerikastudien*, 16 (1971), 128-50.

Küsgen, Reinhardt. "'The Snows of Kilimanjaro': Hemingway, Bunyan und die Welt der *romance*." In: Heinz-Joachim Müllenbrock und Alfons Klein. Eds. *Motive und Themen in englischsprachiger Literatur als Indikatoren literaturgeschichtlicher Prozesse: Festschrift zum 65. Geburtstag von Theodor Wolpers*. Tübingen: Niemeyer, 1990. Pp. 361-75.

Lee, Robert. *Ernest Hemingway: New Critical Essays*. London: Vision Press, 1983.

Leiter, Louis H. "Neural Projections in Hemingway's 'On the Quai at Smyrna.'" In: Michael Reynolds. Ed. *Critical Essays on Ernest Hemingway's "In Our Time"*. Boston, 1983. Pp. 138-40.

Leonard, John. "'A Man of the World' and 'A Clean, Well-Lighted Place': Hemingway's Unified View of Old Age." *The Hemingway Review*, 13 (1994), 62-73.

Lovell Strong, Amy. "Screaming through Silence: The Violence of Race in 'Indian Camp' and 'The Doctor and the Doctor's Wife.'" *The Hemingway Review*, 16 (1996), 18-32.

Lubbers, Klaus. "A Clean, Well-Lighted Place." In: Karl Heinz Göller; Gerhard Hoffmann. Eds. *Die amerikanische Kurzgeschichte*. Düsseldorf: Bagel, 1972. Pp. 278-87.

Lynn, Kenneth. *Hemingway*. New York: Simon & Schuster, 1987.

Martin, Robert A. "Robert Jordan and the Spanish Country: Learning to Live in It 'Truly and Well.'" *The Hemingway Review*, 16 (1996), 56-64.

Martine, James. "A Little Light on Hemingway's 'The Light of the World.'" *Studies in Short Fiction*, 7 (1970), 465-67.

McCann, Richard. "To Embrace or Kill: 'Fathers and Sons.'" *New Critical Approaches to the Short Stories of Ernest Hemingway*. Ed. Jackson Benson. Pp. 266-74.

Mellow, James. *Hemingway: A Life Without Consequences*. Boston: Houghton Mifflin, 1992.

Messent, Peter. *Ernest Hemingway*. London: Macmillan, 1992.

Meyers, Jeffrey. *Hemingway: A Biography*. New York: Harper & Row, 1985.

------------------. "Hemingway's Primitivism and 'Indian Camp.'" *New Critical Approaches to the Short Stories of Ernest Hemingway*. Ed. Jackson Benson. Pp. 300-308.

Monteiro, George. "'This is My Pal Bugs': Ernest Hemingway's 'The Battler.'" In: Jackson Benson. Ed. *New Critical Approaches to the Short Stories of Ernest Hemingway*. Durham, 1990. Pp. 224-28.

Müller, Kurt. *Ernest Hemingway: Der Mensch, der Schriftsteller, das Werk*. Darmstadt: Wissenschaftliche Buchgesellschaft, 1999.

Nagel, James. Ed. *Critical Essays on Ernest Hemingway's "The Sun Also Rises"*. New York: Hall & Co., 1995.

------------------. *Ernest Hemingway: The Writer in Context*. Madison: University of Wisconsin Press, 1984.

Nicolaisen, Peter. *Ernest Hemingway: Studien zum Bild der erzählten Welt*. Neumünster: Wachholtz, 1979.

Putnam, Ann. *Retreat, Advance, and Holding Steady: Vision and Form in the Short Stories of Ernest Hemingway*. University of Washington, PH.D., 1984.

----------------. "Waiting for the End in Hemingway's 'A Pursuit Race.'" In: Susan Beegel. Ed. *Hemingway's Neglected Short Fiction: New Perspectives*. Tuscaloosa and London, 1992. Pp. 185-94.

Reynolds, Michael. Ed. *Critical Essays on Ernest Hemingway's "In Our Time"*. Boston: Hall, 1983.

----------------------. *The Young Hemingway*. Oxford: Blackwell, 1986.

----------------------. *Hemingway: The Paris Years*. Oxford: Blackwell, 1989.

----------------------. *Hemingway: The American Homecoming*. Oxford: Blackwell, 1992.

----------------------. *Hemingway: The 1930s*. New York: Norton & Co., 1997.

----------------------. *Hemingway's Reading 1910-1940*. Princeton: Princeton University Press, 1981.

----------------------. "Holman Hunt and 'The Light of the World.'" *Studies in Short Fiction,* 20 (1983), 317-19.

Rovit, Earl; Gerry Brenner. *Ernest Hemingway: Revised Edition.* Boston: Twayne, 1986.

Sanderson, Rena. Ed. *Blowing the Bridge: Essays on Hemingway and "For Whom the Bell Tolls"*. Westport: Greenwood, 1992.

Schlepper, Wolfgang. "Hemingway's 'The Killers: An Absurd Happening." *Literatur in Wissenschaft und Unterricht*, 10 (1977), 104-114.

Schuhmann, Kuno. "The Killers." In: Karl Heinz Göller; Gerhard Hoffmann. Eds. *Die amerikanische Kurzgeschichte*. Düsseldorf: Bagel, 1972. Pp. 268-77.

Singer, Glen. "Huck, Ad, Jim and Bugs: A Reconsideration: *Huck Finn* and Hemingway's 'The Battler.'" *Notes on Modern American Literature*, 3 (1978), Item 9.

Smith, Julian. "Eyeless in Wyoming, Blind in Venice – Hemingway's Last Stories." *Connecticut Review*, 4 (1971), 9-15.

Smith, Paul. *A Reader's Guide to the Short Stories of Ernest Hemingway*. Boston: Hall & Co., 1989.

-------------. "Some Misconceptions of 'Out of Season.'" In: Michael Reynolds. Ed. *Critical Essays on Hemingway's "In Our Time"*. Boston, 1983. Pp. 235-51.

Smith, Ronald. "Nick Adams and Post-Traumatic Stress Disorder." *War, Literature and the Arts*, 9 (1997), 39-48.

Spilka, Mark. *Hemingway's Quarrel with Androgyny*. Lincoln and London: University of Nebraska Press, 1990.

Stewart, Matthew. *Modernism and Tradition in Ernest Hemingway's "In Our Time."* Rochester: Camden House, 2001.

Stoppard, Tom. "Reflections on Ernest Hemingway." In: James Nagel. Ed. *Ernest Hemingway: The Writer in Context*. Madison, 1984. Pp. 19-27.

Strohmidl, Karl-Otto. "Die Idylle in 'An Alpine Idyll': Ein wiederkehrendes Strukturmuster im Werk Ernest Hemingways." *Literatur in Wissenschaft und Unterricht,* 16 (1983), 109-21.

Strong, Paul. "The First Nick Adams Stories." *Studies in Short Fiction*, 28 (1991), 83-91.

Strychacz, Thomas. "*In Our Time*, Out of Season." In: Scott Donaldson. Ed. *The Cambridge Companion to Ernest Hemingway.* Cambridge, 1996. Pp. 55-86.

Vaught Brogan, Jaqueline. "Hemingway's *In Our Time* as a Cubist Anatomy." *The Hemingway Review*, 17 (1998), 31-46.

Wagner, Linda. Ed. *Hemingway: Seven Decades of Criticism*. East Lansing: Michigan State University Press, 1998.

Waldhorn, Arthur. *A Reader's Guide to Ernest Hemingway*. New York: Farrar, Straus and Giroux, 1972.

Westbrook, Max. "Grace under Pressure: Hemingway and the Summer of 1920." In: James Nagel. Ed. *Ernest Hemingway: The Writer in Context*. Madison, 1984. Pp. 77-106.

Williams, Wirt. *The Tragic Art of Ernest Hemingway*. Baton Rouge and London: Louisiana State University Press, 1981.

Wolter, Jürgen. "Caesarians in an Indian Camp." *The Hemingway Review*, 13,1 (1993), 92-94.

Wylder, Delbert. "Internal Treachery in the Last Published Stories of Ernest Hemingway." In: Richard Astro and Jackson Benson. Eds. *Hemingway: In Our Time*. Corvallis: Oregon State University Press, 1973.

Young, Philip. *Ernest Hemingway: A Reconsideration*. University Park and London: The Pennsylvania State University Press, 1966.

C. Literatur zum "Grotesken" und zu benachbarten Phänomenen

Bachtin, Michail. *Rabelais und seine Welt: Volkskultur als Gegenkultur*. Frankfurt am Main: Suhrkamp, 1995.

William Barrett. *Time of Need: Forms of Imagination in the Twentieth Century*. New York: Harper, 1972.

Bauer, Matthias. *Der Schelmenroman*. Stuttgart: Metzler, 1994.

Best, Otto F. *Das Groteske in der Dichtung*. Darmstadt: Wissenschaftliche Buchgesellschaft, 1980.

Brittnacher, Hans Richard. *Ästhetik des Horrors*. Frankfurt am Main: Suhrkamp, 1994.

Cassuto, Leonard. *The Inhuman Race: The Racial Grotesque in American Literature and Culture*. New York: Columbia University Press, 1996.

----------------------. "Jack London's Class-Based Grotesque." In: Michael J. Meyer. Ed. *Literature and the Grotesque*. Amsterdam, 1995. Pp. 113-125.

Cohen, Jeffrey Jerome. *Monster Theory: Reading Culture*. Minneapolis: University of Minnesota Press, 1996.

Connelly, Frances S. "Grotesque." In: Michael Kelly. Ed. *Encyclopedia of Aesthetics*, Vol. 2. Oxford, 1998. Pp. 338-42.

Ehland, Christoph. *Picaresque Perspectives – Exiled Identities*. Heidelberg: Winter, 2003.

Erhart-Wandschneider, Claudia. *Das Gelächter des Schelmen*. Frankfurt am Main: Peter Lang, 1995.

Fuß, Peter. *Das Groteske: Ein Medium des kulturellen Wandels*. Köln, Weimar, Wien: Böhlau, 2001.

Goetsch, Paul. *Monsters in English Literature: From the Romantic Age to the First World War*. Frankfurt am Main: Peter Lang, 2002.

Guthke, Siegfried. *Die moderne Tragikomödie*. Göttingen: Vandenhoeck & Ruprecht, 1968.

Harpham, Geoffrey. *On the Grotesque: Strategies of Contradiction in Art and Literature*. Princeton, N.J.: Princeton University Press, 1982.

Huet, Marie-Hélène. *Monstrous Imagination*. Cambridge: Harvard University Press, 1993.

Jacobs, Jürgen. *Der Weg des Picaro*. Trier: Wiss. Verl., 1998.

Kayser, Wolfgang. *Das Groteske: Seine Gestalt in Malerei und Dichtung*. Reinbek: Rowohlt, 1960.

Kearney, Richard. *Strangers, Gods and Monsters: Interpreting Otherness*. London and New York: Routledge, 2003.

Krüger-Fürhoff, Irmela Marei. *Der versehrte Körper: Revisionen des klassizistischen Schönheitsideals*. Göttingen: Wallstein, 2001.

Kuper, Michael. *Zur Semiotik der Inversion*. Berlin: Verlag für Wissen und Bildung, 1993.

McElroy, Bernard. *Fiction of the Modern Grotesque*. New York and London: Macmillan, 1989.

Meindl, Dieter. *American Fiction and the Metaphysics of the Grotesque.* Columbia and London: University of Missouri Press, 1996.

Mills, Alice. Ed. *Seriously Weird: Papers on the Grotesque.* New York: Lang, 1999.

Meyer, Michael J. *Literature and the Grotesque.* Amsterdam: Rodopi, 1995.

Oesterle, Günter. "Zur Intermedialität des Grotesken". In: Wolfgang Kayser, *Das Groteske: Seine Gestaltung in Malerei und Dichtung.* Tübingen: Stauffenburg, 2004. Pp. VII – XXX.

Rose, Margaret. *Parody: Ancient, Modern and Post-Modern.* Cambridge: Cambridge University Press, 1993.

Rosen, Elisheva. "Das Groteske". In: Karlheinz Barck. Ed. *Ästhetische Grundbegriffe: Historisches Wörterbuch II.* Stuttgart, 2001. Pp. 876-900.

Russo, Mary. *The Female Grotesque: Risk, Excess and Modernity.* New York: Routledge, 1995.

Scholl, Dorothea. "Zur Genealogie, Phänomenologie und Theorie des Grotesken". *Interlitteraria*, 2 (1997), 15-39.

Sedlmayr, Hans. *Verlust der Mitte: Die bildende Kunst des 19. und 20. Jahrhunderts als Symptom und Symbol der Zeit.* Gütersloh: Bertelsmann, 1984.

Uebel, Michael. "Unthinking the Monster: Twelfth-Century Responses to Saracen Alterity." In: Jeffrey J. Cohen. Ed. *Monster Theory: Reading Culture.* Minneapolis, 1996. Pp. 264-291.

Uruburu, Paula. *The Gruesome Doorway: An Analysis of the American Grotesque.* New York: Lang, 1987.

Voßkamp, Wilhelm. "Klassisch, Klassik, Klassizismus." In: Karlheinz Barck. Ed. *Ästhetische Grundbegriffe: Historisches Wörterbuch, Bd.3.* Stuttgart, 2001. Pp. 289-305.

Webb, Janeen; Andrew Enstice. "Domesticating the Monster." In: Alice Mills. Ed. *Seriously Weird: Papers on the Grotesque*. New York, 1999. Pp. 89-103.

Wünsch, Frank. *Die Parodie: Zu Definition und Typologie*. Hamburg: Verlag Dr. Kova◊, 1999.

D. Nachschlagewerke

Barck, Karlheinz. Ed. *Ästhetische Grundbegriffe: Historisches Wörterbuch in sieben Bänden*. Stuttgart und Weimar: Metzler, 2001.

Frenzel, Elisabeth. *Motive der Weltliteratur: Ein Lexikon dichtungsgeschichtlicher Längsschnitte*. Stuttgart: Kröner, 1992.

Kelly, Michael. Ed. *Encyclopedia of Aesthetics*. Oxford: Oxford University Press, 1998.

Skeat, Walter. *A Concise Etymological Dictionary of the English Language*. New York: Putnam's, 1980.

Webster's Encyclopedic Unabridged Dictionary of the English Language. New York: Random House, 1989.

Withycombe, E.G. *The Oxford Dictionary of English Christian Names*. Oxford: Oxford University Press, 1993.

In der Dissertation werden die folgenden in der Hemingwaykritik gebräuchlichen Sigel verwendet:

SAR = *The Sun Also Rises*, 1926

FA = *A Farewell to Arms*, 1929

DA = *Death in the Afternoon*, 1932

THHN = *To Have and Have Not*, 1937
FWBT = *For Whom the Bell Tolls*, 1940

ARIT = *Across the River and Into the Trees*, 1950

OMS = *The Old Man and the Sea*, 1952

Alle Seitenangaben zu den Kurzgeschichten beziehen sich, sofern nicht anders vermerkt, auf den bei Scribner's erschienenen Band *Ernest Hemingway: The Short Stories*.

LEBENSLAUF

Name PFEIFFER, geb. König
Vorname Martina
Geburtsdatum/-ort 31.03.1964/Offenbach am Main

Akademische Ausbildung und Tätigkeit:

1984	1. Preis des bundesweiten Essaywettbewerbs der *Internationalen Konfliktforschung e.V.* zum Thema: "Um dem Frieden zu dienen, achte die Freiheit".
Okt. 1984 – Mai 1989	Studium der Germanistik, Anglistik, Theater-, Film-, Fernsehwissenschaft an der Goethe-Universität in Frankfurt am Main, Magistergrad. Meine akademischen Lehrer waren die Professoren Reichert, Keller, Metzner, Altenhofer und Wuthenow. Thema der Magisterarbeit: "Hedonismus und Abenteurertum: Eine Studie zu Grabbes 'Don Juan und Faust'".
1989 – 1992	Reportagen und Kritiken (Feuilleton) u.a. für die *Augsburger Allgemeine*
1989 – 1999	Leitung von Sprachtrainingsmaßnahmen u.a. für die Siemens AG in Offenbach/Main
21. Juli 1999	"Von Legenden umwobener Meister wohlkalkulierter Aussparungen: Zum 100jährigen Geburtstag Ernest Hemingways", *Braunschweiger Zeitung*.
Okt. 1999 – Juli 2000	Lehrauftrag in "Deutsch als Fremdsprache" am Sprachenzentrum der TU Braunschweig
ab März 2004	Dozentin in DaF am Sprachenzentrum der HU Berlin.

Für seine Gesprächsbereitschaft und anregende Kritik während der Abfassung meiner Dissertation möchte ich Herrn Professor Günter Lenz nachdrücklich danken.

Eidesstattliche Versicherung:

Ich versichere, daß ich die Dissertation selbständig verfaßt und keine anderen als die angegebenen Hilfsmittel benutzt habe. Alle Stellen, die dem Wortlaut oder dem Sinn nach anderen Werken entnommen sind, habe ich unter Angabe der Quelle als Entlehnung kenntlich gemacht.

www.ingramcontent.com/pod-product-compliance
Lightning Source LLC
Chambersburg PA
CBHW020107020526
44112CB00033B/1086